体会了300年来甬商的发展，
你会如此真切地感受到甬商是有情、有义、有侠、
有信的一个群体。

我觉得在血脉里，古代的侠客
和这些年来的甬商们其实是相通的，他们都具有一种以自
己所长来报国保家的情怀。

甬商精神的归宿分为两种，一是像邵逸夫、
李达三般回报社会的慈善义举，二是如虞洽卿、张静章
般报效国家的家国情怀。

甬商就如金庸先生笔下的郭靖，
出身草根，
看似愚钝，靠自己的努力而终成大家。

现实中，甬商的个体虽不如马云般夺目，
却是城市的脊梁和骨干。他们重情，重义，重侠；他们
守信，有契约精神。

侠義甬商

曹 云 ● 著

浙江工商大学出版社 | 杭州
ZHEJIANG GONGSHANG UNIVERSITY PRESS

图书在版编目(CIP)数据

　　侠义甬商 / 曹云著. — 杭州 ：浙江工商大学出版
社，2020.3
　　（新甬商丛书 / 曹云主编）
　　ISBN 978-7-5178-3391-8

　　Ⅰ．①侠… Ⅱ．①曹… Ⅲ．①企业家－列传－宁波－
现代 Ⅳ．①K825.38

　　中国版本图书馆CIP数据核字(2019)第160580号

侠义甬商
XIAYIYONGSHANG
曹　云著

责任编辑	唐慧慧　谭娟娟
封面设计	林朦朦
责任印制	包建辉
出版发行	浙江工商大学出版社
	（杭州市教工路198号　邮政编码310012）
	（E-mail：zjgsupress@163.com）
	（网址：http://www.zjgsupress.com）
	电话：0571-88904980，88831806（传真）
排　　版	杭州彩地电脑图文有限公司
印　　刷	杭州宏雅印刷有限公司
开　　本	710mm×1000mm　1/16
印　　张	78
字　　数	1048千
版 印 次	2020年3月第1版　2020年3月第1次印刷
书　　号	ISBN 978-7-5178-3391-8
定　　价	268.00元（全五册）

浙江工商大学出版社营销部邮购电话　0571-88904970

总　序

甬商：做知行合一的践行者

宁波素有"儒商摇篮""商贾之乡"之称，是一个历史悠久、人文荟萃、工商发达的港口城市。商贸的发展需要天时地利人和，更离不开文化的滋润。宁波发达的商业文明既得益于得天独厚的地理环境，更受益于人杰地灵的地域文化。明清以来，宁波有开全国风气之先的浙东文化，其中最有代表性和影响力的便是阳明心学。

王阳明是宁波余姚人，知行合一、"致良知"是他的主要论述。在王阳明思想的基础上，黄宗羲又提出了"经世致用"学说，加上早在南宋时期发端于浙东大地的永嘉学派提出"工商皆本"的思想，这些都极大丰富和拓展了浙东人民对经济社会发展规律的认知，为宁波商帮的兴起奠定了重要的文化基础，为江南经济社会发展提供了重要的思想资源。

无论是主体自觉、致内在良知的根本方法，还是知行合一的实修工夫，都在倡导自主进取、务实诚信的文化价值取向。而对于王阳明出生地的宁波，更是近水楼台先得月，向阳花木易为春。在知行合一思想的影响下，诞生于这片土地上的商人逐渐成长为一支极其特殊的商业力量——既有商人的创新冒险精神，又不失儒生的道德理想追求。可以说，知行合一既为甬商精神特质的形成提供了最直接的营养，也成为始终流淌在甬商血液中最重要的基因。这正是甬商绵延300余年而不倒的关键所在。

300多年来，甬商代代传承。民谚曰：无宁不成市。有商贸繁荣之地，就有宁波人，就有甬商。明代末年至今，大批宁波人秉承知行合一的精神，怀着对美好未来的憧憬，从甬江口跨越杭州湾，从东海之滨驶向世界各地，背井离乡到万水千山的远方创业谋生。他们的身体力行不仅促进了各地的货物贸易，繁荣了当地经济，也把商业文明的种子撒向神州大地。300年来，甬商经历了从形成、崛起、辉煌，到转折、复兴、传承的历史轨迹，书写下六代甬商不一样的商帮传奇。

在中华人民共和国成立70年的岁月里，甬商作为促进宁波发展的重要力量，在各自领域勇于开拓，不断创新，为经济社会发展做出了巨大贡献，谱写了辉煌的时代篇章。改革开放40年是中国经济步入世界经济版图的40年，甬商从全球卖到全球买，为中国制造赢得了世界性的荣誉，并留下了独一无二的宁波印记。一批批民营企业在宁波崛起，一批批工商领袖在宁波诞生。在知行合一思想的激励下，他们践行经世致用、实干兴邦的历史传承，无论是300年、70年还是40年，一直在我国工商业发展中走在前列、勇立潮头，始终屹立在中国商界，并不断传承向前发展。

浙江省委副书记、宁波市委书记郑栅洁用四个"知"，即知行合一、知难而进、知书达礼、知恩图报，为宁波人和甬商画像。每一个宁波人，或许都能在"四知"中找到个体对于这个风云时代现实问题的思考答案，但对于甬商而言，"四知"恰恰是最能体现300余年甬商精神的内涵所在。甬商的家国情怀、创业创新一直是推动宁波发展的重要力量，是展现宁波风采的亮丽名片。在他们身上，我们看到了宁波独特的精神气质。甬商的"四知"精神，已然成为所有宁波人干在实处、走在前列、勇立潮头、永无止境的新坐标。

为了把知行合一思想在甬商身上的体现进行归纳和梳理，我们从2012年开始就不间断地编撰和出版新甬商系列丛书，目前已出版三辑共12本。在这一辑"新甬商丛书"中，我们聚焦"四知"精神，通过对甬商人物的观察采访，体会生动曲折的创业故事、商帮工作的感悟，来展现甬商作为"知行合一践行者"的风采，同时也将甬商精神和创业经验，通过图书的形式记录下来、传承下去，让年轻一代的甬商能够学习老一代甬商的创业精神，使甬商精神能够代代相传，发扬光大。

企业兴则国家兴，企业强则国家强。甬商以知行合一的实干精神，创造了许多商业传奇，造就了时代的风云变幻。站在新时代的起点，我们希望通过对甬商群像的描述，来记录作为"知行合一践行者"的甬商的不同侧面；让这些活生生的甬商人物的创业故事和背后的精神世界，来展现知行合一的独特魅力，以及甬商的情怀、坚韧和智慧。

是为序。

范 谊

宁波市甬商发展研究会会长

第十、十一届全国人大代表

第十二、十三、十四届宁波市政协副主席

序　一

商帮文化的推动力量

中国是一个乡情气息颇为浓厚的国度，自古以来便形成了以乡土地缘为基础、以宗族血缘为纽带的商帮文化。

商帮文化可以说是中国历史文化发展过程中一种重要的文化形态。自唐宋以来，随着经济社会的发展，因为地缘关系形成了不同地域、各具特色的产业格局，同时也根据产业格局形成了一定规模的商人群体。这些商人群体在社会经济发展进程中互帮互助，相互扶持，共同发展，从而形成了地域性的商帮形态。这些商帮形态经过长时间的不断积淀，逐渐形成了商帮文化。

尤其是明代以后，随着中国经济受到海外的影响逐渐增加，商帮文化的作用愈加明显，主要表现在它对近现代中国经济发展所产生的重要影响。从明末开始，经过不断演变，至中国近代慢慢形成了具有一定规模的十个商帮，被称为"中国近代十大商帮"，他们分别是：晋商、徽商、龙游商帮、洞庭商帮、江右商帮、闽商、粤商、鲁商、宁波商帮、陕商。

如果说中国传统文化作为一种文化遗传因素，深深融入中国经济生活的各个领域，发挥着积极的、不可或缺的作用，那么同样历经千年且受传统文化作用和影响的商帮文化，也已深深地打上了中国特色的印记。

这些商帮既传承了中国优秀的传统文化，同时又对现代社会的发展演变，尤其是对当代文明的发展起到了重要的推动作用。所以从这个意义上来说，研究商帮文化就具有很现实的意义：不仅是对中国传统优秀文化的传承和弘扬，还是对当代市场经济的发展尤其是企业发展具有可参考的价值。

浙江被称为中国的"鱼米之乡""丝绸之府"，历来是中国东南经济发展重要地区。随着近代经济的发展，中国经济更多地开始向东南、长三角、江浙一带延伸，浙江在全国经济发展中的地位也越发明显，所以在近代中国十大商帮中就有两个是浙江的商帮——宁波商帮和龙游商帮。改革开放后，浙江商人再一次崛起，在中国改革开放进程中发挥了重要作用，这就是现在闻名世界的浙商。作为民营经济大省，浙江一直是中国市场经济的先行者，在如今的经济转型大潮中，浙商也依旧是中国创新创业、互联网信息经济的重要代表。

而甬商，作为浙商的重要一脉，可以说是风华三百年。从这一点来说，甬商是浙商中一个特殊的群体。他们以雄厚的经济实力与杰出的经营才能称雄中国商界达半个多世纪；他们在创造巨大物质财富的同时，形成了自己独特的精神风范和文化特质。经过一代代的传承，他们在宁波、上海、全国乃至海外，继续着自己的辉煌。他们中涌现出非常多的优秀代表人物，他们的辉煌业绩、爱国情怀、创业创新精神不仅让他们成为浙商群体中一个重要的组成部分，而且成为推动中国经济社会发展的一股重要的力量。也正因甬商的代代传承，甬商又被专家称为"中国十大商帮中唯一没有断代的商帮"。

我的学生曹云，十多年来一直从事甬商的研究、传承和弘扬工作，他搭建了甬商公共服务平台，组建了甬商发展研究会，创办了《甬商》杂志，还组织了风云甬商评选等一系列的活动。他的研究成果丰富多彩，展现在十多年来所创办的杂志、刊物和诸多的书籍中。可以说，浙江和宁波的发展需要这样的推动力量。这既是对历史文化的传承和研究，又是对当前经济社会发展的促进和推动。

这一次，他以"侠义甬商"为名，把他这些年来对商帮文化研究的心得体会和研究成果进行集结，在我看来这是一件很有意义的事情。这本著作必定能为我们研究商帮文化的人士带来一些启发，为从事经济工作的人士带来一些启迪，为广大的企业家们带来一些启示。同时也希望这样的著作能够越来越多，把真正传统意义上的商帮文化进一步发扬光大。

　　也希望我们的浙商、甬商真正做到有情怀、有担当、有侠义，真正展现我们浙商、甬商的侠骨风范。

　　是为序。

胡祖光

浙商研究会会长

浙江省社会科学界联合会名誉主席

浙江工商大学原党委书记、校长

序　二

想在远处，走在前列

清代王夫之在《四书训义》中说："学愈博则思愈远。"读了曹云先生新著《侠义甬商》，觉得曹云先生博学多才，对社会经济发展想在远处，对解决发展中可能发生问题的思路走在前列。

这里让我想起一则儿子问父亲如何学会做小偷的故事。

儿子问父亲，如何学会做小偷？父亲让他跟着学。天暗下后，父亲带着他，爬进房内，打开主人橱子，叫他进去。儿子刚进橱内，父亲大喊一声："房内有贼！"便速逃离现场。儿子很怨。主人听到有贼，打灯来查，他急中生智，叽叽喳喳学老鼠叫。主人一听，房间里有老鼠哪会有贼，又回厨房用餐。此时，他便迅速跳窗爬墙逃走。主人听到响动，马上追出抓贼，黑灯瞎火，快要追上时，儿子发现路边有一口水井，抓起一块石头投入水井，主人听到投井的响声，以为贼跳井自尽，那是要犯人命了，掉头便逃。儿子跑回家里，埋怨父亲捉弄他，父亲问他怎么逃出来的？儿子说了一遍。父亲说："儿子你已经学会做小偷了。"

这则故事说明人在危难之际，要靠自己随机应变，急中生机，脱离困境。读曹云新著，我觉得全书贯穿着靠自己智慧战胜困难的办法。

企业是年年难办，年年创新办。三十年河东三十年河西诚然可怕，而三年河东三年河西更是大悲剧。正如《孔雀东南飞》中所描述的："新人从门入，故人从阁去。"新企业轰轰烈烈从前门进来，老企业在后门轰然倒塌。且不知办企业"惟有夜来归梦，不知身在天涯"，办企业的风险时时存在。

我想起曹云先生，这位甬商文化倡导人、甬商公共服务平台创始人、《甬商》杂志总编的智慧。他没有办过企业，但深知办企业的酸甜苦辣，深知如何让企业走创新之路，如何把做生意做到天上去，利用云计算、大数据、互联网，启迪企业家如何用好人才，掌握创新智造、创新产品、创新市场这三大核心的关键。他的文章起到画龙点睛的作用。

曹云是一位智者，是一位"感受甬商""感悟时代""感怀时光""感触尘微"的大家。大凡智者都是想在远处，走在前列。他能摸准时代经济发展跳动的脉搏，能预测世界经济发展的动向，能提出解决企业家困境的办法，让企业家增强信心，在发展中披荆斩棘向前进。

我又想起马克思，《资本论》让我们读两百年都不过时。曹云的新著《侠义甬商》，是一本崭新的企业家、商人办企业的经商启示录，不光是感悟他自己，更重要的是感悟甬商，感悟广大企业家，值得企业家一读。

现代人，最累的是眼睛。要看、要读的东西太多，手机上的信息，如同高速公路上的车川流不息，应接不暇。当今时代，人人都可以成为作家，五花八门的文章到处都是，信息太多太诱人。企业家没有时间去读书，这是太危险的事。读书是磨刀不误砍柴工，宋代朱熹在《训学斋规·读书写文字》中说："读书有三到，谓心到，眼到，口到。"当企业家，当商人，必须读书，用"三到"去读曹云的书一定受益匪浅。

唐代韩愈《争臣论》曰："学广而闻多，不求闻于人也。"这是指人要学识渊博、见闻广泛、才智超群，且不求扬名于世。曹云先生对如何发展经济，有很深入的研究，一心为企业服务，不为自己扬名于社会。他在与各种甬商对话中，以锐利见解回答当前经济困境和解决办法，让我们企业家很受启发。他把多年来在《甬商》杂志上发表的卷首语，结集出版，无疑是把一把散落在不同岁月里的珍珠串起来，展示给读者品读思考。晋代陈寿《三国志·魏书·王肃传》载文："读书百遍而义自见。"宋代陆游《万卷楼记》说："善学者通一经而足。"前者指读书遍数多了，书中的要义自然就明白了。后者指善于学习的人当以一种经书为中心，把一种经书真正读通，就一通百通。在当前世界经济变得艰难前进的情况下，读一读曹云先生新著十分必要。他指点企业家要看清世界经济发展趋势，不可盲目投资；要紧跟以习近平总书记为核心的党中央，发展经济要稳中求进，稳中求变。企业家要站在高处，坚定搞好环境，坚持搞好实体经济，抓住智造、创新、市场三大核心，稳中求进促发展。在当前世界经济发展不稳定的情况下，学习这些理论多么具有现实意义。

曹云新著中的这些论述，是我们企业家的一面镜子。值得学习，值得深思。

储吉旺

著名企业家、慈善家

"狭义"的"商帮散文"

我是2003年以职业经理人身份空降宁波的，一转眼在这座城市已经整整十六个年头。中途也收到其他城市的一些职场邀约，但似乎宁波这座城市让我留恋的因素太多，其中很重要的大抵就包括友情。在这些友情中，既有职场情谊的"奥克斯五虎"，也有合作情谊的"沙黄组合"，亦有节目情谊的"三哥演义"，当然也有在甬商、职业经理人这些事业领域"曹不离黄，黄不离曹"的"铁杆组合"。认识曹云很早，我跟他是在十几年前一次春节过后的滕头村活动中相识的，那天有篝火、烧烤，未曾料到，曾经冬日里的那点光和热，竟然能够彼此温暖这么久。

狭义宁波论

最早看到"侠义甬商"的字眼，应该是在曹云担任主编的《甬商》的卷首语上。第一眼看去，我以为是个错别字，因为宁波老话中表达"不错、很爽"的词是"狭义"（方言发音）。"贼嘎狭义"这句是我最早会讲、至今也为数不多会讲的宁波话。

曹云是土生土长的宁波人，是骨子里充满对宁波这座城市的热爱、痴迷的文化人，所以只要笔有所触、言有所表，都是为城所呼、因城而感。感受是真实的，记录是真实的，文字是真实的，于是在曹云的这本册子里，我们可以读到他的文字贯穿多年、历经多事、谈及多人，但"形散神不散"的聚焦点还是城市，还是商帮。因而我说他是开创了一种文体——"商帮散文"，篇篇独立成章，但又篇篇相融相通；篇篇只言片语，但又篇篇互为补充；篇篇反映当时，但又篇篇串联时代。也许正因为他所深耕的甬商事业、深爱的宁波城市、深入的经济思考，才让一篇篇的点、一年年的线，勾勒出一张张中国东海这座城市在改革开放中的面。因此，这些文字属于宁波，但也记录时代、反映中国。

狭义相对论

"狭义"放在宁波话语境中是赞许，是感慨。"狭义"放到物理学科中，最著名的就是由爱因斯坦、洛仑兹、庞加莱、闵可夫斯基等人创立的"狭义相对论"，是应用在惯性参考系下的时空理论，是四维时空视角，将时间也作为一维与长、宽、高三维空间共同存在。

曹云无疑是属于四维空间的，尤其他对时间的认知、理解、应用是他最为显著的标签。在宁波做财经期刊，他做得最久，即使纸质阅读率日益下降的当下还在坚持；在宁波做协会、商会，他做得最好，最好的原因之一也在于他无论风雨的坚守；在宁波搞活动，他做得最频繁，冷清与热闹都没有改变他的执着。早些和他定位类似的机构都已经逐步没落了，他用时间换空间的竞争观为自己赢得了尊重与掌声。今天很多人讲"互联网+""文化+"，其实曹云是比较早尝试并践行"曹云+""+曹云"的，他用一种开源的方式聚合、整合了很多资源，因此也做成了很多其他人想做而没有做成的事情。时间，是一种维度，也是一种资源，更是一种储蓄，从这个角度讲，曹云是"零钱"领域的理财高手。

侠义商帮论

说到"侠"，离不开金庸，20世纪六七十年代出生的这代人，在武侠小说中读到了梦想，在江湖中读到了社会，在侠客中读到了担当。2018年10月30日，"金大侠"转身离世，带走了很多人的青春记忆、往昔豪情。

　　很显然，曹云是金先生的"铁粉"，因为从身份而言，"商"与"侠"分属两道，而"侠义甬商"这个生造的新词，既是曹云对甬商群体精神内涵的解读，更是自己心境的一种照应。因为"心中梦侠"，才会"眼中有侠"，于是"笔下生侠"。内心深处仗剑走天涯的豪情，被曹云用脚步放在山水间丈量了，于是有了他的"商帮游记"；追逐侠气、侠事、侠行、侠道，于是有了他游走庙堂之高、江湖之远，但也希望不群不党的自由与洒脱；江湖中有恩怨、有别离、有了断，于是有了他不离不弃、挥刀断水、无问西东的决绝与无奈。曹云以甬商为事业，经过时间与岁月的洗涤与沉淀，也从市场观、生意观升格到城市观、时代观，因此当他再看"侠之大者，为国为民"，自然能够从甬商接触的点点滴滴、年年岁岁中解读到"为国为民"的共同点、归属感，这也就更容易理解"侠义甬商"提出的意义与价值啦！

　　我们已经走过了波澜壮阔的改革开放四十年，越回望，越意识到每个个体在时代洪流中的微不足道、不足挂齿，而记录就是点滴，知行亦是当下。正是一小部分人拥有了自发、自省的使命与担当，才能够以微弱之光照如漆黑夜、路人足下，才可以聚集起浩浩荡荡、蓬勃之势。为兄写序，亦是为己明镜。

黄江伟

著名企划营销专家

甬商文化联合倡始人

一个侠义、担当、有情怀的商帮

从事甬商工作十余年，一直有一个心愿，就是梳理一下甬商300年来的发展脉络，将其中的精华展现给广大的读者和观众。随着甬商文化园展览的调整，恰好得到了这样的机会。

几个月里，我和团队小伙伴们参阅了大量的资料和书籍，终于完善了相关的内容，向大家奉献了《东方商帮——甬商风华300年》主题展览和报道。可以说，梳理的过程就是一次饕餮学习的过程。在编辑梳理的过程中，我好几次被甬商发展历程中的点点滴滴所感动，许多案例和故事引发我深深的思考，可以说这是我这些年来对甬商人文精神最深刻、最全面的一次浸淫。

在谈到甬商精神的时候，以往我们更多地用务实、低调、刻苦、创业这样的词来形容。而在这一次梳理中，除了再次印证了这些常用的词汇外，我们发现并挖掘了一个新词：侠义。所以我们把"侠义甬商"作为甬商人文中的一个重要板块来体现。

确实，体会了300年来甬商的发展，你会如此真实地感受到甬商是一个有情、有义、有侠、有信的群体。我喜欢看武侠小说，武侠小说中关于侠的最高境界有句话，曰："侠之大者，为国为民。"这点在金庸先生诸多的武侠巨著中都得以体现，也可以说是很多中国人心里的一种情结、一种向往。而放在甬商身上，我竟也觉得如此贴切，所以，我用了一句话，叫："商之大者，利国利民。"我觉得在血脉里，古代的侠客和这些年来的甬商其实是相通的，他们都具有一种以自己所长来报国保家的情怀。我想这样的情怀，在你看了主题展览或是这一期《甬商》杂志所刊登的内容后，会更加地身临其境。

这些天，我参加了好几个关于新时期甬商精神的探讨活动，许多朋友都谈到当下甬商所稀缺的东西，有人提到创新，有人提到抱团。我想，这两点确实是商帮发展的重要因素，但在甬商的身上并不稀缺，甬商300年来的历程就是在创新中度过、在抱团中发展的。或许今日的发展需要我们更多、更大、更颠覆的创新，来推动商帮走向更好的明天，或许今天已经不再是那个单打独斗便能创造奇迹的时代，而是一个需要跨界、融合、共享、发展的社会。所以我想年轻一代的甬商确实还有很长的路要走。

而我在谈到甬商最需要的精神时，说了两个字：担当。在形势繁复、危机仍在的当下，作为商帮的骨干，更需要一种担当之精神，来召唤群体不断向前。马云虽毁誉参半，但仍敢于发声；乔布斯虽身患重疾，却依旧挺身而出。这都是一种担当。正是有了他们的担当，才有了浙商傲立于新的商帮之林而独树一帜；正是有了他们的担当，苹果才能引领全球的创新而傲视群雄。甬商需要这样的担当，需要这样有热血，有激情，能站出来振臂一呼的担当，从而进一步推动这个古老东方商帮的车轮不断向前。

有一位观众在参观了甬商文化园的主题展览之后感叹道："没想到甬商如此辉煌，他体现的正是中国商帮的智慧和风范啊！"我想，是的，这个被称为"中国唯一不断代的商帮"还将在这个不断融合共享、创新发展的时代展现出更有魅力、更具情怀的智慧和风范！

曹　云

写于2017年6月

目　录
C o n t e n t s

| 道篇：感知大咖

悟篇：感受时代

| 历篇：感怀时光

| 游篇：感触尘微

感受甬商

"在明清十大商帮中，其他商帮都没有实现转型，随着清朝覆灭也消亡了，只有宁波帮完成转型，完成了向近代商人的转型，成为中国近代史上最重要的商帮。"

——梁小民

家国情怀 甬商胸怀

近日又开始参与筹备甬商大会。在这几年的甬商大会中，很多人问我同一个问题——甬商风华三百年，为什么能长久不衰，直到今天仍有如此繁华的局面？这个问题我也在心中多次问过自己，问过自己仰慕的甬商前辈。原因众多，但有一个词不得不提，那就是家国情怀。

在做这一期杂志报道的时候，又让我想起两年前对海天集团张静章老先生的一次访谈。精神矍铄的张老先生，阐述了五十年来他与海天所走过的路，他与海天所碰到的挫折和困难。一幕幕惊心动魄在他的谈笑中娓娓道来。而这次交谈中给我最大的印象或者说感受，就是他身上有一股浓烈的家国情怀，正是这股力量推动着海天的发展。当他宁可使企业投入巨大暂无回报时，支撑他的是他对国家精工尖端技术的希望。当海天塑机行销全球、成为冠军时，支撑他的是代表中国、扬威世界的雄心和壮志。也许海天成功的秘诀有许多，但家国情怀肯定是其中不可或缺的重要一环。

很多人会想起几年前的一部热门电视剧，叫《向东是大海》。当时许多人疑问说，剧中的主人公周汉良真的是这样跟日寇搏斗到底吗？当然，周汉良是一个剧中人物，不可考证。但周汉良这样的事例，在近代甬商中数不胜数。大有虞洽卿倾全部身家支持政府抗日，小有项松茂以一人之躯代替员工走进日本战营，更有胡西园战乱之中将家当、技术移至抗战"陪都"，点亮中国战场上的夜空。这无不都是"周汉良精神"的体现。

邓小平同志"把全世界的宁波帮都动员起来建设宁波"成为甬商家国情怀的最好诠释

1978年中国初启改革开放，当船王包玉刚受邀来到北京，与相关部委和国企商谈合作时，发现首都北京竟没有一家现代化的酒店。在第二次跟国家领导人交流时，他毫不犹豫提出，由他个人出资建造一家具有国际标准的旅游酒店，献给国家。当他回到家乡，发现经济恢复中的宁波还没有一所综合性大学来培养人才时，他跑到北京跟领导人提出要捐建一所综合性大学来支持中国改革开放。这样的胸怀不是人人都会有的，哪怕是富甲全球的富豪，而在甬商的身上却体现得如此决然、毅然。

说回当下，张静章这样的家国情怀在新时期的甬商中也不是绝无仅有的。在与许多宁波企业家交流之后，或多或少地之后都会在他们身上发现这样的一种情愫。我前几天去位于新海曙的星箭，与董事长严国元交流，商谈中发现这家原来民用和军用产品并重的民营企业，现在竟已专门为中国的航天事业做配套产品。我问他："放弃中国这么广阔的民用市场是否可惜？"他说："从数据上来说，绝对可惜，但从为中国航天航空事业服务的角度出发，我毫不犹豫。"同样的例子也发生在位于慈溪的天生密封件，励行根的企业不大，但他在行业中的名望却不小，原因同样是他专注为中国的军事产业配套而付出。

　　这样的案例或者说情愫其实已经慢慢地影响到众多的宁波中小企业。最近的一个热点是"环保风暴"。本着还老百姓青山绿水的愿望，政府加大了对环保的督查力度，掀起了被坊间称为"环保风暴"的督查风暴，许多企业受到影响。而当我联系了许多企业后，却诧异地感受到，原本以为会受到大多企业排斥乃至谩骂的"环保风暴"，却得到许多宁波民企的理解乃至配合。有一个小型民营企业主说得好："这样的风暴对于我们小企业来说损失不可谓不大，但对于生长在这片土地上的老百姓来说，这样的风暴我们表示理解、支持。我们希望通过自身的改善，能使我们的青山绿水保持得更好。"这样的声音不是一个人在发出，这也使得在浙江这片土地上的环保工作在短时间内顺利地推进。相信"绿水青山就是金山银山"的理念，在这里是个最好的实践。

　　其实这样的声音说大不大，说小亦不小。展现的是个人的一种胸怀，表现出的是一种对家乡乃至国家的期望。许多人说，甬商生生不息，而我说，正是因为有这样生生不息的家国情怀，才推动了甬商的代代相传乃至发展。

　　家国情怀，甬商胸怀，舍我其谁。

（2017年9月）

触摸"宁波帮"的历史脉搏

在中国历史上，有这样一个群体，他们以其雄厚的经济实力与杰出的经营才能称雄中国商界达半个多世纪；他们在创造巨大物质财富的同时，形成了自己独特的精神风范和文化特质；他们的数次华丽转身，也书写了世界经济舞台上的壮丽史诗。

他们是唯一受孙中山、毛泽东、邓小平三代伟人均关注并做出过重要指示的中国商帮。"千朵桃花一树生"，是他们最朴实无华的民族意识；"树高千丈，叶落归根"，是他们最简洁明了的乡土情怀。他们，就是享誉中国乃至海内外的"宁波帮"。

一百多年前，德国地质学家利希霍芬在多次考察中国后，称赞宁波人是一个"特殊种族"。他说："宁波人在勤奋、奋斗努力、对大事业的热心和企业家精神方面较为优秀。……尤其是商业中的宁波人，完全可以和犹太人媲美。"而这被德国学者赞赏为"特殊种族"的宁波人，就包括我们东海潮涌的"宁波帮"，也被称为"甬商"。在他们风华不衰的三百年里，宁波帮也经历了一个形成、崛起、辉煌、转折、复兴的过程。

从商风气源远流长，宁波商事之早可以追溯至公元前。公元前222年，秦朝于三江口以东建置鄞县。唐宋时，宁波"商舶往来，物货丰衍"。至清初，则成"百货咸备，商号林立"的繁荣景象。"五口通商"后，宁波的商业曾一度兴旺。至19世纪60年代，宁波的钱庄、南北货号、鱼行遍布于市，世人称"走遍天下，不如宁波江厦"。

因为形成于中国封建社会晚期，所以甬商就被认为是传统色彩很浓的商人群体。在工商活动中，他们立足于古老的中华文明，努力从传统文化包括宁波历史文化中吸取智慧与养分，同时又不故步自封，具有开放的性格和自由的心态，以及迅速接纳吸收外来文化为我所用的能力，在众多的传统商帮中脱颖而出，进而在新旧交替、中外混杂的近代中国社会中左右逢源。可见，宁波帮海纳百川、兼容并蓄的文化心态是与生俱来的。

而作为中国商业文化的集大成者，宁波帮从过去到今天所体现的优秀文化传统，所创造的商业经济成就，所传承的人文关怀精神，无不诠释着创业争先、创新求变、踏实勤勉、报恩桑梓的可贵精神。

向外开拓、勇于闯荡就是历史上宁波人的一个显著特征。明清时期宁波人外出经商已蔚然成风。进入近代，外出创业更成为几代宁波人的人生抉择，他们的足迹遍布全国乃至全世界。中国第一家机器轧花厂、第一家榨油厂、第一家火柴厂、第一家机器制造厂和第一家银行……宁波商人的开拓创业精神在令人惊叹的同时，也为近代中国经济的发展做出了不可磨灭的贡献。而"吃得苦中苦，方为人上人"的人生信条更是成为几代宁波帮谋生存、求发展、同困难环境做斗争的有力武器。正如船王包玉刚所言："宁波人出门闯天下，别无所长，靠的就是'勤与俭'这两个字。"尤为可贵的是他们创业的时候安贫乐道，发达了以后仍淡泊自守，自俸极俭，这其中旅港甬商赵安中"凭勤俭建立根本，靠积聚而成小康"就是最好的例证。

或许在宁波帮发展的两百年历程中，最能证明他们的莫过于那骨子里抹不去的爱国爱乡情结。赤子丹心有史可鉴：虞洽卿、盛丕华、吴锦堂、王宽诚、包玉刚、邵逸夫、应昌期……每一代宁波帮人士总会把自己的前途和祖国的命运紧密联系在一起，竭尽奉献襄助之能力。

国史历历，乡情拳拳；家国情怀，绵延不绝。从邵逸夫珍藏的"三件宝"中便可见宁波帮人士的爱乡情怀：一块银元大小的泥土制品，周围镶嵌着一圈稻谷，正中是谷粒镶成的两个字"乡土"，反面是一个"寿"字；一把银制的古式钥匙，上面刻着"桑梓钥匙"四个字；一块石头镇纸，上面有邵氏先人的手迹。至于邵逸夫的人生格言更为明确："我要为国家富强多做些事情。"他捐赠了10多亿元资金，用于祖国各地的科教事业。

姻亲帮姻亲，同乡助同乡。长年在外埠经商的宁波人，就是通过血缘姻亲和地缘乡谊结成了商业群体。或许也就是这样，才有了今天闻名于天下的宁波帮。

悠悠甬江，巍巍四明。多少年来，在这里孕育、萌芽的宁波帮早已跨出国界，跨越时空，于是宁波帮再不是地理意义上的宁波帮，他已成为全世界宁波人为之骄傲的一个称谓。

回首往昔，几度轮回，沧桑历史记录了多少宁波帮的激情与辉煌。当我们再一次捡拾岁月的记忆珠玑时，又有多少追寻先祖足迹、承继辉煌历史的激情在宁波帮后代的心中奔腾着、翻涌着。于是追念宁波帮先辈的辉煌业绩，传承老一辈宁波帮造福桑梓的爱国情怀，创业创新的时代精神就成为每一个宁波人最想去触摸的历史脉搏。

而《宁波帮百年风云录》就像是一个索引，记录了每一个宁波帮人士自强不息、厚德载物的光彩瞬间，也记录了宁波帮写就的荡气回肠的辉煌篇章，在让后人铭记他们成功的同时，还将风华历史三百多年的宁波帮精神得到保留与传承，更将这笔宝贵的精神财富长存于历史的长河中，成为不朽与永恒。

秦亢宗先生为近代著名甬商秦润卿之后，得商脉之余荫，受家学之影响，多年来一直笔耕不停，挖掘和传承宁波帮精神之精髓，使我辈后人甚为感动。今遵嘱为《宁波帮百年风云录》作序，很是惶恐，待得通读《宁波帮百年风云录》全书后，又备感兴奋与畅快，似在几代甬商先贤的精神文化中畅游，得益良多。故此，特作此文，不敢曰序，只作向广大读者推荐此书。

（本文系2011年2月为秦亢宗先生《宁波帮百年风云录》一书作的序）

商帮的变革与突破

前一阶段的两次参观令我印象深刻。一次是去山西太原开会，在开会之余，我参观了当地一家企业——位于祁县的千朝集团。记得那天，千朝的工作人员引领我们参观了规模浩大的千朝水世界，几万平方米的水世界据说是华北规模最大的室内水上游乐场。正值盛夏，里面人山人海。然后又来到水世界后面的千朝农谷，一栋栋木质小楼遍布其中，里面有房车基地、度假小屋，总数有几百间之多。最后，我们又到千朝室内花房就餐。没想到进去后，整整逛了一个多小时才看遍了整个室内花房，其规模比水世界还要大三倍。四合院、果园、温泉、餐厅遍布其中，使人在里面能流连几天。席间，我问工作人员，这么大的千朝基地是谁所建？工作人员带着一丝神秘的笑容回答，他们的老板原是晋中当地最大的煤炭企业，这些年随着煤炭资源逐渐枯竭，转型到旅游休闲业，投资建设了广达千亩的千朝基地，没想到生意火红，甚至超过了原有主业。

另一次参观是甬商企业标杆行，来到位于宁波北仑保税园区的银亿高端制造基地。去之前我并不特别重视，因为对银亿，我熟识已久。银亿作为宁波的著名企业，也是中国500强企业之一，它的发展历程、产业布局，我了然于心。没想到此次之行却出乎我的意料。企业负责人带着我们参观了银亿新建的轿车安全气囊生产车间、轿车变速器生产车间。抛开车间规模之大，给我印象最深的是生产管理的严谨、技术要求的细致及展厅中所展示的产业布局的调整。没想到原来一家以房产为主业的企业，这几年却有了如此大的跨越，并已在国内

改革开放40年，甬商一直走在变革与突破的路上

汽车配件行业占有一席之地。陪同的企业负责人说："明年我们的目标是千亿元，而高端制造业将占到大半壁江山。"

由此让我联想到商帮的变迁。也恰好在山西期间，我参观了几个晋商大院。在渠家大院，展现了晋商几百年的发展脉络。通过原有的万里茶路，晋商靠着辛勤与商业嗅觉，将中国东南部的茶叶贩至中东欧等地，然后又进入近代票号业，利用积累的资金和茶路的网络让票号在全国风行开来，晋商一时声誉满天下。遗憾的是在辛亥革命以后，现代银行业的兴起，以票号业为支柱的晋商逐渐衰弱。另一个商帮的例子同样值得参考，近代十大商帮当中，最不为人所知的一个商帮叫龙游商帮，位于浙江衢州龙游县。它以贩卖书籍、工艺品、字画等产业为主。在明清，龙游商人曾遍布中国东南一带，甚至走出国门。同样在近代的社会变革中，龙游商帮一蹶不振，直至不为现代人所知。

商帮的沉浮其实展现的是一个商帮的变革与突破与否。是否能顺应时代发展，以壮士断腕的决心转型突破，是考验一个商帮生命力是否强劲的重要因素。改革开放以后，在传统的商帮中庶无名声的浙商横空出世，渐次成为中国第一大商帮。所靠的除了传统的"四千万精神"以外，就是顺应时代的突破、创新和变革。今年是改革开放40周年。40年的变迁在每一个商帮身上都能找到脉络或痕迹。在日前召开的"改革开放40周年甬商研讨会"上，诸多的甬商代表和专家学者就沿着40年的时间脉络，梳理了甬商这一传统商帮的发展与制约。而作为商帮文化从事者，我在日常思索最多的也是这一商帮的发展与前景。而当我每一次走入甬商企业，看到甬商企业的点滴发展时，心中的石头仿佛又渐渐回落。除了银亿，我看到了杉杉从传统的服装企业突破成为新能源的巨头，公牛从简单的家庭作坊式电气部件生产企业成长为电工行业的国内领军者，杜亚的业务从传统的压铸到机电，然后到智能制造……比比皆是的例子也使我对甬商这一传统商帮的变革与突破充满信心。

以改革纪念改革，以开放接力开放，回顾40年的历程，更是为了在新的时代更好地发展。当下，全球形式诡谲多变，贸易摩擦频生，贸易之战蔓延。作为制造大国，在向智造大国突破的过程中，凭借的就是变革与创新。而其中的基石正是一个个商帮的转型与涅槃。但愿如浙商般横空出世的商帮越来越多，但愿如甬商般不断代传承的商帮越来越多……

（2018年8月）

甬商的传承与归宿

话说有一位名医，在当地可谓家喻户晓。他在人间走过102载后，前不久刚刚安详离世。老中医的逝去并不代表医术的终结，他在业界德高望重的名声和丰富的医学造诣已造就了一代中医世家。他，就是宁波人眼中的"神医"——钟一棠。

在钟老去世一年多后，我遇见了他的孙辈。交流之时，我感悟到了中医国粹的传承之道。老人在世的最后几年，一直致力于把已经湮没在时代洪流里的老字号——"益寿堂"重新挖掘，发扬光大。在老人去世后的今天，已经更名为钟益寿堂的中医门诊非但没有被冷落，反而更加人头攒动，声誉鹊起，还荣膺了省级老字号的称号。

我想，这一切既来源于老先生的传承，也得益于孙辈们的坚持。他有3个孙子，一位从医，一位从商，一位从政。从医的孙子每天在门诊里为病人搭脉配药，从商的孙子兢兢业业地弘扬着爷爷的事业，他不仅把门诊经营得更加红火，还在不远的郊区投资了两个企业，一个生产中药药剂，一个发展新型大健康产业。我问他们，缘何可以这样各司其职把祖辈的事业操持得风生水起？他们答道："我们都有一个共同的信念，要继承爷爷的遗志——把中医事业发扬光大。"

由此想到商界的传承，其实商界传承跟上述中医世家的沿袭有着异曲同工的意味：既面临着断档的危机，也有着世袭的纽带。最近的一个例子是众所周知的美特斯邦威接班事件。年纪并不算老的周成建把接力棒交给了他年仅30岁的女儿胡佳佳，而胡佳佳也欣然从他手中接过了重担，挑起了美特斯邦威创新发展的新路子。而另一个大家耳熟能详的人，就是中国首富王健林。最近的一则新闻，让我对他更加膜拜不已：从早上4点到晚上10点，已是首富的王健林一直奔波在工作的旅途中。但这样的繁忙并没有让他忽视衣钵的传承。虽然不被所有人认同，但"国民女婿"王思聪始终做着自己该做的事情。在近一期的胡润财富新锐榜上，王思聪已赫然在列，并位居前茅。这就是中国传统意义上的家族传承，也是中国世代伦理观念的一种延续。

讲回甬商，这几年我对这样的传承有了更深刻的感受。前些年，我听到更多的是，某位企业家的子女不愿意接手父辈的企业，或者某位甬商的子女更喜欢去国外逍遥。但近一段时间，我却听到了更多这样的声音——"我是他的儿子，我不接谁接？""他是我的父亲，他不传我传谁！"……这类话的发声频率越来越高，也越发掷地有声。

前两天，我与一位宁波帮研究专家交流。这位老先生谈兴甚浓，讲了很多近代和当代甬商的故事。最后，我与他就甬商精神的归宿达成了一致观点：甬商精神的归宿分为两种，一是像邵逸夫、李达三般回报社会的慈善义举，二是如虞洽卿、张静章般报效国家的家国情怀。也许与我们的下一代谈论慈善义举甚至家国情怀，显得有些沉重，但这样的一种血脉传承，确确实实已经在不经意间在他们的骨血中流淌。也许若干年后，我们会在下一代乃至下下代的甬商中，感受到具有他们特色的家国文化传承，也许这就是甬商精神的最终归宿吧。

（2016年12月）

甬商的"变"与"坚持"

前段时间，最热门的电视剧非《那年花开月正圆》莫属，连一向不喜欢追剧的我也禁不住看了下去。而让我看下去的主要原因是里面讲了一个商帮的故事。这个商帮是位于中国西北的秦商，剧中主人公周滢以清末中国女首富形象展现在荧屏上。此剧好看的原因，除了有众多明星演绎以外，更吸引人的是商帮家族那跌宕起伏的经商历程。

周滢自小家道中落，被迫嫁入当地的大族吴家冲喜。而没过几天，丈夫去世，一年后，公公又逝世，夫家也随之衰弱，而一家子的重担都压在了这个小女子身上。没想到这小女子却毅然接过了家族生意，并使之发扬光大，达到辉煌。一时间，泾阳吴家成为西北众所仰望的商界大族，生意遍布全国，而周滢亦被称为当时大清的第一女富豪。

剧中有一幕非常有意思，老佛爷问周滢："你是如何使生意兴旺的？"周滢说："一个字——'变'，懂得变通，懂得变化，懂得顺应时势才使得生意昌隆。"一个"变"字，其实也道出了商帮发展的脉络。商帮传承何其难，而难的正在于一个"变"字，中国历来有"十大商帮"之说，而能连续不断代的却寥寥无几。而许多商帮没落的重要原因就在于不能顺应时势之变，未能顺应市场之变。

在看《那年花开月正圆》的同时，也使我想起另外两个电视剧。一部也是最近热播的《传奇大亨》，讲的是著名甬商邵逸夫的故事。逸夫先生年轻时一直有一个梦想——拍电影，这也使得他终其一生不断追求，从上海到南洋再到香港，终于成为一代影视大王。另外一部是前几年热播的《向东是大海》，讲的是以周汉良为代表的宁波帮闯荡上海滩的故事。剧中给人印象最深的除了那一腔热血的报国情怀外，就是"变"。在如处女地一般的上海滩，他们懂得变通，懂得创新，创造了许多上海滩上的第一：第一家证券交易所，第一家现代银行，第一家灯泡厂，第一家肥皂厂，第一家火柴厂……

其实这样的"坚持"和"变"不仅仅表现在影视作品中，更多的是在我们身边演绎的。过一段时间将召开甬商发展论坛，许多将回乡参会的甬商代表就是如此。丁磊，从门户网站到游戏到养猪再到海淘；江南春，从濒临倒闭的传统广告公司蜕变为率先在纳斯达克上市的新型传媒平台；沈国军，从街头的百货、卖场到综合体、快递平台乃至线上线下融通的新零售。这样的例子不胜枚举，反映的是同一个字——"变"。

宁波目前的一个重要工程，就是在"中国制造2025"背景下打造一批千亿航母。前一段时间，7家"航母雏形"已出，近200家"航母幼仔"已孵化出炉。接下去，需要的是通过他们不懈的坚持和灵敏的变通，来实现成为"真正航母"的蜕变。而这样的蜕变已经在进行中：银亿，一家宁波老百姓众所周知的房产集团，已在不经意间成为一家以现代智能制造为主体的产业集团，在地域、产业、资本市场等方面完成布局；舜宇，一家现代人已离不开的专门生产光学摄像仪器的企业，秉承的却是"名配角"战略，并一以贯之，坚持不懈……

"坚持"使得商帮不断传承，而"变"又使商帮不断更新，保持绚丽。这两者正是造就甬商屹立于东方商帮之林而不倒的秘诀，相信也将成为铸造众多"甬商号"千亿航母的重要助力！

（2017年11月）

奥运与甬商精神

2008年，众所周知这是每个中国人的奥运年，原因自不必赘述。而我，在这过去的半年多中，似乎也真正地和奥运结了缘。初春4月，有幸游历美利坚，漫步洛杉矶街头，竟然和百年奥运的神圣殿堂——洛杉矶纪念体育场不期而遇。说它神圣，不仅仅是因为这里是百年历史中唯一举办过两届奥运会开幕式的地方，更因为它是第一次升起中国国旗、奏响中国国歌的奥运场所。体育场门口两座无首无臂运动员雕塑令我畅想无限。7月，有幸亲临"鸟巢"和"水立方"，虽然安保重重不得入其内，但近距离体会的那种壮观还是让我备感惊喜。8月，又有幸考察英格兰，伦敦恰是下一届奥运会的主办地，虽然尚不见建成的奥运场所，但伦敦人那种对奥运的关注和热情还是让我感怀良多。几个月间走访三座奥运城市，确是不曾有过的事，也让我真正感觉到奥运离我是那么的近。

还是要回过头来谈甬商，这半年想得更多的就是甬商与奥运的关系，恰好前几日看到兄弟刊物《京华宁波人》中有篇庄凯勋先生的文章《奥运价值观和宁波帮精神》，观点精辟到位，不禁深有同感。故不必再擅自纷叙，引述其文一二足矣。文章说："甬商在险恶的环境中艰苦创业，就是有一种'抱团打拼'的习惯，不论是近代史上的'四明公会'，还是后来的同乡联谊会，他们都怀着同一个梦想，互相扶持，竭力帮衬。"这与本届奥运会主题——同一个世界，同一个梦想（One World One Dream），以及运动员们在赛场上的团结配合进取是何等的相似。文中还说："当下国人对奥运的价值观发生了巨变……不再一味追求'最好的一届'，而是更多地考虑场馆维护、赛后利用、环境保护、人文关怀等。而甬商的低调务实、不求虚名、极

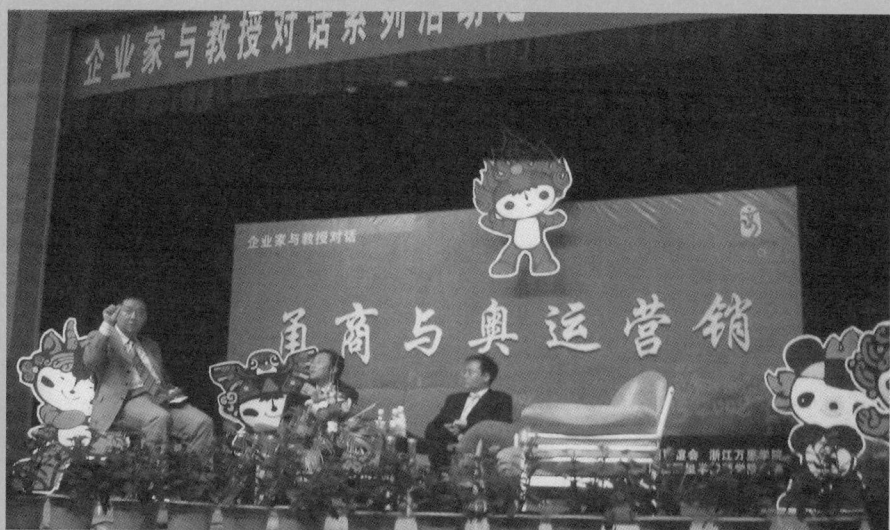

2008年的北京奥运会使甬商与奥运结下了不解之缘

少浮躁之气，恰恰是这种价值观的体现。"说的真是恰如其分，将原先的所有关于奥运和甬商精神的思考进行了精彩的总结，真是要感谢尊敬的庄凯勋先生！

立足本职，再来说《甬商》与奥运，改版后的《甬商》用了两期较多的篇幅来报道这一次浓墨重彩的北京奥运会，目标就是拉近宁波人和奥运的距离，探究甬商与奥运及奥运精神的丝丝联系。也许笔墨还不够绚丽，报道还不够全面深刻，但好在我们做了，不至于对伟大的2008奥运之年留有遗憾。

北京奥运会结束了，但难说再见，因为它已经深入我们的心里，影响着国人包括甬商的信念和追求，而且不会是短期的。

（2008年8月）

风云甬商与甬商精神

　　一年一度的"十大风云甬商"的评选又到了揭晓的时候了，我亲身经历两届评选盛事，可谓感慨良多，感慨不仅来自广大甬商对评选的重视，对甬商荣誉的珍惜，更来自对参评企业家身上精神挖掘后的震撼。如号称"好人老板"的励顺良，在并不起眼的厂房背后，竟蕴藏着如此多的感人事迹，这位和蔼、朴实的企业家，他把慈善不仅仅理解为善举，而是一项事业！小事、琐事处处为他人着想，整个家庭也向他看齐。所以人赠八个字——"企业不大、好事不小"。再如沁园集团的叶建荣，他已把研发和创新融入他的生命，让一个起点并不高的企业硬是通过不断地自主创新，不断地埋头研发，做成了一个净水器、饮水机行业技术居全国最前列的企业，创造了一个"企业标准高于国家标准、国家标准高于国际标准"的神话。再如徐龙集团的徐其明，这位以农业为主导产生的企业家给外界的最大印象是"收藏大家"，然而挖掘其企业发展的轨迹却远非那么简单，有人评论"这是一个将水产养殖业农民都视作自己员工的企业家"，他所担负的企业责任促使他将自己的企业兴衰与广大农民的贫富紧紧连接在了一起。

　　凡此种种，真正感到对每一位企业家的了解和挖掘的过程仿佛就是对新一代甬商的精神的感受和浸淫的过程。

　　也许是巧合，本期《甬商》配发了《近代甬商特有的精神素质》和《朴素的魅力》两篇文章，两篇文章的作者不约而同地提炼了早期和老一代甬商的精神特质：有艰苦自励、开拓冒险，有挑战洋商、求实诚信，有团结互助、爱国情怀，有低调做人、乐于助人，还有谦虚包容、居安思危等等。

风云甬商群体已成为甬商精神的最好践行者

　　其实，两百余年的甬商发展历史，岂是短短只言片语可以归纳的，又怎会是数个甬商可以指数的？顺应时代的变迁，随着经济产业的发展，尤其是随着宁波经济乃至中国国家实力的不断强大，甬商时时处处都在发散着自身的光耀。前辈甬商有前辈甬商的特质，他们艰苦创业、低调做人、谦虚包容，而新一代甬商又有着时代赋予的精神，他们勇于创新、敢担责任、富有爱心。

　　也许，风云甬商的评选，热热闹闹的形式仅是一个表象，而更有意义的则是评选对新一代甬商精神的展现。

　　而这也是我们的初衷吧！

（2008年1月）

寻找这个时代的精神

这两天有幸遇到一场瑞雪，更有幸在瑞雪纷飞中来到杭城参加省"两会"。"两会"的报告令我热血沸腾，而在沸腾中我思考得最多的却是这个时代我们需要一种怎样的精神。

报告中提到红船精神、浙江精神，前段时间宁波市"两会"也提到了宁波精神。而恰巧在"两会"之前我去了红船精神的发源地——嘉兴南湖，在南湖革命纪念馆里我看到了习近平总书记提到的红船精神的主要内涵：开天辟地，敢为人先的首创精神；坚定理想，百折不挠的奋斗精神；立党为公，忠诚为民的奉献精神。现在想来，这三种精神非常契合地表现了浙江企业家尤其是甬商的发展内涵。

当我们把"2017十大风云甬商"评选活动的主题设为"追寻新时代的企业家精神"时，我们的初衷就是想寻找在这个新时代里，我们的企业家需要有哪一些更值得拥有、更呼应时代发展的新精神。

我想其实总书记的话已经点明了这些精神的根本内涵。在我们在众多的企业家中评出正式候选人，又通过走访对这些候选人进行深入了解后，我们发现，在他们的身上其实已经涌现出许多新时代的企业家精神。

他们有担当。他们从创业的那一刻起就已经把自己置身市场竞争的环境之中。他们奋不顾身，不仅仅为着企业发展，为着行业发展，为着地方经济发展，而且为着员工、为着弱势群体而不断迸发出他们的能量和声音。他们无论在困难或顺利时都不计个人得失，勇于站出来，勇于挑起一个行业乃至一个地区领头发展的重担，勇于为这一切代言。

　　他们有创新。我们的甬商、浙商从出发的那一刻起，其实就已经走上了不断创新和完善的道路。他们利用自己的智慧进行原始创新，他们利用外部的环境、政策，利用他人的智慧，利用整合的本领，不断进行二度三度乃至四度的创新。他们在前人的基础上，秉承宁波商帮、浙江商人敢为天下先的豪气，在这个风云变幻的时代里，在这个变化莫测的市场中不断寻找自己的突破口，不断探寻企业的发展方向。

　　他们有合作。这是一个合作的时代，也是一个抱团的时代。谁说甬商善于单打独斗，谁说浙商在外是一条龙，抱团是一群虫。共享融合已经成为这个群体的主流，也已经成为浙商和甬商在这个时代发展的内涵。有国内海外企业的抱团，有竞争对象之间的抱团，有与广大社会公众之间的抱团，有同学老乡之间的抱团……他们勇于打开自己的心扉和胸怀，去拥抱这个世界的一切。

　　他们有梦想。近年来，风云甬商的平均年龄越来越低，他们的梦想却是越来越大。他们有走出宁波的梦想，他们有跨出浙江的梦想，他们有走向世界的梦想，他们有称霸所在行业的梦想，他们有联合纵横、多元发展的梦想，他们还有树立自己文化、建立百年企业的梦想。

　　正如前段时间在南湖之畔，中国商业期刊媒体领军人物联合发布的《南湖宣言》中所提到的那样："新时代要有新担当，新时代要有新梦想，新时代要有新建树。"我想，无论甬商还是浙商都同样如此，担当、创新、合作、梦想已经成为这个时代的主旋律，我也把它定位为我们寻找到的这个时代的新精神。

　　就如浙江精神的实质内涵：干在实处，走在前列，勇立潮头。这个时代的精神，这个时代的企业家精神，这个时代的甬商、浙商精神，也必然会以"担当、创新、合作、梦想"为基点而勇立潮头。

（2018年2月）

重新定义甬商精神

日前，跟北京长城所的一位负责人交流，聊天间不经意说到甬商的特质，这位负责人说了一段话，令我印象深刻，他说："说起甬商，在国内也是大名鼎鼎，仰慕者众多，但这几年甬商的声音却是日渐式微，很少能听到甬商发出的振聋发聩的声音，或者说很少能听到甬商传出来的各种重大信息，这可能跟甬商一贯以来的低调、务实的性格相符合，这种特质在以前的传统工业经济时代曾经是甬商的优势，使得甬商在全国诸多商帮中独领风骚，但到了今天这样一个新经济时代，感觉却成了甬商的劣势，这也是近几年甬商在中国商业版图上鲜有作为的重要原因吧。"

听了这番话，我沉思许久。这几日可以说耳边一直萦绕着他的这些言语，自己这些年来一直致力于对甬商精神的挖掘和传承，为甬商创造的灿烂历史而感到自豪，但时常也为近些年甬商未有如同前辈般的精彩而感到些许困惑。在跟这位长城所负责人的交流中我了解了第三方对甬商的看法。

去年年末，我走访了年度风云甬商候选者的各家企业，与这些甬商们进行交流，其中一位老资格的甬商说了这么一段他对本土甬商的看法："我用两个字来形容我们的甬商，就是'闷骚'，我们的甬商太不善于表现自己，也太不愿意把自己的内心想法展现出来，我们缺乏协同创新，缺乏抱团向外的勇气。"那时我呵呵一笑，但不得不认同这位土生土长的甬商对自身群体的剖析。看这一届20位风云甬商的候选人，可以说大多数还是传统产业人的形象：他们刻苦、耐劳、白

甬商人文特质

宁波商人的人文特质可以用"宁波人文"的第一个开头字母
"NBRW"来表示。

黏韧（N）

善于团结、善于帮助、善于凝结。
宁波人的团结精神就像宁波汤圆，
具有浓浓的粘性。

搏争（B）

崇尚开放、博纳、兼容、敢为天下
先。敢说敢做，敢于吃螃蟹。

仁厚（R）

乐善好施，造福桑梓。修祠堂、
建"义庄"。投身国防、教育、医疗
卫生、公益事业等。

务实（W）

低调，注重实效，不爱空谈，崇尚
少说多做，埋头苦干，不事张扬。

手起家；他们能坚持，秉性耿直；他们低调，把自己做的很多了不起
的事情放在心里，并不自我标榜。

我想以上这些优点正是造就了甬商几百年来长盛不衰的一个重要
原因。但同时不得不承认，这也成为制约甬商在近些年默默无闻、悄
无声息的一大原因。今天有一位媒体界的朋友发了一条微信，他说：
"杭州有阿里巴巴，深圳有腾讯，大连有万达，南京有苏宁，我们宁
波有什么？"很多朋友在他的微信下面选择了沉默。宁波有众多的中

小企业，宁波有众多的辛勤苦干的甬商，但宁波没有诞生出马云、雷军、马化腾、王健林……

我的内心深处不想对甬商精神和品质有一丝丝的否定，但理性思考告诉我，确实到了该重新思考和定义甬商精神的时候了。当这个时代进入一个由工业4.0、互联网思维、机器人、生物信息等产业主导的经济时代时，我想我们的传统甬商特质也到了要适应这个时代，要能与这个张扬个性的时代相匹配的时候了。

重新定义是为了重新出发，重新出发是为了再度辉煌！这个过程让我们从现在开始吧！

（2015年4月）

挖掘新一代甬商精神

近日，与本刊一位前辈顾问聊天，无意中聊到了新一代甬商精神的话题，不觉隐隐感到一股沉重的使命感。

每期编刊前的策划，我总会费尽心思去物色几个有特色、有风格、有作为的甬商代表人物，然后撰写采访提纲，前去采访。而采访的原始动机和目的，除了展示这位企业家的风采外，更重要的是探索他的成功之道，揭示他的过人魅力。每次，我都会为我们的记者挖掘到了一位有性格有魅力的甬商而备感高兴，而兴奋的更重要原因是通过我们的采访、我们的刊物能让广大读者了解这么一位优秀的宁波商人的思想精髓，能让许多正在创业或准备创业的人了解他的曲折的成功之道，学习他不凡的经营理念。

创刊至今，我们已经采访报道了数十位甬商，完成了对他们许多不为人知的精神世界的挖掘，但却至今尚未明确提出过"新甬商精神"。现在想来，这或许体现了我们的胆怯。因为，我已感觉到，新一代甬商尤如长江后浪推前浪，他们的精神已隐隐浮出，亟待我们去挖掘。

我们曾经总结老一代"宁波帮"的精神，如创业香江、连横船界的包玉刚，如义薄云天、屡捐教育的邵逸夫，又如足智多谋、开拓创新的张忠谋等，他们的精神已经成为新一代甬商学习的楷模。

而我们新甬商的精神呢？他们既继承了老"宁波帮"的一些优良传统，又在自身的创业发展中，结合新的形势迸发出更大的力量和智慧。

也许，在这里，我们用简短的语句来总结新一代甬商的精神是远远不够的，但我们觉得作为《甬商》的办刊者，我们有这样一个使命，来挖掘新一代甬商的精神，并使其发扬光大。

（2006年9月）

树立甬商触得到的标杆

其实说到标杆，宁波这座城市一直并不缺乏，近代有在上海滩叱咤风云的虞洽卿；当代有在东方明珠纵横商海的包玉刚、邵逸夫；改革开放后，有在本土崛起的李如成、郑永刚。可以说，甬商是最不缺乏标杆的一个商帮，也正是这些标杆推动了甬商300年发展的历程。但近段时间与一些创业中的"80后""90后"新兴甬商们交流，他们的共同感觉是这些标杆离他们是那么的遥远，或者说在他们心中原有的那些标杆显得有些陈旧，他们宁可将与宁波关联不大的马云、雷军，甚至乔布斯，列为自己的标杆。仔细想想也是，我们的这些既有甬商标杆，确确实实离当下的时代有了些许的距离。

昨天正好组织了一场活动，名字叫"风云甬商标杆行"，我们组织了一批中小企业、创业者走进了当地的著名企业——奥克斯家电，聆听奥克斯负责人的创业理念。这是一位年轻的女性企业家，在她身上我感受到的就如同她昨天分享的主题——"速度与激情"。她在讲自身发展的同时，也好多次提到了她心目当中的标杆。她提到国内空调业的老大格力，她曾去到那里与那位著名的女强人交流。她也提到，她曾坐在小米公司那狭小的会议室的小板凳上，听小米的创新理念。我觉得在她身上有很多她所谓的标杆的烙印，她自己也认为在几年的发展中受到了这些标杆的重要影响。也正是因为如此，"速度与激情"在奥克斯的所有员工身上都体现得那么的分明。

到这里，我似乎明白了一个道理，可能我们更需要的是一些活生生的标杆，要看得到、摸得着的，甚至在他们身上，能够感受到或者学习到在当下这样一个时代发展中所需要的各种精神和精彩。这也让我明白了为什么哪怕流言满天飞，但马云所到之处还是那样的令人趋之若鹜，他的湖畔大学还是让人挤破门槛；让我明白了雷军小小的办公室里为什么每天挤满了来自全国各地参观学习的人；也让我明白了为什么乔布斯已经不在了，但还有那么多果粉对Apple产品"顶礼膜拜"。

确实，标杆的作用是无穷的，不去说这些风云人物的人生起伏，但至少，他们已经影响了一大批创业和前进中的人们。甬商需要标杆，甬商更需要活生生的现实中的标杆。这几年甬商的路并不好走，很多甬商心中也充满迷雾，在如此环境下更需要有触得到的标杆为他们引领方向。正如昨天"风云甬商标杆行"结束以后，在即时建立的微信群里，大家的兴致是那么高昂，大家的劲头是如此充沛。我想短短两个多小时的活动可能会影响到这些参与者今后几年的发展。

所以从这一期开始，我们把杂志的报道重点转向那些标杆，我们希望通过我们的剖析，让标杆者的经营、文化、创新的精髓能展现在许许多多创业者面前，甚至能让我们的年轻人能触摸到这些所报道的标杆甬商的每一个细胞。

上一期我在卷首语中提到了一个观念：重新定位甬商精神。其实说得更准确一点应该叫"新常态下进一步定位甬商精神"。文章刊发后引起了众多的反响，更多的声音是呼吁新常态下我们甬商能够展现出更为迷人、更为积极、更为进取、更为张扬的一面。我想树立标杆既是对新时期甬商精神的一次探讨，也是对新常态下甬商精髓的一次剖析，如果我们的报道和解剖能够为当代及今后的创业新甬商起到一些作用的话，那我想我们的目的也就达到了。

（2015年5月）

鲜活的面庞

有这么一群人，旁观者看他们或是高山仰止，或是敬而远之。因为在他们的身上，有着一圈看似神奇的光环，或是一股他人没有的气场。他们的名字，叫"风云甬商"。

而在我的眼中，看到的却是一个个鲜活的面庞，生动而亲切，与一般人无异。从2006年到2010年，作为活动的主办者和参与者，我难以忘怀这5年来风云甬商们的点点滴滴。在我的脑海中，时常会跳跃出那一张张鲜活的面庞和一段段传奇的影像。

2006年的"十大风云甬商"颁奖典礼上，我记住了李如成与储吉旺的面孔。一个是宁波商界的常青树，一个是以"老班长"著称的"儒商"，他们用"成稳"和"激昂"为首届风云甬商颁奖典礼增添了最美丽的两个身姿。

而汪剑英的面孔，无疑让2007年的"十大风云甬商"颁奖典礼有了一丝柔美，这个汽车领域里的"大姐"用她的"不让须眉"书写了女甬商们的"巾帼之气"。而徐剑光对美学的笃定和追求，更是让我记住了他坚毅背后的"儒雅"脸庞。

2008年的"十大风云甬商"颁奖典礼上曾出现这样的一幕，一个小女孩在爷爷的带领下手捧鲜花来到现场，一句"熊伯伯，我们从四川来看你了"的话音还未落，熊续强就已激动不已，平时严肃的面庞上竟带着丝丝泪莹。我相信那个时候的他是最温暖的。而在那年，被称为"汽车少帅"的安聪慧用他的睿智而年轻的面庞展现着他对事业的无限追求与渴望。

到了2009年，令我印象最深的是翁南道那张显得大气的面孔，而这种大气在台上展现出来的是一种挥斥方遒、剑指天下的雄心和野心。当然，不能忘怀的还有吴友旺这个迄今最年轻的风云甬商，而他那虎虎生威的双截棍表演更是让我看到了新一代甬商身上的激情与生机。

而在今年"十大风云甬商"颁奖典礼中又能让我看到哪些新的面孔呢？当我带着采访团，踏入候选人们的办公室时，这些新的面孔顿时变得鲜活起来。朱豪轲，这位不安于现状却又脚踏实地的乡土企业家，在成为第一个在餐厨垃圾生态化处理产业"吃螃蟹"人的同时，更让我坚信他的坚持。俞建德，这个在三尺讲台上站了八年的物理教师在一片反对声中砸掉了自己来之不易的"铁饭碗"，毅然进军水处理行业，在他侃侃而谈中，我对这张专家型甬商的脸庞竟有些许痴迷。郭启寅，他用行启于寅时、敢为人先的冒险精神带领着GQY成为第一家在创业板成功上市的宁波企业。蒋凯玲，带着那一股子与众不同的"闯劲"，在群雄崛起的甬商中找到了一片属于自己的天地。宋兆峰，从无到有、从有到精、从公务员到下海经商，他在力排众议下坚持践行着自己的绿色之梦。崔登来，从被选为小路下村电线厂厂长的那一天起，他就有了要让全村人实现"口袋脑袋一起富"的宏愿……

这样的面孔还有很多很多，我不再一一列举。尽管时间会消磨人的记忆，但风云甬商在我脑海中的鲜活面孔我想是不会改变的。而且在被定格的那一秒钟他们已被载入史册，长列甬商的浩瀚星空中。

今天，"十大风云甬商"颁奖典礼的春风已经刮来，这个冬天，就让我们一起感受风云甬商们带来的温暖，让我们共同记住这些可爱的面庞吧。

（2011年2月）

他们，值得我们尊重

就在写这篇文章之前，中国商界发生了一件大事：阿里巴巴的马云携带他的团队来到纽约，把阿里巴巴正式推上了国际金融市场的舞台。马云至此成为中国的新首富，他的许多员工成为千万乃至亿万富翁，一个已经在中国商界闻名已久的企业再一次被推上了一个新的"神坛"。

说这些话的意思，其实是想表达我对这个企业的尊重，对马云本人的尊重。

虽然坊间有诸多传言，有些人说马云了不起，但也有些人说马云的种种不是。尽管毁誉掺半，但从马云对这个社会的贡献，对当地经济的贡献，乃至对整个中国商界价值观的贡献，我觉得毫无疑问，马云是一个值得大家尊重的人。

不仅仅因为他为中国企业家树立了一个新的标杆，还因为他在为自己创富的同时，带领着他的团队一起创富，并以他的契约精神让他的合作商同样得到了财富。他把中国电商的形象乃至中国企业的形象带到了世界的舞台，让世界看到除了中国的GDP处在世界TOP2以外，中国企业的实力也处在世界的顶尖位置。我想，仅从这一点，我们每个人都要对马云致敬。

所以，这一期我想说的主题就是"尊重"。这个尊重既有社会对企业家的尊重，还有企业家通过自身努力所需要获得的尊重。

前一阶段有一部著名的电视剧，叫《历史转折中的邓小平》，它再一次展现了这位中国经济改革发展的总设计师在历史紧要关头所做的一系列举措。毫无疑问，我们亿万中国人民对小平同志是充满着尊重和尊敬的，因为他是我们中国整个经济发展的决策者、设计师。

老一代甬商创业不歇的精神赢得世人的尊重

但其实除了邓公以外，在我们社会中还有很多人，尤其是广大的企业家们在不断践行着小平同志提出来的改革开放之路。他们有些趁着改革开放的春风，通过自身努力发展起来；有些趁着国企改革的东风，让原来濒临危机的国企重新焕发出生机；有些通过与国外资本合作，利用世界先进的技术和理念获得成功；还有一些企业家，通过自身的创新，开辟出一条全新的商业领域……其实无论哪一种，我想只要是通过自身努力，只要是合法合理的经营，都值得我们尊重。

前几天我在一次会议中与一位企业家聊起宁波的企业，他说到宁波的一位老企业家，这位老企业家已经67岁了，他的企业在宁波也有一定的名气。"如果这位老企业家在他60岁的时候就金盆洗手、安享晚年，那么他现在可以说是功德圆满，儿孙抱膝了。"但可惜的是，

7年前，这位企业家没有选择金盆洗手，而是继续着他的创业之路，甚至把他的事业做得更大，他把他的事业走出了浙江，走向了全国，甚至走到了非洲。但不幸的是，在这几年的经济危机中他碰到了很多困难。可以说，目前这位老企业家背负着重重压力，企业虽然还在，但是已经负债累累。

当我们在议论他的时候，我从心里涌起了一种对这位老企业家的敬重之情。虽然有人说他不知足，到了该退休的年纪还在干活，但是我想这正是我们中国民营企业家，正是我们甬商这一团体的精神所在：不满足、不懈怠、不断努力，明知有困难，明知可以安守晚年，但还是不断为这个社会、为员工们创造财富。尽管到最后结局不是那么圆满，但我觉得他们值得受到尊重。

最近经济形势严峻，据坊间流传，仅今年上半年宁波倒闭或破产的企业就不下千家，也有部分企业家出现跑路现象。但在走访调研中发现，我们更多的企业家是在支撑着运营。有一位企业家朋友跟我说，他现在每开一个月工，就要亏损几十万元乃至上百万元，但他仍旧坚持着，没有把他的员工遣散，没有把他的厂房出租。其实在宁波，这样的企业何止上千家。所以，我们要对这些企业家由衷地说一声"感谢"。正是因为有了他们，我们宁波、浙江乃至中国的民营经济，才能够坚持下来，才能够渡过难关，才能够迎接今后有希望的明天。

这一期我们做了一个主题，推选出了宁波最受尊重的20位企业家。其实这20位企业家只是宁波众多民营企业家中的一个缩影。也许他们的企业已经功成名就，但通过他们，我们想对更多在困境中不懈进取的甬商们表以敬意。

也许我们的篇幅有限，不能把所有的尊重之情通过一期杂志表达完全。但通过这样的方式，我们希望能够唤起社会、公众对企业家们的尊重，能够以尊重的目光来看待我们周围的甬商。因为，他们，值得我们尊重。

（2014年10月）

宁波需要这样的力量

借着又一年十大风云甬商评选，在岁末年初，我随着采访团，又一次集中走访了入围风云甬商的20家企业。与往年一样，原本简单的走访，使我心生很多感慨。

其中最大的一个感慨，就是为原来有这么多隐藏在民间的、并不为人熟知的低调甬商而感到高兴。可以说，一站站走访，带给我的是一个个惊喜。当采访结束，回顾这一过程，我最深切的体会，就是为宁波有这么些优秀甬商的力量而高兴。

当我们在余姚临山的329国道上绕了几圈才终于找到创润新材料的厂房，与急匆匆赶来的吴景晖进行交流时，我才发现，这位被我们"90后"记者评价为"呆萌"的年轻企业家，并不是宁波人，他还隐藏着诸多创业的故事。而落户宁波后，他将毕生的研发成果转化为生产实践，完成他一直以来的梦想。

与他截然相反，在"50后"企业家陈正龙身上看到更多的是沉稳、大气及同龄人不再具有的创业激情。原本早已可安居海外的老宁波人，却再一次回到家乡，将企业又一次转型升级。

而见面后让我感到最亲切的是明诺电器总经理杜建坤，余慈地区一个典型的农民企业家。与他的交流十分实在，他没有宏大的理想，只是想把自己的企业做得更好，让周边村民过更好的生活。

拥有同样外表，但充满雄心壮志的邹炳德，作为一名新甬商，从江西来到宁波发展，深深被这片土地所吸引。从简单的医疗体检发展到生物科技的研发，将自己的生物健康产业做成了股市里的明星。在他朴实的外表下，我看到的是他那颗跳动着的壮志雄心。

这样的企业家很多，包括十几年前已经在宁波做着演艺文化的王仁祥。虽然还操着本行，但他让传统的产业有了新的面貌，宁波因为华珂剧场和明秀大航海的横空出世而变得更加生动。

同样具有飞扬的心的是何斌锋，传统的旅游业在他手里焕发出并不传统的新芽；还有带领村民集体致富、非地创新的朱升海；传承父亲衣钵，再次驾船出海的储江、龚浩强、沈凯峰；坚守自己的产业，老骥伏枥的干国成；三次创业，从乡镇企业到股份制企业，从电扇到低压电器智能配件的奇乐掌门人冯嘉耀；以及为宁波智慧城市发展而殚精竭虑的姚志坚……

如同当下宁波的经济一般，甬商可谓百花齐放，百种力量。他们中既有白手起家仍在奋斗的一代企业家，又有传承家族志愿、重建自己风格的二代传承人；既有老当益壮、沉稳干练的老将，又有意气风发、创新不懈的新人；既有本土发芽、回报家乡的宁波人，又有扎根甬城、拥抱这片热土的新甬商；既有坚持传统企业、励志突破的民营企业代表，又有突发奇想、大胆创新的新兴产业拓路人；既有走出宁波、向东是大海的闯荡者，又有异地闯荡、成功回乡的爱乡人……

无论哪一种，我都觉得，宁波需要这样的力量，甬商需要这样的力量。甬商需要坚持和传承，甬商也需要突破与创新；甬商需要走出围城、面向全球，甬商也需要沉下心来，专心创新；甬商需要更多传统的积淀，甬商也需要各种新型的突破。

我感受到繁花似锦的喜悦，因为在这些我原本并不十分识知的企业家身上，我看到了甬商所蕴含的无穷力量。也正因为如此，不管市场如何变迁，不管风云如何变幻，不管新常态要持续多久，我们对甬商的力量都抱有极大的希冀。

这也是我们一年年评选风云甬商的初衷。我们要挖掘更多这样的甬商力量，我们会发现越来越多这样的甬商力量，我们为有这样的甬商力量感到自豪！宁波需要他们！

（2016年2月）

重振甬商 再铸辉煌

　　10月18日晚上，来甬参加会议的上海市原副市长、上海宁波商会会长庄晓天先生欣然为本刊题写了八个大字"重振甬商、再铸辉煌"。

　　这八个字可谓是意味深长。

　　甬商，作为有着几百年历史的、曾经号称"全国十大商帮"之一的富庶之地孕育出来的商业团体，可谓是几度辉煌，本来不应提"重振""再铸"这样的字眼的，可随着时代的变迁、潮流的更迭、商业思维的演进，尤其是随着"浙商""苏商"，乃至"越商"(绍兴)、"温商"(温州)、"义商"(义乌)的陆续崛起和高调显现，不可否认地让人们感觉到了"甬商"的式微，曾几何时，"甬商"的名号似乎辉煌不再，更不用说与"浙商"等的比较和竞争了。

　　而令人困惑的是，"甬商"的式微并不是建立在甬商真正衰落的状况下的，宁波经济依然强劲，宁波企业依然富庶，宁波的商人依然在奋发创业，甚至"红杏出墙"，如丁磊、江南春，已是香遍全国。"甬商"的式微，究其原因，只是观念的式微，团队意识的式微，只要有人呼吁重振历久弥坚的"甬商精神"，那么"甬商"仍将是中国商界不可或缺的一股力量。

　　幸好，这样的时机已经到来，这两月举行的两件大事都昭示着重振"甬商"名号已得到包括政府在内的社会各界的关注和重视。

　　10月18日，我市召开了第一次外地宁波商会会长座谈会。市经促会、协作办、工商联等联合邀请了在外的甬商代表，八大外地商会会长齐聚一堂，共商"甬商"在外发展之道。

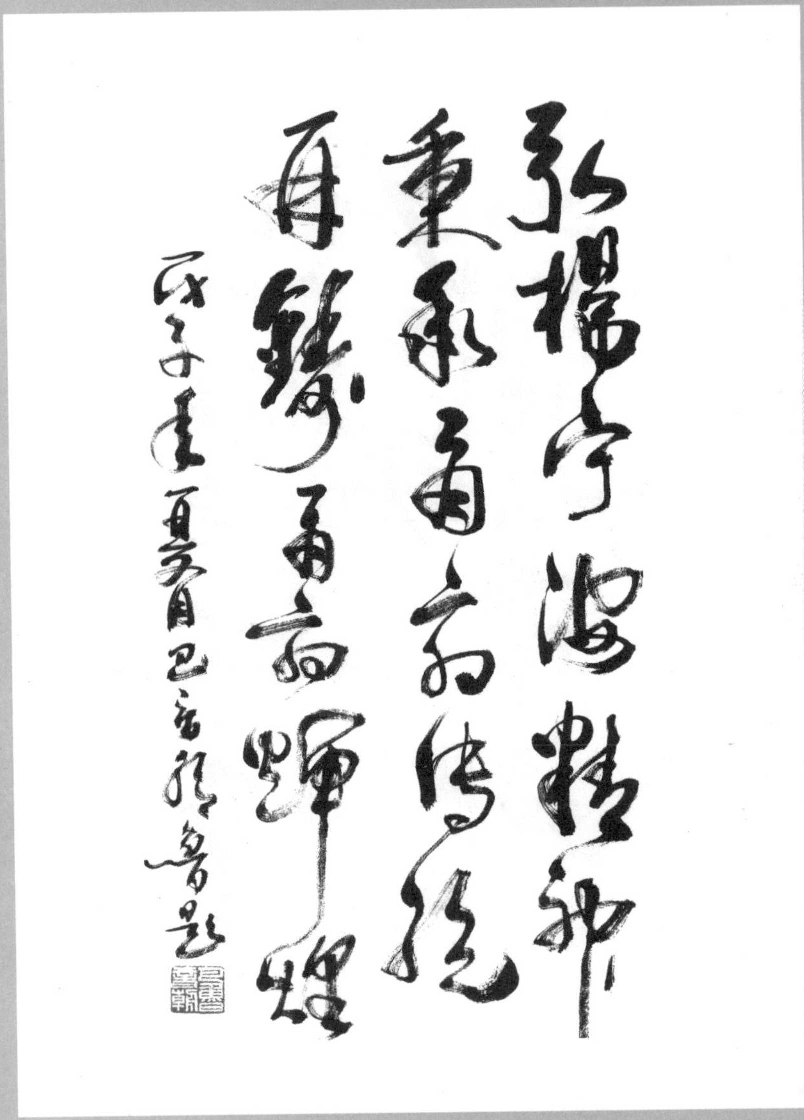

弘扬宁波精神
秉承甬商传统
再铸甬商辉煌

"秉承甬商传统，再铸甬商辉煌"已成为一个城市的目标

11月10日，由市经委、工商联、科协等部门发起，全市一百多家行业协会共同参与，六大高校商学院联合参评的宁波历史上第一次"十大风云甬商"评选活动也正式启动，并将在12月20日举行"2006甬商高峰论坛暨2006十大风云甬商颁奖典礼"。

　　两件事相隔不久，看似偶然，却也必然，宁波的城市地位和今后持续的发展，需要的不仅仅是埋头苦干、艰苦创业、独立奋进的"甬商"，更需要纵横联合、抱团出击、叱咤风云且具有号召力的"甬商"，历史迫使我们去抓住时机，创造"甬商"新的辉煌时代。

　　相信，重振甬商，再铸辉煌，并不是遥远的事。

（2006年11月）

为困势中的甬商加油！

　　2008年的秋天，似乎确实有点秋风萧瑟的味道，全球金融海啸，国内股市惨跌，企业困顿破产之声似乎天天入耳。有人说冬天已经来了。也有人说最寒冷的严冬尚未到来，赶快积蓄粮草，准备棉衣吧。似乎曾经还高速发展的中国经济几月间便进入了困境。也许叫困境不太适合，但称之为困势却也不为过。在这场堪比20世纪30年代美国经济危机的全球经济危势中，中国要想独善其身，确也是不易。如此，我们只能为困势中的中国加油，为困势中的甬商加油！

　　其实，我们的甬商还是很乐观的，这几天碰到的诸多甬商，并没有想象中的愁云惨雾，更多的是泰然处之。他们中有的如丁磊般，"我们已经经过了90年代的经济风暴洗礼，这次危机对我们算不了什么"。有的如鄞州诸多外资工厂业主，"其实在企业发展的高峰期已经想到了会有这样的冬天。所以产品已经开始转型，影响不算太大"。江湖传闻慈溪有多达60%的中小企业已经倒闭，所以我们特意前往调研，结果是80%的企业依然生产如故。只不过外贸危机更坚定了他们原已萌生的从OEM转型品牌发展的决心。而余下的20%也并未倒闭，就如这些中小企业主说的："我们是以静制动，积蓄力量，规避风险，暂时休憩，等明年形势好了马上大干快上。"谁能说这不是浙东诸多民营企业的生存智慧呢？他们的存在也正是使宁波民营经济更具坚实基础和活力的原因。

　　政府也在为甬商鼓劲，从未见我们的领导像今年一样为甬商倾注了那么多心血，寄托了那么大期望。四套班子领导多次到企业调

2006年起，甬商高峰论坛成为甬商间相互鼓劲的舞台

研打气，各部门纷纷出台相关政策，为甬企减压增力。甚至专门召开"市外甬商创业创新大会"，号召甬商团结一心，回乡发展，攻坚克难，共度困局。

"宁波之根，甬城之魂"，这是市长毛光烈对甬商的嘉许；"弘扬宁波精神，秉承甬商传统，再铸甬商辉煌"，这更是巴音朝鲁书记对甬商的期望。

有这样的气氛，有这样的基础，有这样的智慧，即使困势又如何！

不过，我们仍在为甬商加油！

（2008年11月）

有甬商，不尴尬

最近有两个事引起我的思考，一个是前段时间我到浙江文澜讲坛进行了一个题为《中国商帮的三要素——情、侠、义（以甬商为例）》的讲演，引起台下诸多听众的兴趣，并交流不绝；另一个是前几天有"财经女侠"之称的叶檀女士的一篇文章《停滞的青岛，尴尬的宁波》，一时间引起了轩然大波，诸说纷纭，激起了许多"有识之士"的反击。

虽然，叶檀所论述的并不是一个宁波完整的状态，但也不可否认许多观点点到了宁波的痛处。其实反过头来想，有哪一个城市在发展过程当中没有这样那样的诟病，或不存在一些短板？所以在一时的意气之余，我倒觉得我们更应以淡定的心态，来看待她对宁波的评价。或许她是出于善意，出于她对宁波这座城市的一种提醒。

谈回甬商，其实也有人对"甬商"这个中国近代十大商帮之一提出过不同的见解，甚至是诟病。但那又如何，并不是一两篇文章的质疑，就会对这个有着三百多年历史的东方商帮造成伤害，或者说影响它的声誉，造成它的停滞。

有人说，甬商没有涌现出像阿里巴巴、华为这样的巨无霸，像马云、马化腾这样的商业奇才。确实近二十年，宁波没有像马云这样的商业巨擎，但你有没有看到宁波更多的是大量在不断创业、不断发展的中小型民营企业？它们的数量可能会多到让你惊讶，他们的开拓进取并不亚于马云这十余年来的发展。上周我参加一个会议，正好与一位来自原属鄞州、现属海曙的村干部同房而居。在闲聊过程中，他向我亮明了他的另外两个身份，竟是当地两家规模并不算小的民营企业的董事长，而这两个企业所属的行业又相差极远，但运营状况都非常不错。我问他："怎么从名单上看不出你的身份？"他说："这有什么，在我们当地，有很多为村里、为镇里做些事情的人，都是像我一样做企业的，这已是常态。"所以只要我们走进宁波的各个县市乡镇乃至村落，都会发现有这么一批聚集在一起、不断耕耘的草根企业家，他们不如马云般有名，但他们的基础并不比马云弱，他们的数量更比马云要多得多。

有人说，宁波的企业转型慢，没有从传统产业中突围而出。也许他说得对，宁波目前的骨干还是以制造业为主的第二产业，没有像杭州一样走入完全以第三产业为主体的产业结构。但我要说，没有产业结构的大转变，并不意味着企业没有在转型，没有在发展，我们的许多实体企业历经了前三十年的发展，现在所呈现出来的面貌已与哪怕十年前都有极大的不同。就以前面提到过的村干部为例，他的第一个企业是建材行业的，而他在五六年前所创立的第二个企业竟是智能家电产业的。这样的跨越何其多，我们会发现原来生产机械的企业现在已经在生产机器人，原来生产纺织布的企业现在已经在生产新材料，原来生产文具的企业现在已经在生产文创产品。产业没有变并不代表他们没有在转型发展，这也正是当下宁波在建设中国第一个"中国制造2025"试点示范城市的一个基础和根脉。正是因为有这么多实体经济的存在，宁波才有希望成为中国真正的"制造之都"，成为"中国制造2025"的引领者。

有人说宁波的企业人才少。诚然，这确实是宁波企业发展的一个制约，跟宁波原先的基础有一定的关系，宁波的高校少，人才靠外来引入的依赖相对较大，所以在一些新兴产业的发展方面，宁波略晚了一步。但当你走入甬商企业时，会发现甬商们正用自己的方式破解这个关于人才的问题。外来人才少，自己培养，虽然周期长一点，但实用，接地气。新引入人才难，我们就留才，把好的人才扎扎实实地融入企业里。你去看，每当年末，宁波企业门口会停满大大小小的大巴，用它来接送来自全国各地的人才，乃至最基层的员工。每当春暖花开，又有大量的大巴从宁波企业开出来，载着员工去全国各地乃至海外旅行。仅海天集团一家企业，每年就给4000余名职工提供全员旅行，这就是宁波的土办法。他们用真诚、用实实在在的方式让这些已经来到宁波的人才，或者是宁波企业自己培养出来的人才能够在这里扎根、发展。

有人说，宁波城市包容性差。我想你应该来看看宁波企业的发展状况，这样的观点也许就会打消。现在的甬商中有近半数是来自全国各地操着各种方言的创业者，宁波的企业员工中，超七成是全国各地生活习惯各不相同的就业者。宁波城市中从原来看不到一个"辣"字，到现在遍地川菜、湘菜等辣菜馆。诸多商会中，一大半是来自大江南北的异地商会。这难道还不能说明问题吗？有句话，向东是大海，甬商的胸怀应已与大海媲美。

有人说宁波企业传承难。曾经我也为这样的论调而感到忧虑，多次去企业调研。而这些年看到的情况却悄然反转，除了有方太这样全国知名的传承企业外，更多的中小型民营企业已解决了传承问题，许多"80后"从上一代创业者手中接过衣钵。现在在甬商的结构中，45岁以下的要占到多数。而在"中国制造2025"转型发展过程中，可以看到更多的年轻身影，甬商的传承已经如方太一般在宁波的民营企业中顺利转接。

有人说甬商不抱团，各自为政，独立发展。确实有许多甬商单打独斗的例子，无论是在中华人民共和国成立前的上海滩，还是在中华人民共和国成立后的香江畔，乃至于改革开放后的宁波本地，每一位涌现出来的甬商都是一条龙，他都能独自干一番大事业。我印象很深的是在2008年金融危机的时候，当时许多甬商企业形势不好甚至很糟，个别出现了倒闭甚至跑路的现象。但也正是在那时，涌现出了许多甬商帮甬商、甬商助甬商、甬商救甬商的现象。慈溪的一位企业家甚至因为帮他周边的企业渡过难关，自身反而举步维艰，我去采访他的时候，他却笑着说："这是应该的，他们本来都是和我一起创业发展的企业，他们出现了困难，我不帮，谁来帮？"一句话，掷地有声，恰恰是甬商抱团的见证。或许在顺利发展时，甬商会凭借个人的力量单打独斗，但是在遭受困难时仍会选择抱团的一面。这也许就是甬商心目当中的抱团方式。

有人说，甬商太低调，喜欢闷声发大财。确实，甬商文化中很重要的一点就是务实低调，他们不会怨天尤人，他们不会大声喧哗，他们更不会等、靠、要，向政府要资源。所以有专家说，甬商是最不依赖于政策的一群人，甬商也是一个对政府公共资源占用最少的商帮。他们能解决的自己解决，他们碰到困难了，自己想方设法自我更新、自我输血，你能说这样的甬商太低调吗？

我在《中国商帮精神的三要素》中谈道："甬商就如金庸先生笔下的郭靖，出身草根，看似愚钝，靠自己的努力而终成大家。"现实中，甬商的个体虽不如马云般夺目，却是城市的脊梁和骨干。他们重情、重义、重侠，他们守信，有契约精神。

宁波佳星电器总经理余雪辉有一段话："我父亲，20世纪80年代初就创业的厂一代，他是卷起裤管，走出田头走进厂房，在属于他们的时代，打造了他们的故事。现在，我们厂二代，继承父业，面对属于我们的互联网时代，如何去打造我们的故事呢？我们能做的，也是最最重要的，还是制造，制造出好产品。"

我想，有这么一群人在，有这么一个商帮在，这个城市一定不会尴尬。

（2017年4月）

风云甬商 七年之"养"

俗话说，七年之痒。而作为风云甬商评选活动的倡导者和亲历者，我想说，七年之"养"。

七年前，2006年，第一届"十大风云甬商"评选活动启动，宁波经济正逢如鱼得水之际，迅速成为全国最快的经济战车之一；2012年的深秋，第七届"十大风云甬商"评选活动启动，暴风潮荡涤过后的宁波经济刚刚企稳趋升。

转眼间，春华秋实。感慨自己身姿渐丰的同时，我却也暗自窃喜，能一同见证宁波经济和风云甬商的七载光华。

七年前，宁波企业在国际化道路上，挑战和机遇相互交织。在经济高速发展背后，却是发展不平衡、不可持续、创新能力不强、产业结构不合理等问题纷纷困扰着宁波企业的发展。

七年间，甬商面临过两次国际经济危机、两次严厉的宏观调控，在这一波又一波的风浪中，他们危中寻机，克难攻坚，积极转变发展方式，坚守实体经济，迈着踏实而坚定的脚步，在经过市场洗礼后依然挺立在潮头。

从2006年到2013年，作为活动的主办者和参与者，我难以忘怀这七年来风云甬商们的点点滴滴。一幕幕难忘的瞬间，一段段传奇的影像，至今仍在我的脑海中清晰涌现。

忘不了，李如成的朴实。在2006年的"十大风云甬商"颁奖典礼上，颇有大将风范的李如成缓缓走到台上，这个宁波商界的"常青树"，没有豪言，只有朴实，而他的朴实，也打动了每一个到场

甬商精神在新老风云甬商间传递

的嘉宾。

忘不了，那一声带着纯真的"熊伯伯"。2008年的"十大风云甬商"颁奖典礼上曾出现这样的一幕：一位小女孩手捧鲜花，在熊续强毫无知情的状况下，出现在了现场。原来，这是他结对的小孩。"熊伯伯"这样的称呼，就连平日里严肃的熊续强听来，也是激动不已，泪水涟涟。

忘不了，被学生称为"徐妈妈"的徐亚芬；忘不了，坚毅背后是"儒雅"的储吉旺；忘不了，"不让须眉"的"大姐"汪剑英；忘不了，睿智的"汽车少帅"安聪慧；忘不了，甩着双截棍上台的吴友旺；忘不了，打着拳术念着《弟子规》的仇富军……

当然，忘不了的还有印入宁波经济发展三十年历程中的那一个个手模，以及那个至今屹立在宁波帮博物馆殿堂中的雕塑。

而最忘不了的还是那一条熟悉的红地毯。七年光华里，100位甬商通过这条红地毯，登上"十大风云甬商"颁奖典礼的舞台。七年光华里，这条红地毯映衬着风云甬商们的身影；七年光华里，这些可爱的甬商们也滋养着宁波经济，推动着宁波车轮往前翻滚。

而在2013年，走过七年的风云甬商又一次站在了时代的最前沿。

七年之末，七年之始，七年之"养"。风云甬商，继续前行。

（2013年1月）

风云，行进在出发路上

每到年末，都是我心情最激动的时刻，也是我行进在前往各家优秀企业的路上的时刻，今年亦是如此。一眨眼又到了年度风云甬商评选的时刻，20名入围的风云甬商候选人，乃至70余名报名的风云甬商参选者，他们都令我心生向往，也令我心生激动。激动的原因，是我又有机会见到那么多优秀的宁波企业家，我又有机会从这些优秀的甬商身上学到他们可贵的品质，也有机会把这些甬商身上所具有的闪光点传递给社会公众，让大家感受当代甬商们的风云魅力。

今年，用了半个多月的时间，我走访了近20名风云甬商的候选者，如果让我用一句话来形容今年这个集体的特点，我会说："风云，行进在出发路上。"为什么如此说？在我与他们的接触中，不管是已经功成名就的企业家，还是接班创业的年轻人，亦或是来甬拼搏的新甬商，乃至已经隐居在儿辈身后的老一辈，他们的步伐都一直没有停歇，让我时刻感觉到他们仍然行进在追求梦想的路上。

来到姓氏笔画排第一位的丁国年处，这位年近六十的企业家却给我一种己所不如的时尚之感。与他交流，虽然他说已交班给儿子，自己将逐渐退出江湖，但实际上他时刻给人一种仍在行进的感觉。他把业已成功的房产慢慢归零，把新兴产业、文化产业、环保节能产业布局在他的企业发展的各个领域。他说他的行进既是为了企业发展，又是为了儿辈的铺垫。

来到奥克斯，与空调掌门人钱旭峰交流，这位看似柔弱的女性与传说中强悍的女汉子形象有天壤之别。去年在她的引领下奥克斯空调业绩激增35%，对国内行业前三形成巨大的冲击力。她说："我会一直行走在家电发展的路上。"

来到大丰实业，与真正的"创二代"丰华交流。在大丰的短短两个小时，使我感觉仿佛挖到了一个金矿，令我欣喜不已。这家父子两辈人共同开创的企业，竟是国内与央视合作最久的民企，是国内文体舞台集成创新的引领者。而丰华的语言更是朴实，"不管父辈是否在，我们兄弟都将带领大丰走向一个又一个新的高度"。

来到北仑的阿拉老酒，一家可能宁波老百姓知道最多的企业。同样年近六十的北仑汉子傅勤峰用了整整十年的时间，"驾驶"着一家小酒厂，不断超越，把黄酒发源地绍兴的许多酒厂抛在身后，做成了全国行业四强。如今的他同样还在行进中。

来到余姚的耀泰电器，年近七十的诸越华同样给我精力旺盛、思路敏捷的感受，这与以前老一代宁波民营企业家给我们的印象天差地别。他虽已部署交班，但他行进中的思维仍然深刻地影响着耀泰，影响着余姚灯具，乃至影响着四明企业。

这样的感受每天都有，当然给我印象最深最有感触的还是与人们熟知的"茅老爷子"的对话，在宁波的民企中，方太是一家传承最为成功、品牌建设也最为成功的企业。七十有五的茅理翔在十余年之前已经把企业成功地交给儿女。然而，见面时他的第一句话却是："我还在创业，我喜欢创业，我觉得创业是最幸福的事情，如果让我能活一百岁，我会创业到一百岁。"这样的言语不由得让我们年轻一代为之动容，连七十多岁的老人都还在创业的行进路上，年轻的甬商们有什么理由不再前进呢？！

本来想用一句时髦的话作为本篇的题目："奔跑吧，甬商！"但我想，其实已经不需要再用这样激励的语气，因为现在的甬商其实已经在奔跑的路上，而且他们一直在行进的过程中，不曾懈怠。也许，世人更多地看到的是当下的形势，经济低迷，信心短缺，转型乏力……但当你走近这些甬商企业，当你与这些甬商们近距离接触，我想你心中的疑虑将会不复存在，因为他们一直在行进，一直没有停歇，这样的团体难道不会让我们看到希望吗？

要向这些可爱的甬商们致敬，因为他们一直行进在路上！

（2015年2月）

梦想还是要有的

日前，参加一个中小企业家的聚会，会上一位来自东北、现在宁波创业的文化企业女老总做了一个发言，她年纪很轻但激情四溢。当她讲到她所从事的文化产业时，她用了这段时间很流行的一句话："梦想还是要有的，万一实现了呢？"

还是前两天，我走进了宁波当地一家著名企业，和他们的董事长已是老朋友了。尽管曾多次来到这家企业，但每次都给予我全新的感受。除了厂房硬件的改观外，给我印象最深的是他与我交流时流露出的那种发自肺腑的感受。他用"顺势而为、不断探索、完成梦想"这样的语句来总结他这几年的心路历程。他跟我说，这几年他最大的变化是自身心态的成熟，以及对梦想追求的一种平稳的执着。现在的他，对着一个目标，已不会毫无保留地蛮牛般地往前冲，而是会放缓自己的心态，从企业战略和员工角度去分步骤完成。尽管这几年他所在的企业也碰到了许多纷纷扰扰的困惑，但用他的话说："现在学会沉稳对待了。"谈到新一年的目标，他找了一个对照物，也是国内一家著名的企业，产值是他的8倍，他说："我为什么不能够实现呢？"所以，他2015年的目标就是到香港进行资本市场IPO，以及拉近与这家对标企业的距离。

上面两个事件对我直观的感受就是，无论是已经成型的大企业还是刚刚起步的中小企业，他们之所以还在不断发展、前进，只因他们心中还有梦想。所以马云的这句话讲得特别好："梦想还是要有的，万一实现了呢？"而这个"万一"，更多的是靠主人公自身的不懈努力，就像他讲这句话时语境里的主角——雷军。短短几年的时间，雷军凭着梦想，他把小米从一个初创的企业发展成现在的互联网巨头。

这样的例子在我身边比比皆是。我有一位好朋友，与我年纪相仿，在20世纪90年代末的公务员下海潮中他毅然辞掉公职跳进商海十几年。可以说，从一个旁观者的眼光来看这十几年他毫无建树，或者说一直徘徊在成功的边缘。有人问他后不后悔，也有人说他何必当初，但我对他却是敬佩有加。当时因着自己的创业梦想他破釜沉舟，而今天他那种倔强、冲劲依旧如初，十几年过去了，他依然奔忙在各家企业和各个平台间，努力说服对方与他合作。我想，仅凭这一点，就值得我去敬佩。不要说万一成功了呢？我想因着他的努力，成功也许只是时间的问题。

　　说回本期的主题——互联网经济。身边从事时髦的互联网产业的人越来越多，然而真正成功的却是凤毛麟角。很多人，就如俗话所说被拍死在沙滩之上。但我想，因着他们的梦想，哪怕今天被拍在沙滩上，明天又会重新起跑。宁波乃至浙江这样的事例很多很多，有成功的更多是失败的，有从年轻已经熬到头发发白的，也有最终取得成功的。所以，有人说："在互联网时代，梦想是支撑你是不是能够奔跑的一个重要支点。"

　　再来看传统产业，这几年碰到诸多的问题，遇到各种的阻力，许多人对传统制造业心生疲倦，但还是有那么一批顶住压力、坚持前行的人。问他们原因，我想最重要的也是两个字：梦想！产业的梦想！有一位熟悉的传统甬商，我时刻关注着他的微信，他总会在微信上流露出他对这个产业的喜爱。我看得出这是一种发自内心的喜爱，他把他的产品及产品的应用不断通过手机发到网上，同时也把他的梦想通过互联网传递给他身边的朋友圈。

　　这样的人，是最可爱的，也是最可敬的。他们有他们的执着，有他们的梦想，而他们的梦想支撑着他们的企业乃至整个社会的发展。

　　曾经有一段时间，谈梦想被人感觉是一件特俗的事情。而当下，却是不得不做的事情。不仅在于那句"万一实现了呢"，更在于，没有梦想，你也许就跟不上这个奔跑的时代了。

（2014年12月）

致我们激情创业的青春

当我站在浙江万里学院报告厅的舞台上，面对200多位大学生的迫切眼神，揭开"明日甬商创业联盟"幕布的那一刹那，我的青春之火仿佛再一次被点燃了。

岁月如白驹过隙，青春也终将逝去，再不挥洒我们就老了。和许多人一样，这是最近我对已过青春之年的自己的最大感慨，就如近期的热门电影《致我们终将逝去的青春》让很多人重拾了青春的回忆一样。虽然电影里更多的是青春爱情的味道，但这些有关青春的记忆，却不免让我涌现出许多曾经的创业画面。因为创业，我想是致青春最好的方式。

也许是巧合，就在"青春"这个词语频频在我耳边响起的时候，宁波职业经理人讲师团开始走进高校，明日甬商创业联盟正式成立，在一场场关于CEO与大学生们的对话中，在激情交流的碰撞中，青春创业的火花再一次喷现。于是，当共青团邀请我担任"青年马克思主义者培养工程"的导师时，我毫不犹豫地就答应了，还推荐了很多优秀的甬商。因为在青春面前，大学生是未来的希望。

每一个人都有一段有关青春的往事，每一个人都有一个属于自己光阴的故事，借用一句话，"青春最是创业时"。而广大甬商的青春亦说明了这样一个事实：年轻的生命要想在创业的历程中绽放光彩，就必须经历磨砺和苦涩，必须有一颗充满梦想和激情的坚忍之心。

如果说甬商中最先和"青春"沾边的，那毫无疑问就是他和雅戈尔。从一个靠自带尺子、剪刀、小板凳拼凑起来的位于戏台地下室的原始手工作坊，发展成为宁波的龙头企业，雅戈尔飞速发展的三十多年亦是他的青春演绎。这个人就是李如成，而他和青春服装厂的故事到今天还为人所津津乐道。

用青春立志的还有徐万茂。他习惯用"春天的二十个瞬间"来形容自己与华茂曾经走过的教育路，而这条路，徐万茂走了四十年。这四十年，是他在商海摸爬滚打的四十年，是他从风华正茂到花甲老人的四十年，亦是他青春无悔的四十年。

唱着青春之歌而来的人，还有储吉旺，他的创业故事就是一部"春天的故事"。踩着改革开放浪尖而来的他，历尽艰难苦辛，备尝酸甜苦辣，用自己的青春史造就了今天的如意。

当然，用创业的汗水向青春致敬的还有正处于青春期的青年甬商们。如"70后""宁波合伙人"陆暾华、陆暾峰两兄弟，他们用牧高笛的创业故事告诉人们青春是用来梦想的。再如夏良，无论是舞者，还是商者，他都青春洋溢地挥洒着自己的创业热情。还有祝元、汪维杰、徐毅、朱俊澎，这些"80后"甬商们正在用行动告诉世人：我的青春我做主。

多美好的青春，多美好的创业！难怪很多人会说，青春是件幸福的事，即便你的青春充满了曲折与苦难，但回过头来看，青春就是一部成长史。回想我自己，渐逝的青春毫无后悔地挥洒在了"帮扶甬商创业 传播甬商文化"的平台上，这些年走过的路亦算是个人人生的一部创业史吧，而这条路，同样是我激情创业的青春。

让我们一同向激情创业的青春致敬吧！如果额头终将刻上皱纹，那么你能做的，就是不让皱纹刻在你的心上。

（2013年6月）

创业着，是幸福的

曾经参加一次TED演讲活动，和我在一个舞台上演讲的是几位企业家，我记得先我上台的是一位年轻的甬商，他在台上利用短短的几分钟演讲时间，向大家分享了一个主题——"做自己喜欢的事情是幸福的"。他讲述了他的职业历程，从一名初出茅庐的大学生，到政府部门的公务员，再到民营企业的管理者，最后成为创业者的过程。他说："我其实用几年的时间一直在寻求一条自己所喜欢的路，今天终于找到并走上了这条路。我现在最幸福的是每天能做自己所喜欢的事情，虽然过程中充满了困难、坎坷，或者被家里人埋怨放弃了'铁饭碗'，但我至今无怨无悔。因为，我觉得一个人能做自己喜欢的事情是幸福的。"

听他这番话时，台下的我其实是充满共鸣的。十几年的职业历程，多少次的方向调整，我在想，我其实也在寻求着如同他一般的幸福感。从初入社会的懵懂、迷茫，到进入职场的疲于应付，再到踏入机关的短暂喜悦，最后到找到坐标的那份踏实。其实人在哪个岗位并不重要，能得到多少回报也不重要，最重要的是能做一些自己喜欢的事情。

现在每次进大学与当下的大学生们交流，我说的最多的一句话可能就是要找一份能够实现自己想法的工作，要找一份自己真正喜欢的工作。确实，这是我由心而发的感受，也是我这些年感觉到最幸福的一件事情。

这一期的主题是"创业"，其实不仅仅是这一期，这几年我们都在讲创业，不仅仅我们在讲创业，政府也在提倡创业，社会也在扶持创业，企业也在推动创业。可以说从来没有哪个时期有现在这么好的创业氛围和创业机会。

除了两年前，我们搭建的"明日甬商创业联盟"这个大学生创业

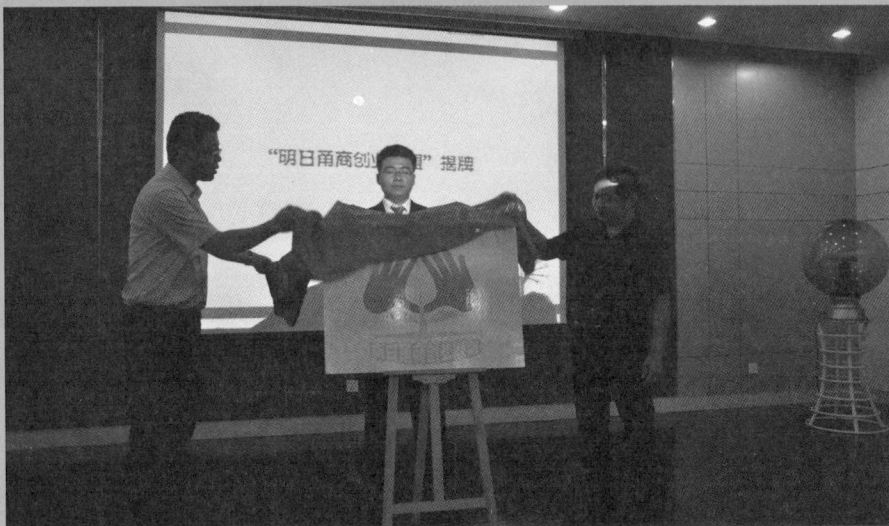

明日甬商创业联盟成为助推大学生创业的重要平台

平台，最近我们正在做的一项工作是和相关的政府部门一起联合举办"2015中国（宁波）大学生创业大赛"。我们带领诸多的甬商走进各大高校，与广大具有创业理想的学生们面对面交流和探讨，鼓励他们能积极地去实现自己的创业梦想。

其中有一站，我对面前的一群大学生们说："创业确实具有很多的不确定性，成败的风险、家庭的阻力、资金的压力、市场的竞争等等，这些都毫不留情地考验着各位创业的人。也许很多的创业项目最终不一定能成功，但我想有一句话你们一定要记住：能够创业着，是很幸福的一件事，因为你们在做一件自己喜欢干的事，在实现着你们心中由来已久的计划和梦想。我觉得这就够了，不要过多考虑成败得失，顺其自然，尽心尽力就好。因为无论如何，这都会是你人生中最幸福的一段过程。"

其实，我现在仍行进在创业的路上，所以我觉得，创业着，是幸福的。

（2015年7月）

"创·造"的一年

这两天探讨"2015十大风云甬商颁奖活动"的主题词，脑海中映过无数不同的词汇，但有两个字似乎越来越清晰："创·造"。

正巧这几日走访"2015十大风云甬商"候选人，其中一位甬商给我留下非常深的印象。他是一位回乡侨商，二度转型发展，而令我心生敬佩的是源于他的一句话：现在做制造可以说是讨饭吃，但我乐此不疲打算再讨二十年。

同样有这般坚持的，是那天走访的另一位海归博士。作为新甬商，他蛰伏创业三年，一心以提升中国制造实力为愿景。在他企业的墙上印着这样一句话：为中国制造增添光荣。

显然，这两位都是制造业的坚守者，他们做着同一件事情：创业着，也创造着。

想到了这期《甬商》杂志正在做的一个专题：2015宁波总评榜。在榜单中，我们试着去盘点许许多多有关过去一年宁波城市发展的关键词：年度经济事件、年度热词、年度人物、年度企业、年度品牌……

当这么多的年度TOP、这么多的关键词结合在一起时，就会发现它们呈现出一个共性的特征："创·造"。

不错，2015年，就是"创·造"的一年。当然，这个"创·造"，被赋予了并不完全相同的内涵。

屠呦呦创制新型抗疟药青蒿素和双氢青蒿素，站上诺贝尔奖的领奖台，是人类医学发展的再创造；李达三"豪捐"七亿元支持教育事业，是甬商人文精神的再创造；"一带一路""第一方阵"，是宁波城市未来发展的再创造；跨境电商的集体发力，是宁波电商模式的再创造；新三板的受追捧，是资本市场异军突起的再创造；宁波舟山港集团成立，是宁波构建港口经济圈的再创造……

而在这一系列的"创·造"声中，2015年，最让人印象深刻的便是甬商们的再创造。有人将2015年的宁波经济称为"逼近最坏"，但这并没有阻止甬商们前进的步伐。在"大众创业、万众创新"的鼓舞下，他们凝聚成一股刚强的力量，以一个群体的厚重形象，积极成为创新发展的主体。坚守实业，顺势而为，寻求突破与蜕变，在困难中砥砺前行，这就是甬商们在2015年创造出的最强音。

除此之外，创业、创客、创新、创意，这些我们在2015年频频听到的词汇也成为"创·造"的来源。2015年，可以说是创客们最有创造力的一年，各个行业的创业英雄在这一年里不断涌现。创客空间、创业大赛、创业政策、创业咖啡，似乎所有的一切在这一年里都被抹上了"创"字的色彩，就连"咱们创业吧"也成为2015年最流行的一句话。

是"创·造"，让我们与之亲密接触的这座城市变得形象而又立体；是"创·造"，让我们记住了一个丰满而又生动的2015年；是"创·造"，让我们对生活永远充满期待和热情。只有创造者才能成为建设者，我们应该感谢所有为这座城市做出过创新的人们。

套用电影中的一句话："好的事情总会出现，而当它来晚时，也不失为是一种惊喜。"那么现在，就让我们来期盼一下：2016年，宁波这座城市又会给我们"创·造"出什么样的惊喜与感动？

（2016年1月）

四月的沈阳

四月的沈阳，乍暖还寒，时而春光明媚，时而又冷雨淋漓。结束了几天的甬商拜会之旅，踏上南归的班机，心情却是莫名的激动澎湃。

两个小时的旅程百无聊赖，幸得有一在辽甬商结伴而回，得以聊天攀谈。这是个名叫鲁连明的甬商，名片上印着"玉明玉器行经理"的字号。攀谈之后才发现他的经历并没有这淡绿色的名片那样平淡，不禁让我对眼前这个貌不惊人的宁波商人肃然起敬。生长于"中国水暖器材之乡"余姚陆埠的鲁连明，在20世纪80年代末当地的第一股经商潮中，便怀揣着出外经商致富的雄心和仅有的一点积蓄，来到人生地不熟的东北沈阳，开始了推销水暖器材的经商之路。在最初的日子里，他骑着买来的旧自行车挨家挨户地到当地的各个装潢市场推销从余姚带出来的水暖器材。回忆这段时光，鲁连明感慨地说："那是段既艰辛而又甜蜜的经历。"艰辛的是靠两只脚一张嘴推销，不免时时遭白眼，而甜蜜的是通过努力，产品的销路不断扩大，销量不断增加，渐渐掘得从商的第一桶金。积累了资金的鲁连明又迈出了自己开店的第一步，连续在沈阳的三个专业装潢市场开设了门店，做起了连锁经营的新模式。同时，他又将眼光瞄准了辽宁的特产岫玉，通过关系找到出产岫玉的源头，将晶莹剔透的岫玉引进到南方，开辟经商的第二战场。在他自信的言谈中，我又发现他已在为自己事业的第三战场布局了。在不久的将来，一家为广东著名电子企业生产配套的电子元件的厂子即将在鲁连明的手中诞生。

2006年沈阳春天一景

　　其实，在辽宁像鲁连明这样的甬商又何止一个？如同样靠骑车推销汽配起家的，如今被称为"汽配行业里的发动机"的方信军；只身闯关东，在沈阳的橱具业中杀出一条光明大道来的骆星野；又如驰骋IT业十余年，被称为"三好街上的不倒翁"的黄建惠……

　　他们共同的特点是，身上有着一股艰辛创业和精明强干的精神。更难能可贵的是，他们虽已在异乡创业成家，可心里还牵挂着家乡的发展。

　　不仅是辽宁，我们希望在全国各地的"鲁连明"们能获得更大的成功，我也希冀，在今后的旅程中，能遇见更多的"鲁连明"。

　　这样，我的心情将愈加澎湃……

（2006年5月）

爱心在洋溢

这段时间，宁波的一个热门话题是宁波被评上"最具幸福感的城市"。街头巷尾，热议纷纷，欣喜者有之，疑惑者亦有之，而议论的根本点是生活在宁波是否真的具有幸福感。笔者这里不想再就这一问题做议论或赘述，而是仅就"爱心"在宁波的体现发表一些浅见。

最近因工作需要，我拟配合上级主管部门组织一个企业考察团去贵州考察。众所周知，去贵州的所谓"考察"实质上就是到贵州扶贫，宁波每年可以说有N个部门组织前往，原想此次组织不会很顺利，因此我并不抱太大的希冀。没承想反应却是出乎意料的热烈：报名前往的有之，捐款赠物的有之，结对助学的有之，最意外的是，原计划在贵州黄平县助建一个小学的50万元资金竟在短短时间内得到落实和解决，并有单位主动承担起设计的任务。感慨之余，联想到"顺其自然"最近又一连串默默的捐款，联想到诸如有"爱心老板"之称的慈溪人励顺良等爱心人士的不断涌现，真正感觉到爱心已在宁波洋溢着。

立足《甬商》，爱心的洋溢又怎能缺少"甬商"，因此，甬商在行动，爱心又在蔓延。9月7日，在"2007甬商高峰论坛"上，组织者发布了关于成立"甬商爱心基金"的倡议书，并征集签名，一时间，群商云集的盛会上，为爱心倡议签名成为一景。而签满群贤大名的巨幅倡议书也将成为宁波爱心的见证。

"甬商爱心基金"将由广大企业家自愿出资成立，主要用于宁波市残疾贫困家庭的资助。组织者已经与宁波市残疾人联合会达成共

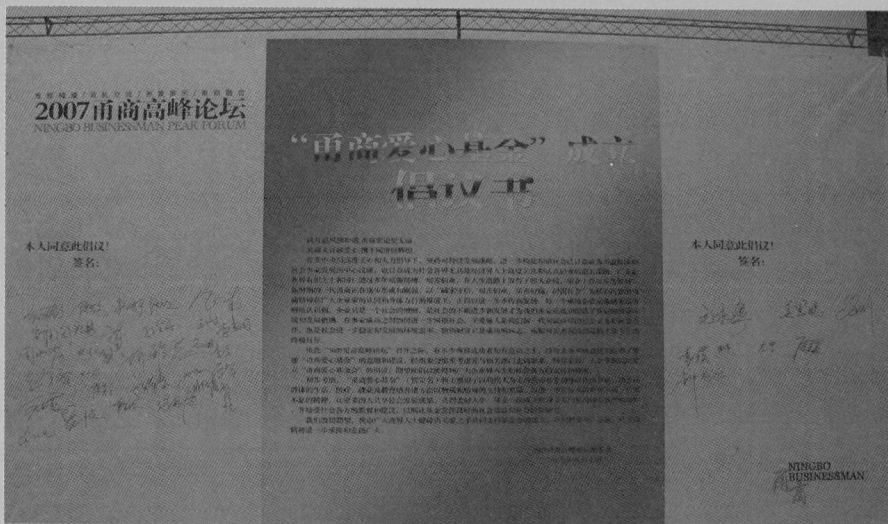

甬商爱心时时处处都绽放着温暖

识，请残联选择落实真正有生活困难的残疾人家庭，每年将甬商的爱心真正送到他们的身边。同时，甬商和各地残联也将组织合作，建立残疾人工作基地，使有一定工作能力的残疾人通过自身的努力获得自信和生活的满足。在这里，我代表《甬商》也呼吁一下，希望我们社会众多具有爱心的甬商们都能参与到"甬商爱心基金"中来。

在"最具幸福感城市"的颁奖典礼上，来自英国的诺丁汉大学的副校长有一句话："富有爱心的城市一定是具有幸福感的城市。"且不论这句话是否正确，但当浓浓的爱心不断地在你身边或在你生活的这个城市洋溢并蔓延时，难道还不感到阵阵幸福吗？

（2007年12月）

企业做的就是一份情怀

第一次接触企业博物馆是在多年前的一次考察中，我带着一批企业家去到遥远的爱尔兰，主办方安排的其中一项内容，是参观当地一家著名的企业"健力士啤酒"。原想就是参观它的车间、生产线，没想到主办方把我们带到了写着"啤酒博物馆"的地方，整整四层多的场地展现了全世界啤酒发展的脉络和版图，也展现了整个啤酒生产工艺的全过程。将近半天的参观让我大开眼界，使我真正了解到啤酒这个舶来品的前世今生，以及它所蕴含的文化。离开爱尔兰后，我印象最深刻的不是这个国家的山水风光，而是名为"健力士"的啤酒企业。

由此，我回国后每参观一家企业，我都会问是否有相应的陈列馆，包括在旅游途中。有次到烟台旅行，我看到路旁一栋老西式建筑，上面标着几个大字"张裕酒文化博物馆"。我马上让司机停车，进去转了一圈，也是这一圈让我成为张裕葡萄酒忠实的拥趸。前些年去到贵州，贵州同人们除了带我们参观当地的风光，给我们推荐最多的地方是仁怀县茅台镇，因为这里是国酒茅台的出产地。原先我并不是非常感兴趣，因为日常饮用白酒不多，酒厂也看了许多，心想不过如此。盛情难却去到那里，在走了一圈厂区之后，来到了一栋被称为"中国白酒博物馆"的地方。这里的建筑更具特色，这里的氛围更为怡人，而在这栋建筑里我所徜徉的时间要远远超过生产厂区。在离开时还自掏腰包买了两瓶纪念版茅台，带回家中留作纪念。同样的经历也发生在去古城绍兴的途中，有一次主办方安排我们参观"中国黄酒博物馆"，与去到茅台同样的感受，回来时两手同样拎着博物馆纪念版酒瓶。也由此我重新认识了古越龙山黄酒股份有限公司，关注它的发展，关注它在股市的起落。以上说的都是酒，仿佛我对酒情有独钟，其实并非如此，其实是这些酒企业的文化让我流连忘返，让我对酒更有一股前所未有的情感。

去年走访一家宁波本地企业，这家企业正在筹备上市，老板是我多年的好友。几年没去，发展甚快，他陪我又一次参观了其厂区，在参观的最后一站来到了"衡器博物馆"。大厅内分布着各种从古至今、零零总总的跟衡量器具相关的器具，从唐宋到明清再到当代。我好奇地询问，这些藏品从何而来。他微笑着回答，只要有心总会发现。后来恍然大悟，因为他所生产的产品正是现代的衡量器具，他将自己的产品与中国悠久的历史文化相衔接、相传承，把对产品的情感延续到对中国历史文化的探索，也为我们这些对衡量器具不内行的人做了一次专业的普及和教育。考察归来，我对这家企业刮目相看，也让我更关注它的发展。

有一个前辈，曾从事政府行政工作，以前工作甚忙，现在刚退下，有了更多的时间交流。没想到在他退下来的短短一年时间就出版了两本书籍，而书籍中展现的是他过往的经历，以及丰富的实物佐证。我询问，这么多图片实物佐证如何而来？他说，这是他多年来工作积累所得。我追问，你工作这么忙，有时间去收集保留这些物品吗？他说，这得看你是否有心，我们的工作不仅仅是一份日常，更多的是享受其中的过程，而能否保留与积累，看的更是一份个人的情怀。情怀这个词用得何其好！生活、工作、创业可以说是枯燥、烦恼、琐碎，而若我们带着一份情怀参与其中，这样的烦恼琐碎也会让我们体会到其中的甘甜。

前段时间看了央视的一个节目《国家宝藏》，让我看的缘由是其中一件名为"万工轿"的宝物，是民国年间在上海开贳器店的宁波老板花了近万工时所打造的花轿。节目中演绎了整个故事，赏心悦目，令人感动。让我更直观的是，这花轿之所以能跨越百年流传至今并成为博物馆里的一件宝物，是因为打造它的人用感情和情怀，灌入其中，才展现出了它独特的魅力。

曾与几位企业家交流，总会问他们，你们怎么会办了和企业毫不相干的博物馆？一位企业家办的是书画博物馆，另一位是插花艺术

世界"宁波帮·帮宁波"发展大会

馆，都与其企业毫不相关，却花了大量的精力财力，并不辞辛苦，倾心其中。他们的回答虽不相同，但蕴意一致——"我喜爱"，做企业不是唯一目的，做企业更需要一份情怀。

确实如此，也正是因为这份情怀，让我们看到越来越多的企业博物馆诞生，越来越多的企业把塑造百年企业作为目标，越来越多的企业把胸怀天下、扶危济困作为职责。

我想，也正是因为情怀，这样的企业才会让人记住，才会让人难以忘怀。

企业做的就是一份情怀。

（2018年4月）

让财富成为一种社会责任

在这个以财富论英雄的时代里，需要有数字来作为依据。于是，"2014甬商百富榜"又到了发布的时候。与历次相同，在以数字形式展现甬商财富英雄的背后，更多的是通过财富来展现宁波企业的实力、品牌和形象。财富就是一种态度，所以我们更希望通过财富的方式来使企业家们尽到他们的社会责任。

什么是企业家真正的财富？这个问题一度引起许多人的思考。

在一片甚嚣尘上的有关企业家财富的排行榜及由此引起的各种相关事件的声浪中，这个问题显得是那么孤独，甚至极易招致众人的嘘声：这有什么讨论的必要？企业家的财富不就是他们口袋中的钱吗？！

但事实绝非如此简单。对于一个在几千年中都在为生存而挣扎，在近代还屡经饥荒，摆脱贫困不过三十余年，还有部分群体没有完全达到温饱的国家来说，以金钱而体现的财富意义是巨大的，因此百姓对企业家金钱财富的重视容易被理解。

而今天，通过"甬商百富榜"这种形式，在展示了谁是宁波造富100强的同时，为的是展现他们身上所拥有的比"金钱财富"更为宽广的东西——企业家精神，而这种精神无疑就是社会责任的最好体现。

著名甬商代表邵逸夫就是最好的例子。较之影视大亨、商业奇才，提起邵逸夫，人们更习惯于这样一个称号——"大慈善家"。当打开百万网友争相转发的"逸夫地图"，手指滑过每一个省份，都能看到邵逸夫的慈善坐标时，这种"一掷千金济众生"的气魄，令许多宁波人感到自豪。

有人说，邵逸夫就是一面镜子，因为他能照出因现实忙碌和利益纠葛被遗忘或变得恍惚的一些东西。而这种东西，其实就是社会责任在邵逸夫身上的最好体现。因为他留给世界的精神财富，远远大过于他自身所创造的物质财富。

就在前不久，"企业家精神与社会责任"主题沙龙在本地电视台举行，如何传播甬商精神与社会责任的正能量，成为沙龙上讨论最激烈的话题。荣安地产王久芳、阿拉酿酒傅勤峰和"创二代"代表华茂集团徐立勋、华联电子冯炜炜、东方电缆夏峰，分别从"创新、诚信、责任"三个不同维度，交流了对企业家社会责任的理解。

显然，把财富转化为社会责任，是企业家们的共识。这种共识不仅仅是其进入了宁波财富百强，或者是打造了优秀的民族品牌和核心技术，更为重要的是他们可能不是中国企业家群体中拥有财富最多的，但他们却承担着推进宁波社会经济向前发展，承担着将企业良好地运营下去，承担着让员工们每天可以开开心心上班，承担着让更多人致富的种种责任。

这其中，就有好人励顺良。在宁波，他的企业排不上号，但他却将尽可能多的财富回馈给了社会。而当他的企业遇到困难的时候，人们也没有忘记这个始终回报社会的好人，于是，"大家都来帮一帮"的声音在网上响成了一片。

同样，最近深陷困境的还有史翠英。尽管面临资金困境，但作为掌门人，面对大众，史翠英亮出了坚定的态度："我的门店也是开的！员工都是好好的！公司正常生产的！提货卡长期使用的！请大家放心！史翠英也是史翠英的！"而这种铿锵有力的声音背后，是其作为企业主的责任和胸怀。这种胸怀，令人尊敬。

我们真心希望这些企业家们能顺利度过难关，也真心希望世人在看到企业家财富的同时更能看到他们身后所散发的光芒。因为他们奋斗的最终目的，不是可以用货币来简单衡量的财富，而是理想、梦想及对社会的责任。

（2014年6月）

打造宁波品牌界的"奥斯卡"

记得去年"2012宁波品牌百强榜"发布以后，我碰到许多未上榜的企业家，他们问我最多的问题是："我的品牌到底值多少钱？""为什么我们的品牌不在这个榜内？"类似的问题很多，我一一做了回答。虽然疲于应付，但我深深感觉到宁波企业家们对品牌价值的认识正在逐渐改变，他们已经认识到品牌价值对他们企业发展带来的重要作用。

一年过去，又到了"2013宁波品牌百强榜"发布的时间。记得去年这个时候我曾写过一篇卷首语，题目是《你的品牌值多少？》。我想，到了今天，虽然这个问题还横亘在很多人的心中，但我已经不需要再问出来了，因为尽管很多企业家对自己企业品牌价值的具体数据仍然心存疑虑，但品牌到底值不值钱，品牌到底是不是生产力，在他们心中已经各有答案了。

每一个行业都有它的荣誉所在，就如同全球电影界的奥斯卡，如同世界财富界的福布斯榜，也如同国际品牌界的世界品牌实验室"世界品牌500强"。在宁波，我们的想法是希望能够把"宁波品牌百强榜"打造成为一个宁波品牌界的"奥斯卡"，通过这样一个荣誉殿堂，激励更多的企业走上品牌之路，使更多的企业感受到品牌带来的魅力和品牌价值对他们产生的影响力。

上一期的卷首语，我曾讲过两个小故事，其中一个故事中的主人公——太平鸟，已经成为这个宁波品牌"奥斯卡"中的常客。今年太平鸟的品牌价值又得到了进一步的提升，究其原因，就在于品牌意识已经深深流淌在了他们企业领导者乃至企业员工的血脉当中。而另外一个主人公，也曾经向我提过这样一个问题，是不是能够有机会跻身于品牌百强之列。我相信，虽然他暂时还没有能够踏上品牌"奥斯卡"的殿堂，但随着他对品牌的不懈追求和努力，在不久的将来，跻身宁波品牌百强榜是迟早的事情。

"品牌不仅仅是一个标志和名称，更蕴含着生动的精神文化层面的内容，品牌体现着一个企业或一个城市的价值观，象征着这个企业和这个城市的身份，更抒发着企业或城市特有的情怀。"在今年的榜单中，我们对"品牌"的内涵如此定义。而在这样的定义下，今年宁波品牌"奥斯卡"的榜单排得更加艰难。倒并不是因为品牌价值估算方面的技术性困难，而是有太多的品牌进入我们的视野范围内，有太多的割舍令我们感到遗憾。

在这样一种纠结当中，我们的专家团队，我们的主办方，抱着打造"品牌奥斯卡"的决心和想法，用一种最热忱和细致的态度，丈量着我们的品牌价值。在统计后，我们惊喜地发现，今年宁波品牌百强的总价值达到了3082亿元！与去年相比，增加了404亿元。这在经济形势如此艰难的背景下，显得那么的难能可贵。

而这，我想不仅仅是宁波品牌的力量在增强，更是宁波品牌"奥斯卡"的荣誉殿堂在愈加的熠熠生辉。

（2013年11月）

让宁波品牌助力中国制造

品牌代表了一个城市的形象。以前西湖是杭州的代言人，现在说到马云，大家也会自然而然地想起杭州。宁波亦是如此。早期说到同仁堂，大家都知道这是甬商的代表性企业；后来说到灵桥，人们就会联想到宁波；而现在，只要提到方太、雅戈尔，宁波的形象就会跃然而出。宁波可以说是一个品牌名城，这样的历史由来已久。因为甬商三百年来的发展积淀，宁波在全国诸多城市当中显得卓尔不群。2005年，宁波被国家评为"中国品牌之都"，这样的荣誉还蝉联了几届。所以，在宁波这样一座最具幸福感的城市里，品牌可能是广大老百姓最能感知和接触到的事物。

当然，随着这几年经济形势的起伏，宁波的品牌犹如实体经济般发生了曲线型的波动。曾经的著名品牌，有些已经威名不在，许多耳熟能详的品牌现在也渐趋低调。这样的趋势似乎也是国际上一种不可避免的经济规律。好在新一轮的调整中，甬商们似乎已经找到了突破的方向。俗话说："几度沉浮，方显英雄本色。"我们欣喜地看到，许多实业品牌老树发新枝，重出江湖，重进榜单。这样的可喜现象也与宁波近期发生的一件大事分不开，便是宁波被国家工信部确定为"中国制造2025"首个试点示范城市。10月8日，试点示范城市建设动员大会隆重举行，来自中央、省级、市级的领导纷纷就宁波这座传统实业城市的新一轮发展提出了愿景。其实这也为宁波品牌的突破提供了一个方向。

从连续5年发榜的"宁波品牌百强榜"来看，今年的榜单上，不约而同地出现了诸多制造业品牌的身影。这其中，有些是老兵重回英

宁波品牌百强榜是中国宁波经济的晴雨表

雄阵营，有些则是新品牌异军突起。这样的规律正呼应了当下"中国制造2025"在宁波的实践。

　　将中国制造转变成为中国品牌，将宁波制造打造成为宁波品牌——这既是国家的战略，也是城市的蓝图，更是广大企业发展的愿望。历史的滚滚车轮在不经意间推动着产业的发展，塑造着城市的品牌，但人的力量更是不可小觑。于宁波而言，甬商的创业、创新、坚持、务实的精神一直助力着宁波品牌的打造和崛起，也助力着宁波制造成为"中国制造2025"的样板。希望在不久的将来，宁波品牌能真正成为点亮"中国制造2025"的一盏航灯。

（2016年10月）

从"中国制造2025"看企业家心态

前两天参加一个座谈会，与几位领导交流，谈到当前的经济形势和企业状况，我说了一个观点：现在经济形势虽然仍处于"L"形的下端，但宁波企业家的心态并没有散掉。我举了一个例子，也就在上一周，有一群企业家找我，是一个装备制造业中生产一种很小零配件的企业家集群，他们想共同发起成立一个智能数控刀模行业协会。我问了这几位牵头的企业家一个问题："为什么现在经济形势这样不景气你们还要成立行业协会？"他们说："错了，虽然现在经济形势不是非常好，但是我们这群企业家的心没有散，我们很多企业还是经常聚在一起商讨这个行业如何发展，如何抱团，如何共同有一些突破。哪怕有一些企业规模并不是非常的大，但是他们仍没有失去信心。"我举这样一个例子是想说，即使现在的经济还看不到非常好的曙光，但是作为宁波企业家，他们还是有着一种韧性和韧劲，他们那种积极进取的心态没有变。

这段时间对宁波来说最大的一个热点就是"'中国制造2025'花落宁波"。8月18日，工信部召开发布会宣布，宁波成为全国首个"中国制造2025"试点示范城市。对于宁波的产业来说，这绝对是一个非常好的消息，也许我们很多企业还没有充分意识到它对于宁波企业的实际意义，但我相信在不久的将来，大家会看到它所起到的一个作用。所以我在座谈会上也提出了一个建议，我们的相关部门是不是能够把"中国制造2025"试点示范城市的利好政策转化成一些具体能够落地的措施，能让企业真正感受到，切实地分享到它的红利？充分利用国际上一些优质的信息、资源来推动宁波智能制造今后的发展，能够形成几个大的产业集群，能够解决转型升级中所面临的难题。

作为企业，除了继续保持目前这个良好的、不散的心态以外，还

宁波市"中国制造2025"试点示范城市建设推进会

宁波是首个"中国制造2025"试点示范城市

要有一个积极跟"中国制造2025"接轨的准备。要研究"中国制造2025"相关政策能够给我们企业带来的帮助，要主动跟"中国制造2025"衔接，跟政府相关部门对接，让这些利好政策能够充分服务于我们的企业，服务于我们的生产，服务于我们的转型升级，使"中国制造2025"看起来不再是那么缥缈，那么高，而是真真切切能触摸到的。这样我想我们企业家的心态会更上一个台阶，会更凝心聚力，会有更好的一个发展和出路。

　　"中国制造2025"与企业家的心态，我觉得是一个非常值得谈的话题，也是一个可以长期谈的话题。真切地希望我们的相关部门，我们的企业家都能够把这两者契合起来，充分认识到相互之间的作用，使宁波经济有一个更好的发展契机。

（2016年9月）

转型升级的春天

写下这篇文章的时候，正值春暖花开的时节，2016年的春天在不经意间似乎已经慢慢到来，为我们带来了阵阵暖意。写下这篇文章的时候，也正好是我参加宁波市"两会"之际，短短一周的会议，给我的感觉却是犹如春风拂面，带来了许多温暖的信息。在这些信息中，我所感受到的最多的是对宁波民营企业的温暖，对宁波产业发展的温度，以及对宁波品牌发展的温情。

又一次说到转型升级，这似乎是一个老生常谈的话题，在这万物复苏的时节，我仿佛又有了一种新的感受。就如同这一年的政府工作报告当中所提到的，宁波的经济已经到了大转型、大变革、大发展的重要时期。这样的时期中，有一个重要标志——2016年是我国"十三五"规划的开局年，也是"中国制造2025"开始实施的年份。在这样一个特殊的年份里，毋庸置疑，政府出台了许多关于转型升级的政策，我们的企业也在进行着符合自身发展的转型。

政府对于转型升级的规划明确而有目标，在政府工作报告中我们可以看到："做大做强新材料、高端装备、新一代信息技术、港航物流和生命健康产业，提升发展绿色石化、智能家电、时尚纺织等优势制造业，在文化创意、金融、旅游、海洋高技术、新能源汽车、通航产业等领域形成一批新增长点。提升制造业核心竞争力，推进'四换三名'工程，争创'中国制造2025'试点城市，打造标准强市、质量强市、品牌强市和制造强市……"这样的规划，在我看来是近几年来力度空前的。这样的转型目标，道出了政府对宁波未来五年产业变革趋势的构思。

　　回过头来再看看我们的企业，作为转型升级的主体和最为重要的着力点，我的感觉是，虽然没有声势浩大的动员，没有阵阵擂鼓的号角，但是企业的转型升级却已经在不经意间悄然形成或进行着。让我印象深刻的是一家名为"3A"的集团，这家企业原先是以生产扑克牌等为主的，而其最新的亮点产品却是智能化的咖啡机。目前，3A集团已经成为国内智能咖啡机出口最大的企业，几年前我也曾去过3A，未曾想到在短短几年中，它的产业结构竟发生了如此大的变化，它的产业竟跨越了如此大的宽度，曾经传统的文具制造商，如今已经成为智能家电的供应商。这样的例子在宁波比比皆是，在去年年末走访"2015十大风云甬商"候选人的过程中，我也发现了许多这样的例子。有一家慈溪的电气企业，原先生产的是最传统的电池连接线，而这两年它已经成为一家新能源汽车接电合的供应商。原先企业给我的那种员工齐刷刷排成队、人头拥挤的状况，在这两年里似乎已经很难看到，相反地，我们更多地看到的是机器手臂正整齐一致地被自动化系统控制着。很多企业从原先单纯的外贸，蜕变成为集设计、电商、外贸与品牌为一体的综合供应链平台。

　　这样的变化可以说是随处可见，正是这样改变，让我感受到转型升级的春风扑面而来，在不经意之间，已经熏得人醉。所以，在2016年春天到来之际，我仿佛也感受到转型升级的春天，我感受到的是比自然界的春天更快到达的暖意。我想，在经济不是十分景气的当下，我们需要这样的温度更多一点，这样的气息更浓一点。

　　让我们一起期待吧！有了春天，秋天也不会远了。相信转型升级会在宁波这片沃土上收获丰硕的果实。

（2016年3月）

转型的苦与甜

想说两个小故事。

一个故事是前几天的一个晚上与一位甬商健步的故事。那天正好是每月一次的甬商企业家沙龙结束，酒足饭饱出来发现天气竟是格外凉爽，于是一帮人说好今天谁也不许开车或坐车，就健步回家。恰好我与一位服装业的企业家同路，于是就一路快步，从三江口一直走到世纪大道，一路除了等红灯外竟未歇一口气，直至汗透衬衫，但竟是感觉无比得畅快。而更多的畅快来自一路的交谈，这位甬商我早已熟识，做服装外贸出身，一直还不错，三年前酝酿着转型，想走内贸品牌之路，用自己小孩的名字注册了一个品牌，走时尚女装路线。在这一个小时的健行中他向我倾诉了三年的经历。他说，这三年首先是苦啊，开门店要找店面，做个性品牌要找优秀设计，想搞发布会要策划活动、联络媒体，压货了要考虑如何处理，加盟商不付款还要记着追讨……可以说全无内贸营销和管理经验的他，什么都需要自己亲力亲为，每一步都要付出学费，这样的过程用他的话来说就是"涅槃"，从头到脚的浴血新生。

我问他这三年是否有过后悔，他说没有，因为虽苦，但已品尝到了甜味。他说了一个最近一段时间他觉得最甜的时刻："就是每天晚上10点，当全国各地直营和加盟店的日销售额汇总后陆续发到我的手机上，那时候我是最开心的。"其实我从他说这话时的神情中已经可以体会到那个时候他的甜蜜。他说，现在每年能开出50家店，每到一个地方，当地的加盟商和经销商众星拱月地陪着他，而原来对他不屑一顾的高端主流商场现在已被他一一攻陷。我观察到他讲这些话时哪里还看得到这三年的苦楚，分明是一副踌躇满志的样子。

第二个故事是前几天听太平鸟董事长张江平演讲的故事。太平鸟是家门口的品牌，张总也是熟识已久。那天我有幸在一个工商联会议上听了他一个小时的演讲，讲的是他的创业历程和现时的理念。可以说认识他许久却从未听他如此系统地讲他和他的企业，而听完这一个小时，不禁使我对这位熟识的朋友肃然起敬，学历并不高的他可以说已经成为时尚企业运营的顶级高手，无怪乎这几年的太平鸟品牌如凤凰展翅，在传统服装业并不景气的状况下保持着他人没有的锐气。

在讲完他资本积累、品牌初创、虚拟经营、创意引领等几个阶段的发展历程后，张江平谈到他现时的心情，他说："我现在最感兴趣的事情就是做品牌，做品牌既是很痛苦的，又是很有意思的一件事。"怪不得这些年他的集团一下子冒出了那么多新的品牌。"今后的太平鸟不是一家做服装的企业，而是一家做时尚品牌的公司。""我的目标是打造一个10亿品牌俱乐部群。"他的话看起来掷地有声，但话锋一转也谈到自己的苦楚："别看太平鸟的电商现在是风生水起，但我们从2008年开始做，一直亏，一直到今年才开始盈利了。"

"这样的苦楚在转型的过程中一直在的，最惨时每天都睡不着觉。不过幸好我们挺过来了，坚持下来了。"这是张江平的话。当我在健步快到终点时，问前面的那位老总："这三年你最大的经验是什么？"他说："应该是坚持，没有坚持我就品尝不到今天的甜。"

两个浅俗的小故事，也许会给正在转型犹豫和阵痛中的甬商有些许启发吧。

（2013年10月）

黑马的工匠特质

前几日有一个趣闻，一位英国莱斯特城的球迷，抱着对自己家乡球队的热爱和支持，在赛季之前用了两英镑买了足彩，买自己家乡的球队夺冠。所有人没有想到的是，在大半年之后，当初付出的两英镑竟为他带来了一万英镑的回报，这令这位球迷喜极而泣。

这个看似灰姑娘的故事，却真实地发生在了我们身边。因为本人对体育赛事一直都有热爱，所以也关注着体坛一些热门事件。莱斯特城，这个位于英格兰北部、人口只有三十万的小城，它的球队竟在豪门环侍的英超联赛中脱颖而出，提前两轮夺得了这项代表世界最高水平的联赛冠军。有人称这是世界足球顶级联赛史上近三十年来最大的冷门，将莱斯特城队称为最大的黑马。第二个事件是上周发生的一个有关中国人的遗憾，集万众宠爱于一身的中国球手丁俊晖，在斯诺克世界锦标赛上抱憾而归，在决赛中负于老对手塞尔比，没能获得冠军。但回顾他这一年的历程，这个亚军却是分量十足，这也是迄今为止黄种人在这项世界顶级赛事上所获得的最高荣誉。通过整整两天的漫长长盘决战，他最后以十四比十八败下阵来。但是在赛后丁俊晖却没有表现出如以往那般的懊恼和后悔，而是以一种淡然的心态来面对现实。

这两件事情给了我一个共同的启发，就如同我前几天所参加的一个"工匠精神再造甬商"座谈会。"工匠精神"，这个词在今年的"两会"上成为国家战略，成为万众瞩目的热词，而这两个事例恰恰很好地阐述了工匠精神。莱斯特城队中没有一名大牌球星，他们最佳

"工匠精神"已成为一个城市的精神

射手的身价只有三百万英镑，还不值豪门球星的十分之一。但正是这帮"螺丝钉"们在一个赛季中的兢兢业业、默默无闻的付出，才造就了各大豪门都所叹为观止的奇迹。中国球手丁俊晖也是如此。我记得决赛那天记者采访他的教练格里菲斯，他的教练说："当今高手们的技术已相差无几，斗的就是谁的耐心更强，谁在这样一个漫长比赛中的抗压能力更强。"斯诺克世锦赛采用长台决胜制，这样的赛制使得比赛往往一斗就是整整一天或两天。以往在这样的长盘决斗中铩羽而归的总是中国球手，在这次比赛中丁俊晖却让人们刮目相看。他一次次利用耐心的周旋、细心的布局、稳健的防守，以及如螺丝钉一般的定力，战胜了一个个来自欧洲有着"磨王"之称的世界好手。正如他的教练所说，即使这次他没有夺冠，凭着他如今这般细致的球风，夺冠也是指日可待。难道这不是工匠精神的一种体现吗？

从球场回到现实，我突然发现我们身边的"工匠"们似乎也越来越多。我曾去过奥克斯多次，这家原来以"价格战"为杀手锏的甬商企业，在这两年却突然"默默无闻"起来，在不经意间慢慢改变着大众对它的认识。郑坚江在许多场合都提到不再走"价格战"的老路，要开拓"靠价值品质取胜"的新路。本土汽车企业吉利同样如此，在宁波拥有三个生产基地的吉利，一直以打造民族汽车品牌为己任，而它的产品却似乎被人贴上了"民族产品，质量低端"的标签。而今年我却发现街上的吉利汽车多了起来，不止有原来的吉利、帝豪、熊猫，更有大批跑得如精灵般的吉利电动汽车。在土豪如注的江浙地区，能看到这么多的国产车在路上跑，是一件不容易的事情，这也恰恰说明了吉利已经有了一个质的提升。本期杂志中提到的宁波华翔集团亦是如此，这家从海滨小城象山起家的本土企业，可谓一直默默无闻。直至今日已经拥有两家上市公司的集团总部，仍旧位于偏远的象山小镇西周。正如华翔董事局主席周辞美在接待我们时所说："华翔要做百年的汽车零部件行业的领头企业，华翔要做百年的东海之滨的本土企业。"这何尝不是一种工匠精神的体现。

我想引用前两天和我共同参加"工匠精神"座谈会的一位企业家的话来做本文的一个结尾。这位企业家叫孙宜培，宁波杜亚机电技术有限公司的董事长。他在短短十二年之间，将一家毫无基础的企业做成了亚洲第一，使杜亚电动窗帘占据了百分之六十的市场份额。孙宜培的两句话让我印象深刻，也将成为我今后做事的原则。他说："不要说以后会做好，而是从现在开始马上做好。""沉下心来，做到极致，克服浮躁，不求最大。"

（2016年5月）

以匠心造就爆发

日前在杭参加全国商帮峰会，与两位来自慈溪的从事企业管理咨询和人力资源的老总交流。我说："十年前有许多来自国内乃至国际的大牌咨询公司落地慈溪，不久却铩羽而归，一个重要原因是，慈溪的中小企业更关注的是现实的、眼前的利益，而对长远的、眼前不定能看到的实际效果往往并不重视。"这两位老总说："其实这十年来，像慈溪民营企业已经产生了深刻的变化，经过一轮轮的洗牌，原有的粗放式、作坊式的生产模式已经基本被淘汰，而能存活下来的是那些越来越重视产品质量、越来越重视精益管理的企业，有实践经验的生产管理人才在慈溪尤为热门。"环顾一看，发现这样的变化确实已经在不经意间进行，而且进行的力度不可谓不大。

当下提得最多的一个词就是"匠心"，当我们翻开近些年慈溪乃至宁波企业的变革，发现匠心是贯穿于这种变革的一个重要因素。许多原来以模仿、跟随、贴牌为主要生存手段的民营企业，在一轮轮的洗牌中纷纷倒下，或者不自觉地走上转型的道路。而能脱颖而出的恰恰是那些能专注、埋头苦干、用匠心来锻打自己产品的企业。

其实"匠心"两字，并不是这个阶段宁波企业的一个特点。追溯甬商历史，在我们许多老字号中都能够看到这二字的影子。两百多年前，宁波人乐显扬背着行李去到京师，开出一家以"同仁堂"为名的药铺，与诸多的京师药材字号相竞争而脱颖而出时，他所秉持的就是"匠心"两字。童叟无欺、精益求精、亲自尝试，这些都是同仁堂当时成功的小秘诀。而乐氏的后人亦没有把这样的本质丢掉，从而使得同仁堂最终成为中国历史最悠久的品牌之一。甬上的老字号亦是如此。我曾与赵大有的第四代传人交流。这位现已年近70岁的传人还时不时地在第一线操作或传授。他说："家族这一品牌能历经四世传承至今的一个重要原因就是'用心'——将自己的所有心思花到这一小小的食品中。"也正是这样的用心,让宁波的百姓对赵大有的糕点品牌趋之若鹜。

日前参观宁波服装博物馆,恰好碰到在里面从事研究工作的一旧时好友,他陪着我参观了整个展现红帮裁缝历史的展厅。而在他的讲解中,我听到最多的两个字就是"匠心"。百多年来,小小的红帮裁缝因为匠心而走出奉化,走出宁波,成为天下闻名的服装制作品牌。当领导人身上所穿的服装都由红帮裁缝所亲手制作时,展现的恰恰是他们通过一代代的匠心而积累下来的工艺和诚信。

其实现阶段在企业的走访和交流中,听的最多的并不是他们口中说出的匠心,他们表达的最多的是精益管理、品质制造、单打冠军这样的词。让我深有感触的是,有越来越多的宁波民营企业已经有这样的壮志想要去成为全国乃至全球的行业冠军,以自己的专注力去引领行业的推动和发展。

在刚刚结束的宁波国际服装节期间,我与一位宁波服装企业负责人交流,他的企业目前还并不大,还没有能够登上服装节亮丽的舞台,但令我惊讶的是,在他的言语中,提出了"要成为宁波服装第三梯队领头羊"的字句,不禁令我开始关注起他的服装品牌。确实有越来越多原先我们并不熟知的品牌纷纷在亮丽的T台上展现,而作为一个生于斯、长于斯的宁波人,也越来越欣喜地从全国各大媒体上看到本土的品牌不断进行展现。在央视开展的"国家平台成就国家品牌"活动中如是,在各地卫视主办的各类综艺节目中如是,在前段时间的"双11"购物节中如是……我对前面提到的两位慈溪企业负责人说:"我觉得明年你们慈溪有好几个品牌将要爆发。"而我下此定论的一个重要原因,即是我在好几个媒体乃至节目中看到了这两个品牌的身影,感受到了他们那种想要爆发的信心。

而我相信,随着匠心与展现的化学反应越来越多,甬商品牌的爆发也将越来越多。

(2017年11月)

小产品同样值得致敬

前几日，回家吃饭，饭后陪母亲散步。散步间，她指着前方摆摊的一个小贩说："我很钦佩这位每天很准时的小商贩。"我诧异地问母亲为什么？"这位风雨无阻的小商贩，每天从傍晚到晚上10点都在这里摆摊，三年多了，他所卖的产品就是烤土豆和蒸玉米两种，看上去也挣不了几个钱。"听了母亲的话，我回忆起每次回家的情形，小贩似乎每次都在，但又印象不深。由此对这位小贩关注起来，有一次还特地上前去瞅了瞅他的"摊味"，正如母亲所言，一堆硕大的烤土豆，一排白白胖胖的蒸玉米，这位看上去40多岁的男子对我淡淡一笑，并没有要推销的意思。母亲说，现在小区的街坊邻居已经养成了一个习惯，经常会到摊位前买一些烤土豆和玉米当作家人的小点心。

还有一件事发生在我工作中，最近编辑部所在的楼层搬来了一个新的邻居。本来也不曾相识，在一位老朋友的介绍下，我认识了这位新来的女企业家。寒暄后，谈起彼此的行业。我了解到她做的是驱蚊产品。在印象中，这好像不是一个很大的产业，对它的销路问题，我提出了一些问题。她笑道，做这个产品十多年了，销路已经遍布全世界。一起看了她的样品室，是一些并不引人注目的药水、片剂和灯具。她说她们生产的驱蚊产品，目前是全国出口量最大的。回到自己的办公室，我不由得对这位邻居刮目相看，她把并不引人注目的小产品做成了"隐形冠军"。

回到这一期杂志的主题，"宁波品牌百强榜"又到发榜时。作为以严谨、客观、公正的态度践行了六年时光的榜单，参与研究、评选的专家和评委都眼光"毒"到。在今年的榜单讨论中，也是如此。根据此次发布调研、征集的流程，最终获得分数最高的是一个小产品，它的品牌叫"公牛"。在前些年，这个品牌还徘徊在"宁波品牌百强榜"的中下游。在此次榜单评审会上,有些专家提出:公牛做的不过是插座和开关这样的小产品,虽然它的评分最高,但还不足以跟电器、装备等大产品相媲美。这个观点得到了一些专家的支持,但更多的专家表示,小产品也应该得到尊重。无论产品的大小,只要通过自身的努力,使得品牌得到广大消费者的认同、记忆乃至尊敬,就是一件了不起的事情,而小产品更不容易。于是,经过专家的激烈讨论,尊重广大评委的打分结果,这个小产品的品牌被推到了"2018宁波品牌百强榜"榜首的位置。

这也使我想起一些自身的感受。今年是中国改革开放40周年,大家都在致敬时代,致敬在我们记忆中印象最深的品牌。我也曾经无数次搜罗过,也对那些高大上的品牌表达过我的敬意。但在回归生活后,我印象最深的却是伴随我童年的一个品牌。它叫"缸鸭狗"。每当我带着优异的成绩单回家,父亲都会牵着我的手带我去吃一碗我钟爱的酒酿圆子。在工作后,每当我心情不佳,也会把自己带到"缸鸭狗",仿佛它的甜能够滋润我的心扉,让我的心情瞬间转"雨"为"晴"。长大以后,去得渐渐少了,但每当我驾车或者步行路过它门口,都会不自觉地抬头望着它,献上我的注目礼。因为它是心中最值得记忆的品牌。

谈回我自己的经历,2005年,在"浙商"刚刚被提出的时候,我有幸提出了"甬商"二字,并把它作为杂志的刊名。当时,很多朋友纷纷发出了疑问,又劝告我:这俩字还比较生僻,不如"宁波帮"如雷贯耳,是不是值得去付出?庆幸的是,我坚持了下来。十三年的努力,我看到了甬商在大家心中的形象,体会到了世人对"甬商"的尊重,也让我品尝到了参与甬商事业的一份喜悦和收获。

小产品也有大天地,小产品也有大作为。就如小到土豆、玉米,只要你坚持,仍然值得尊重;就如小小的开关和插座,只要你坚持不懈,同样能占据冠军的宝座;就如小小甬商,是坚持使他们得到大家的尊重。

致敬时代,致敬品牌,小产品同样值得我们致敬。

(2018年5月)

我心中的小而美

我喜欢旅游，这些年走过很多地方，既有辽阔的草原沙漠，又有婉约的江南水乡。也去过不少国家，其中有两个国家给我留下了非常深刻的印象。一个是鼎鼎大名的瑞士，它的国土面积还不如浙江一个省大，在那里我们整整待了一周，离开的时候依依不舍。还有一个国家是不丹，同样面积微小，但它却被称为世界上最幸福的国家。尤其令人印象深刻的是不丹的一个政策，就是严格限制游客的人数，这在外人看来简直是不可思议的举措。而这两个国家的一个共同点，就是"小而美"。

在瑞士旅行的时候，我去过当地的一家冰淇淋企业，这家企业在中国名气并不大，但在欧洲却是品牌甚响，当时我是在瑞士的一个乡间看到这个品牌的招牌，问起旁边的瑞士友人时，他说这是莫凡彼的总部。没想到一家国际知名企业的总部居然会是这样一幢小得不起眼的小楼，从面积来看，还不如宁波工业园区的一幢写字楼。回宁波后，无意间在南部商务区品尝到了莫凡彼冰淇淋，坐在它明亮的店铺里，我在想，很少人会知道这是一个来自"小而美"的国度里的一个"小而美"的企业塑造的品牌。

前几天我去宁波节能环保产业园区参观，产业园区位于海曙区的闹市中，整体参观了这个一万平方米不到的写字楼后，我为之震撼，因为它颠覆了我对传统产业园的印象。它虽然体量不大，却在促进节能环保产业发展方面，走在了行业前列。后来我在微信当中，把其称为"小而美"的产业园区。

今日，我走访了一家位于江北区的企业，叫信远，是一家专门生产密封件的高科技企业，厂的规模并不大，却在业内鼎鼎有名，信远的董事长开玩笑地说："我就是一个技术员，并不懂得怎样把企业发展得更大，我只会做我的技术，把密封件这个技术研究得更专更

无论在中国或欧洲，"小而美"都是大家心中的向往

深。"我想在以前，这样的企业也许不会引起别人的关注，因为我们的目光永远都聚焦在企业巨舰上。但近些年，随着经济的不断发展，尤其是国际经济形势对我们的影响，越来越多这样的小企业凸显出来。其实这种现象也不奇怪，回到经济发展起步比较早的欧洲，我们在工业强国德国，看到更多的是已经经历上百年的企业，它们的共同特点是规模不大、技术专业，企业有深厚的文化积淀。

其实，我们心中一直都有一对矛盾体，尤其是许多企业家，心中不免有各种各样的疑惑，做大者固然好，通过建立品牌，拓展市场，建立自己的产业帝国，国内这样的成功案例比比皆是，在宁波的企业中也不乏其例。企业做大了，可以享受到更多的政策，赢得政府的关注，占据更多的市场份额。然而，这几年，这样的企业巨舰却碰到不少问题。而另外一部分企业家却在专注自己的行业领域，心无旁骛地专心做自己喜欢的行业。而往往这些企业家才是最有幸福感的人。

我的下一个旅游目的地也许会是捷克、克罗地亚、冰岛这些国度，因为在这些不起眼的国度里，我能更加深刻地感受到清新朴素的气息。

（2015年10月）

期待长男长女们华丽转身

又要说实体经济，又要说宁波的传统产业。有一位好友前几天在微信上发过这样一段话："宁波实体经济子嗣成群，长男曰家电，长女曰服装。曾青春飞扬，曾如花似水，为城市担铁肩，为发展拓疆域。然商海搏击、岁月流转，千亿规模万家商，竞争辗转满身伤。显倦容，少血性，难突破……"

确实，我们诸多的传统产业就如他所说的长男长女般已经成长起来，并成家立业，但处于彷徨状态，难突瓶颈，这也成为这些传统产业共同的焦虑。好在近来"长男""长女"们显现出一些端倪，又给此时处于焦虑中的这座城市增添了些许希望。

已经举办了十八年的传统节庆——宁波国际服装节日前再度举行，在诸多的议论声中我意外发现这一届服装节呈现出许多亮点。本届服装节上，这方"长女"已不再是十年前那样的老套，或者说只是那些旧面孔，她逐渐呈现出许多新生力量和新生面庞。尤其在这个以时尚为目标的城市里，我们欣喜地发现，曾几何时，以展会、论坛为主流的服装节，渐渐演变成为以T台、展示、发布为内容的大平台。一场场以品牌、设计师为主导的霓裳秀，在给人们带来视觉盛宴的同时，也带给这个行业不一样的新鲜感受。

也许，会有人说这些新苗子尚未如同那些业内服装大佬来得兵强马壮、根深叶茂，但正是他们的脱颖而出，才让我们看到了宁波服装这个"长女"的未来希望。所以这一期，我们跟着这个"长女"的节奏，做了一个主题，以此来期盼宁波服装的涅槃重生。

已历20多年的宁波国际服装节，已成为这座城市会展业的"长子"

再来说"长男"，这段时间宁波主流媒体可谓竞相关注宁波家电发展，作为中国三大家电基地之一的宁波在渐渐淡出人们视野的时候，突然宣布回归。尽管网上充斥着许多慈溪小家电的流言蜚语，但一本《家电白皮书》，在让人们领略宁波家电这位"长男"所不为人知的一面的同时，也让人们看到了宁波家电整体的发展阵容。而他的创新，他的突破，更让人们感受到了这个"长男"志在突破的雄心壮志和远大志向。

近来我接触了许多如"长男""长女"般的传统产业的企业和企业家，他们同样带给我许多新的感受。本月正逢众所瞩目的"双11"，而率领宁波传统产业突破的恰恰是我们传统产业之中的"长女"。他们一改往日的死板、规矩、正统，用活力、青春、张扬来取而代之。尽管和太平鸟的张江平已是老朋友，但每一次听他讲述太平鸟的蝴蝶理论和微笑曲线时，都能感受到他的激情四射和意气风发。而在博洋，同样坐满了朝气蓬勃的新锐设计师，他们爱打拼，爱幻想，在他们的世界里，有着不一样的梦想和追求。而得益于这样的梦想，太平鸟和博洋这两个传统品牌，凸显出与众不同的风采。

服装如此，宁波家电亦如此。尽管有网民将慈溪形容为"家电的重灾区"，但其实他们只看到了很小的一面，这背后更多的是慈溪家电的坚持和创新。不管是闻名已久的茅忠群，还是近年来崭露头角的阮立平，在他们沉稳的脸庞下同样跳动着一颗不安分的心。从专注到领先到领导，一个老品牌，一个新品牌，他们率领着"长男"这个家电群体不断向前奔跑。

当然，我们的传统产业不仅仅只有"长男""长女"，还有诸多的兄弟姐妹。他们有的正在积蓄能量，有的正在寻求突破，有的在巨人的背后默默无闻，有的已经插上时尚的翅膀准备起飞……不管哪一种，在他们身上，我们已渐渐感受到些许"转身"的意味，渐渐感受到与曾经"传统"二字所不同的定位，渐渐感受到与我们概念中老甬商所不一样的年轻的声音。

希望在不久的将来，能看到更多如"长男""长女"般的传统产业早日转身，早日有一个华丽的蜕变，早日让宁波这座城市重新插上腾飞的翅膀。我想，这不仅仅是我们这帮经济人、媒体人的心愿，更是诸多生活在这个城市中人们的共同心声吧。

（2014年11月）

美味珍馐映甬商

与许多人一样，美味佳肴对我有着不可抵御的吸引力，我尤其对宁波家乡的各种风味特色有着与生俱来的感情。但从未像这一次一样，和如此多的美食界朋友集中在一起进行交流。因要做《宁波餐饮丛林法则》的策划，我们的记者与许多长年或刚进入宁波美食界的各个掌门人或创始人进行近距离交流。在交流中，使我感受到平日未曾从他们身上感受到的各种气息。

他们中有多年从事美食行业的老一代餐饮人。如石浦饭店的陈苏林，我记得十年前，我们刚开始评选"十大风云甬商"的时候，他就因为当时生意风生水起而入榜。那时候的他，年轻而意气风发。而这一次看到他，似乎多了一层沧桑，或者说时光的洗礼。谈起这十余年对餐饮的感受，他说："一个字，累。"尤其这两年随着大环境的变化，确实看得出他身上背负的压力似乎愈来愈大。话虽如此说，但他却在美食路上不断扩张，与十年前相比，他的生意扩大了不止一倍。

同样是从事了十余年美食工作的干海宏，身上却多了一份儒雅。这几年每次碰到我，他都会重复一句话："为中国人做饭。"从而许多人调侃他："那你是中国人的食堂大管家咯。"但确确实实，新四方在这些年似乎更加风生水起，从小小的海曙，不大的宁波，走向了全国各地。时常会惊喜在我出差的城市里能够看到"新四方"这三个熟悉的字眼。而碰到董长林，却让我感到一种意外。意外的不是他这些年仍在这个行业打拼，而是他形象上的转变。他的品牌十余年只换了一个字，从"蟹满香"换到了"素满香"。这一字之差，其实很明显地体现在他的身上。原来风尘仆仆，现在头光可鉴，他手上带着佛珠，心中似乎也住着一个佛。他说："我要把素食进行到底。"

而潘永健这位敦厚的厨师，现在也走上了创业的道路，让我感到些许意外。在宁波从厨师走上创业者的为数不少，但真正成功的却也不多。而说起涌上外婆桥，却不得不提他们的三个厨师。他们创建的这个品牌，在短时间内成了老百姓最喜爱的、最贴近家常口味的餐馆。而潘永健一句朴实的话也让我认识到了他厨师的本色。他说："我还是想好好地做菜，做最接近原始风味的宁波菜。"

在见到这些老餐饮人的同时，我也认识了一些新晋闯入宁波美食界的年轻人。我看到了"小鲜肉"朱海峰，这个时常活跃在微信圈的"80后"阳光男孩，现在却摇身一变做起了餐馆掌柜。他的"米鱼记"，一个小小的粥铺，在短时间内成为宁波微信群里的热点，很多人蜂拥而去抢先品尝。而"好味当"的郭海浩，最近却成了餐饮品牌孵化器的先行者。在他的公司里，我能感受到许多洋溢着创业激情的年轻人在实践着自己的畅想。还有张空，他掌舵的虽然是一家老字号，却在他的妙手运营下"老树发新芽"。

这样的例子数不胜数，写到这里的时候，我突然有一种感受，我仿佛从这些美食人身上看到了甬商的共同特点，有三个词跳进我的脑海。

第一个词叫热爱。朱惠民老先生的一句话对我感受很深。他说："正因为我热爱餐饮这个行业，使我到现在七十多岁了还沉浸在快乐当中。"类似朱老的例子举不胜举，正因着他们的热爱推着他们的企业不断地往前发展，这两个字兴许是甬商几百年来能不断发展的一个原因吧。第二个词是坚持。陈苏林一句话很朴实，但深入我心，他说："我只有做餐饮的命，我这辈子可能就一直做餐饮下去了。"听起来有些许悲观，骨子里却表现出了他的坚持。甬商的坚持在纵横的时光中随时可见。第三个是求变。无论是董长林的"蟹满香"到"素满香"，朱晓霞的"向阳渔港"到"众美联"，郭海浩的"好味当"到诸多孵化品牌，潘永健的厨师到"宁波味道"，无不显示着他们的变化。而通过这群可爱的人，我们看到的是甬商坚持不懈的对创新的追求。

（2015年11月）

甬商与"斜杠青年"

前几天参加一个论坛，主题很有意思，叫"斜杠青年"。主持人问我，你有几杠？作为一位已渐渐步出青年阶段的人来说，对这个词还是感到些许新鲜。于是我去查了相关资料，百度上解释道："斜杠青年"来源于英文单词Slash，最早由《纽约时报》专栏作家提出，主要形容一个同时拥有多重身份和技能的人士，用斜杠表示区分。

同时拥有不同的技能，我还是很向往的。原因就如我回答那个主持人所提出的关于"什么是斜杠青年的核心价值"，我的回答是：好学进取，敢于挖掘自己潜能的勇气，回报社会的愿望。如此说来，在十多年前，我的斜杠可能是：职业经理人/调酒师/导游/外审员。而今天，如果还是要用斜杠的话，我想应该是：服务平台建设者/商帮文化弘扬者/社会组织推动者。

当时我在朋友圈中发了一个信息，有好几位企业家开玩笑地说他也能杠上几杠。由此我想到了关于甬商的斜杠。甬商的本职是企业家，许许多多的甬商都是单纯、低调、务实地在做他的本职工作。但在与甬商的交流过程中，我发现其实很多企业家也自带着斜杠。比如不少企业家在经营企业的同时也是企业产品技术的发明人，所以我想他应该是：企业家/工程师。有些企业家同时还是企业产品或品牌的推广者和服务者，那我想他应该是企业家/品牌推销员或企业家/服务员。而在梳理了许多企业家朋友的特质后，我又发现，他们身上还有着更多的斜杠。如同我的好朋友储吉旺先生，我想他毫无疑问是企业家/作家/慈善家。而我敬重的徐万茂先生，他又应该是企业家/教育家

/艺术收藏家。昨天与一位好友在微信里聊起，我说她是企业家/商会领导者/传业解惑者。因为她在做企业之余，还担任着商会领导人，以及学院的教授。而另一位从事创业创新帮扶的企业家，我说他其实是企业家/资本家/创业指导家。他微微一笑，默然接受。

也许这样的斜杠并不是越多越好，我们现在谈的更多的是专注、匠心。甬商也正是因为从来没有过于追求斜杠的多少，而成为中国诸多商帮中唯一不断代的商帮。但随着社会的发展，这样的斜杠又似乎不可避免，或已成为企业家身上特有的标签。就如同我们把王石称为企业家/运动家。把马云称为行业引领者/城市代言人。把茅忠群定义为企业家/传统文化倡导者。这些杠已成为他们身上的标签乃至他们所在企业的文化。也正因为有这样的斜杠才成就了他们更多回报于社会和国家的使命。

当然有些斜杠也源于当下甬商们更五彩缤纷的业余爱好和个性追求。刚刚来我办公室的一位甬商乒乓球俱乐部的负责人，我说他是企业家/运动家。而前两天我又偶然间发现了一位企业家朋友的身份属性，我把她称为企业家/律师/网络作家。令我诧异的是她的网络作品已经在网上传播非常之广，成就不亚于她经营的企业。他们让自己活得非常精彩，而且乐于传播和分享。兴许这就是新一代甬商的一个变化。

"斜杠青年"也许并不能十分契合地用在甬商身上，因为许多甬商的生理年龄已不再年轻，但我想甬商的那种不断创业和追求的心是永远年轻的。对于甬商，我也想借用那天在论坛上对广大青年们说的那句话："勇敢地去杠吧！只要你能承受。"我也非常乐见在今后能够出现越来越多的企业家/创新家/公益家/时代引领者。这样的甬商才是真正的"斜杠青年"。

（2018年9月）

从感受到感知，往往是斜杠青年的成长轨迹

感知大咖

道篇

"我的生活多姿多彩，我创业的目的就是为了获得快乐，我要让员工获得快乐，要让客户一起享受快乐。"

——英国 理查德·布兰森

必须学会乐观的忍耐

个人很喜欢标题这句话，无论对工作还是生活。

讲这句话的人叫稻盛和夫，大名鼎鼎，资料如此介绍：77岁，日本四大"经营之圣"中唯一在世的一位，他创建了两家世界500强企业——京瓷和KDDI。

说实话，我了解这位"圣人"的时间并不久，去年年底金融危机来袭，马云专门跑到日本向稻盛和夫请教，所以方开始留意起这位"经营之父"。但读了他的书籍和言论后，真觉得受益匪浅。

去年7月，稻盛和夫在第16届盛和塾大会上向他的商界门徒们传授了"六项精进"的训诫：①付出不亚于任何人的努力；②要谦虚，不要骄傲；③要每天反省；④活着，就要感谢；⑤积善行，思利他；⑥不要有感性的烦恼。

看起来，这些话也并不新鲜，它们不像是商人们求知若渴的成功秘方，倒更像是开给企业家和我们的一服心灵鸡汤。

今年，他通过媒体，又给中国的企业家们写来了一封信。在信中，他告诉企业家，在当前金融危机形势下，要做到三点：

（1）全体员工都应成为推销员，即使是最尖端的技术，卖产品仍然是企业经营的根本；

（2）要全身心地致力于降低成本，只有萧条才是企业彻底削减成本的唯一机会；

（3）要致力于新产品的开发，不仅是技术部门，营销、生产、市场等部门都要积极参与。

日本稻盛和夫先生

　　他还告诉我们：春天肯定会到来，冬天越寒冷，春天就会越美好，而且樱花会开得更绚烂！

　　现在看来，离春天已经不远了，但我们是不是还能做到，必须学会乐观的忍耐呢？

（2009年9月）

鲜花疗法的启示

最近看了一篇叫《索尼创始人的鲜花疗法》的文章，很有启发，主要是对工作。文章是这样说的：

一次，索尼一家分公司的随身听不断接到投诉。调查发现，是产品的包装出现了问题。分公司立即更换了包装，及时解决了问题。

但是，盛田昭夫依然不依不饶，召开了董事会。会上，盛田昭夫对这位经理进行了严厉的批评，并要求全公司引以为戒。然而，这位员工在索尼干了几十年，为公司立下了汗马功劳，也是第一次在全体董事面前接受如此严厉的批评，禁不住失声痛哭。

盛田昭夫预见到了这位员工的感受，并积极地采取了"鲜花疗法"。会后，这位员工萌生退意，董事长秘书却请他一起吃饭。她说："对于此事，董事长也是出于无奈，董事长没有忘记你的贡献，特地让我请你喝酒排解苦闷。"

酒后，刚进家门，妻子便说："你真是受公司重视的人！"这令他分外吃惊。后来才知道，那天是他们结婚20周年纪念日，盛田昭夫专门为其订购了一些鲜花，并附上了亲自写上贺词的卡片。

盛田昭夫的"鲜花疗法"疗效明显。他在批评下属时，不忘记肯定他们的功绩，既减少了不良影响，又维护了员工的自尊心。根据著名心理学家马斯诺的需求理论，每个人都有被尊重和被认可的需求。一个懂得如何顾全下属面子的领导者，会使批评更有效，从而超过预期的效果。

其实盛田昭夫的做法在中国也是很普遍的，就是我们俗话说的恩威并施，但要真正做得恰到好处却很难，尤其是很难把握火候。我们往往是施威时威过了头，而施恩时又只知道讨好，不知道两者结合威力更大。

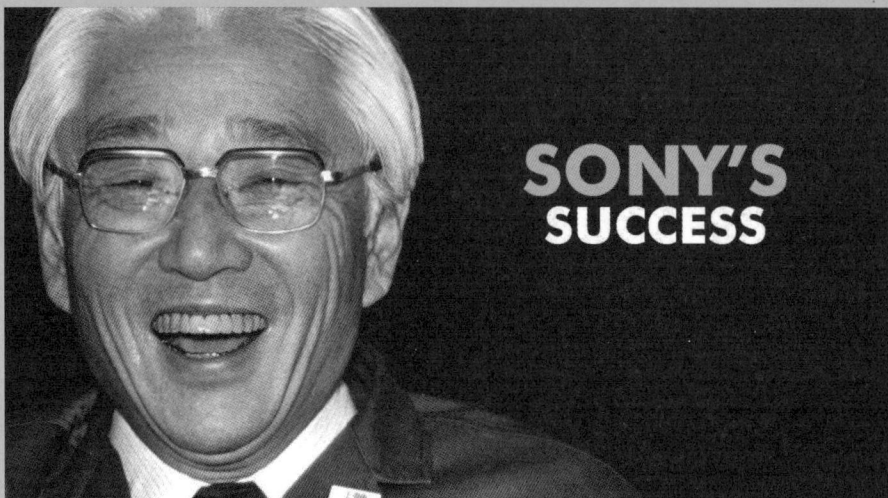

索尼创始人盛田昭夫先生

　　杰克·韦尔奇认为，管理者不应过度关注员工的错误。希望集团旗下美好食品公司董事长陈育新也认为，对待犯错误的员工，宽容和严厉应该并重，在严厉的基础上的宽容更有效果，在宽容之后的严厉也更有力度。在这种理念的指导下，他掌管美好食品一年便改变了其多年亏损的局面，并且连年盈利数千万元。

　　当员工犯了错误时，批评教育的同时还要看到其成绩，这样才不会伤害员工的自尊心，使员工真正的心存感激，从而以更好的姿态投入工作中去。

　　做管理确实不容易，还是得多花点心思了。

（2010年4月）

制造快乐 顺便商业

这其实是英国维珍集团老板理查德·希兰森的一篇文章的题目，今天我把它引用在我的卷首语里做标题。

希兰森在人们的印象中是一个嬉皮士式的企业家，搞怪的举动多于严肃的形象，但他的"维珍"却创造了一个商业奇迹：300多家企业共用这个品牌，形成了一个庞大的商业帝国，涉及空运、服装、软饮、游戏、电信、金融、唱片，甚至安全套。

而希兰森却是用快乐哲学来经营他的生意，在自然天性中获得成功的快乐。

记得十多年前，南斯拉夫人米卢曾给中国足球带来一股清新气息。他以"快乐足球"的理念将中国足球带入世界杯舞台。这也是迄今中国足球唯一一次世界杯之旅，而"快乐足球"在中国也如昙花一现，被灾难深重的中国足坛黑幕所淹没。

而在中国商界，同样很少人用"快乐商业"的理念来经营。说起中国企业家，尤其是民营企业家，在光鲜的外表下，更多使人看到的是土行孙般的形象。我也接触、交流过不少民营企业家，能用"快乐"来自我形容的极其个别，更多的是以"责任""担子""压力"来给自己贴标签，甚至有人喊出了"再也不做实业了"的口号。可见，在复杂严峻的现实环境下，我们的企业家更多承担着"艰苦创业""奉献社会""振兴产业""做大做强"这样的压力。那么，他们的快乐将从何而来呢？

布兰森说："我的生活多姿多彩，我创业的目的就是获得快乐，我要让员工获得快乐，要让客户一起享受快乐。"那么快乐在哪里？除了客观的经营环境、世俗百姓的看法及政府对企业家的期望外，更多的是源于自身。布兰森的一句话我很同意，他说："商业青睐心胸开阔的人，青睐发现问题或对不公正现象勇于挑战的人，青睐乐观向上、未雨绸缪和享受工作乐趣的人，青睐仁爱、有积极世界观的人，青睐设身处地为客户、同事及受他们工作影响的人员着想的人。"

新东方的俞敏洪曾说："很多人面对未来，总是左思考右打算，就是不敢迈开大步向前走，其实规划好的人生并不多，义无反顾勇敢向前的人常常得到更多。"而左思考右打算却恰恰带不来快乐。

我一直很敬佩的一个中国企业家是季琦，从携程到如家再到汉庭，他的三次创业令我印象深刻，并极具启发，谈到他的创业感悟，他说："就是要敢于冒险，有牺牲精神，保持激情，心胸开阔，这样才能享受快乐。"诚然！

中国现有的创业环境不可谓不好，但是能使人真正享受硬环境带来的快乐却也是不易，所以关键还是看我们的内心，如何去定位，如何去调节。我的一个朋友说："我喜欢创业是因为一分耕耘一分快乐。"我说这句话说得对，但也不对，你如果把收获当作付出的前提的必要条件，那至少过程中的快乐是不多的。付出不见得必有收获，只有将收获这事看淡了，才能体会付出的快乐。

我想在财富积累已渐趋完成的今天，中国企业家下一阶段最重要的目标就是获得更多的快乐，所以还是用布兰森的话来作为本文的结尾："商业征途和人生旅程一样，重要的是去做一些积极的事情，快乐享受你的商业人生吧！"

（2011年8月）

"出头鸟"和"独角兽"

正当下笔起草这期卷首语时，传来一个噩耗，又一位著名的企业家离我们而去。他就是杭州青春宝的创始人冯根生。其实冯根生是宁波人，出生于江北慈城，而后去到杭州，并开始了他作为浙商领头羊的生涯。

在对冯根生的评价中，我发现用得非常广泛的一个词，就是"出头鸟"。江浙地区有一句俗话，"枪打出头鸟"，意指的是，在某一个领域做得特别好的人或企业往往会遭到行业乃至社会的一种异样的眼光，甚至是围攻。而冯根生有一句著名的语录，他说："我就是要做'出头鸟'，我不是不怕枪来打，但是我会尽力保护好我的心脏。没有私心，飞出射程之外，那我就成功了。"他正是本着这样的争当"出头鸟"的理念，使原来濒临倒闭的杭州第二中药厂起死回生，并且上演了一场"子吞父"的好戏，将著名的中药国字号胡庆余堂收入麾下。

在20世纪80年代，冯根生可以说是个风云人物。是他率先打破了行业里的铁饭碗，实行了诸如干部聘任制、全员合同制等一系列现代企业管理制度。当然，随着他成为"出头鸟"，他也遇到过各种各样的"黑枪"，甚至是"围剿"。查阅网络，可以发现许多关于冯根生的传说。在六年前的风云浙商盛典上，77岁高龄的冯根生最后一次出现在这样高光的舞台上。著名主持人白岩松是蹲着完成了对他的采访，白岩松说："您配得上今晚舞台上这唯一的一把椅子。"

斯人已逝，冯根生的功过将由历史来评论，但不管如何，对已经成为中国第一大商帮的浙商来说，冯根生必然是不可抹去的一个名字。正是有了他，浙江企业拉开了改革创业的帷幕；正是有了他，原有的国有企业在浙江这片土地上涅槃重生；正是有了他，许多年轻的创业企业家有了心中的目标。马云曾在不久前专门看望患了帕金斯症的冯根生，他说："冯老，我敬佩您，您是浙商的第一个'出头鸟'，而我愿意成为浙商最大的'出头鸟'。"也正是因为这样，马云带领他的企业成为浙商的一面旗帜。

"出头鸟"何其难做，人人都知道。做一个"出头鸟"需要极大的勇气，而这样的"出头鸟"对一个城市乃至一个商帮来说，却具有极为重要的意义。浙商需要冯根生、马云这样的"出头鸟"，而甬商同样需要。我们期盼每一个时代都有这样的"出头鸟"能飞上枝梢，振臂一呼，引领众多的鸟儿飞向天际。

而我们这期的主题却是另外一个词，叫"独角兽"。看似两种截然不同的动物，却有着相近的内涵。前一阶段也有一位著名的甬商故去，她是培罗成的史利英，一位倔强的老太太，凭着对事业的执着，她将一个不起眼的服装厂培养成一个红帮故乡里的著名品牌。史利英曾经有句话："我只会做服装，我也只认做服装，我想这辈子我都跟服装结了缘。"也正是因为这样，培罗成在诸多的服装品牌中生存了下来，而且让我们看到它发展更好的一面。

当做大做强、多元发展已经成为大企业标配，其实我们更愿意去发现做专做精、专注于某一个领域的"独角兽"。为此，我们挖掘了诸多年轻一代的甬商"独角兽"，来看他们的未来，也来启示正在创业创新中的甬商。

两种动物，数量不多，实属稀罕，却是我们苦苦追寻的一种方向。希望这个城市的"出头鸟"和"独角兽"能生生不息，且越来越多……

（2017年7月）

宗庆后的启示

这几年关于宗庆后的新闻是连绵不绝的，这位娃哈哈的掌门人给予公众的印象负面居多。有说他独裁的，在企业内他就是一言堂；有说他不诚信的，他与法国达能的官司沸沸扬扬；等等。虽然娃哈哈身在同省的杭州，但说实话我对其关注得并不多。最近，我看了一篇对宗庆后和娃哈哈的详细报道，方了解多点。但就是这了解多点，使我感到宗庆后确是一位值得甬商学习的人物。

对宗庆后的描述是这样的："他每天早上7点到办公室，一直要到晚上11点左右才回家，除了出差，几乎天天如此。每个月，他三分之一的时间在亲自跑市场，并召集全国56个工厂负责人开会。他不会打高尔夫，不穿名牌，不去娱乐场所。他的工作就是他的全部生活。也是他最大的乐趣所在。"

这是怎样的一个人啊，他可是拥有300多亿元资产的掌门人啊。从他身上，我更加明白什么是成功的必然。

向他学什么？我略作小结，供自己和甬商参考：

一学他的勤奋。也许我们做不到他那样的生活规律，但如果能再自律一点，对自己要求再高一点，我们的成就可能就不止现在这一点。

二学他的专注。这么多年，无论任何人和事，都打动不了他只做饮料行业的心。正因为不搞多元，专业，内行，在他的领域里他可以独裁，他可以专心去创新，靠高附加值新产品走出低价竞争的红海。

三学他的务实。他从不讲套话、空话，而且默默地埋头亲历亲

娃哈哈创始人宗庆后先生

为，市场的份额就是最响亮的话语。

四学他的爱心。对员工关爱，对消费者负责任，对社会做奉献。

其实我想我们很多甬商早已具备以上四点，但或许再多一点点，也许宗庆后的成绩就不再是遥不可及了。

（2009年10月）

马云的境界

从马云的成名起，我一直对他是高山仰止，怀着不可比拟的崇敬心理的。似乎他离我们很近，仅仅是身在150公里外的杭州，但又似乎他离我们很远，因为他的成就已经不可仿制，或是企及。这样说，也许缺少一点雄心。

但最近看了他的几篇文章，我觉得他的成功确实有其必然性，而且多少也使我感到，其实我们内心的距离并不太远。

他有一篇《使命不是口号是行动》的文章，我深有同感。在《三国演义》里，有一个桥段，刘备被曹操打败，他在撤退时将荆州的百姓也带着一起走，行动缓慢，将被追到。于是心急的张飞问刘备，为何还要管老百姓？刘备云，这些百姓信任我们，如果我们逃了没管他们，那么我们建立这个国家还有意义吗？

2008年冬，国际金融危机至，很多企业卷起铺盖力求自保，而马云却对着员工说起了这个故事。他在阿里巴巴的大会上说："明年一季度我们的利润为0，在当前形势下我们不应该有利润，我们要全力以赴帮更多的中小企业渡过难关！现在，使命已不再是口号，而是行动。"

我在想，一个企业家到了这么一个境界，那他的成功已经成为一种必然。这需要多大的心胸、气概、眼光。刘备不算是英雄，但他有了这样的气概，所以能与曹、孙三足鼎立。而我们也仅仅是凡人，但如有一点点这样的眼光和心胸，那么离成功也不会远了。

（2009年8月）

郭广昌的微笑与沉默

在诸多的中国当代企业家当中，我真正佩服的并不多，除了马云、史玉柱和丁磊外，还有一个就是郭广昌。对于郭广昌，知道他的人并不在少数，一位从浙江农村走出去，立足上海滩的企业家，但是能够真正走近他的思想，触及他心灵的人却并不多。

在中国的商业江湖上素有"复旦五虎"之称，说的就是从复旦出来的以郭广昌、梁信军为首的五位复星的创业者。有人甚至形象地把"复星"两个字分拆为"复旦牛"。1991年，当中国还在进行"改革是姓社还是姓资"争论的时候，郭广昌和同在复旦工作的梁信军就已经决定下海创业了。二十年后的今天，还原这头"复旦牛"的成长历程，俨然可以清晰地发现一个隐形民企帝国和它所生存的时代脉络。如果把这家民企比作一个人，这个人有太多的身份：房地产、医药、矿业、零售、金融、钢铁、媒体……遍地开花的他，这些年已悄然将触角伸到了世界各地。

郭广昌已经成为复星的代名词，但我在这里更多要阐述的是他个人的生存哲学。也许是学哲学出身，所以一直以来，在郭广昌的创业和建立商业帝国的过程中，无时无刻不体现着他的哲学理念。他最具传播力的一句话是："合作最关键的不是看对方的长处，而是能否容忍对方的短处。"这一点从"复旦五虎"如此长时间还能融合在一起就可以体会到。同时，他也深刻地从哲学的角度探究人性的弱点，他认为人性的弱点既有贪婪，更有懦弱、恐惧或过度自信。而他恰恰认为自己不太自信，这就让他更愿意去倾听别人，正如他所说："倾听别人的人，更容易获得别人的认可。"显然，他的生存哲学，在二十年中也成就了一家民企的成长和壮大。

要说郭广昌给我印象最深的是什么，那就是他性格中散发出来的两种特性，我把它具象为两种表情——"微笑"和"沉默"。即便他认为自己是不自信的人，他也能通过微笑让世人看出他的坚定。他的微笑，既是对自己微笑，也是对伙伴、对员工、对股东、对社会的微笑。而这种微笑，让我们更多看到的是他的包容。

而沉默，相信谁都知道，在现今浮躁的环境下，一个成功企业家能够保持沉默是非常难能可贵的事情。德隆的唐万新就曾经说过，"我就是想当民族英雄"，所以他被人称为"狂人"；国美的黄光裕也说他要追求激进与速度，有三分把握，他就敢去做。而这些高调的结果是他们都有了自己的"归宿"。当然也有成功的例子，比如马云，以高调打造了阿里巴巴王国，但也正是因为他的高调，让近一阶段的阿里巴巴纷扰不断，扰乱了他的经营与发展。而相比之下，沉默在郭广昌身上显得尤为明显。在他二十年的创业轨迹中，我们几乎很难发现他有类似这般高调和浮躁的时刻，他说："不要妄图控制世界，一定要控制自己。当感到疲倦、受到诱惑的时候，控制自己往往会决定事情的走向。"所以即便是在诸如兼并宁波建龙并不成功的失意时刻，他仍能克制自己的情绪，或许正是他的哲学专业出身给了他这样的底蕴。

所以当微笑变成一种宽容，当沉默变成一种自我控制的时候，我希望"微笑"与"沉默"不单单只是从浙江走出去的郭广昌一个人的性格，它也能成为我们广大甬商所借鉴的一种态度和风格。这也正是我写这篇文章的目的。

（2011年9月）

董事长的管与不管

今天，我要说的是王石。

这是一个在网络上新闻不断的人物，最近因与某女演员的绯闻而再度成为焦点，而这一段新闻可以说也影响到了其所就读过的长江商学院，甚至影响到企业家就读商学院的价值观，以及企业家家属对企业家就读商学院的看法等。

也许，对王石来说，这已是司空见惯。不管是2008年汶川地震中的"捐款门"，还是留学海外之后与万科总裁郁亮之间的分歧传闻，作为房地产行业标杆人物的他，总是容易被动地陷入各种各样的传闻当中。

然而，尽管"传闻缠身"，尽管退出一线多时，仍一直背负着精神领袖的压力，但王石似乎活得极其潇洒。他不仅把万科带到行业的龙头地位，还抽身为克莱斯勒和摩托罗拉做广告，并两次登顶世界最高峰，甚至还撂下所有万科的担子去海外就读五年。

但就像"胡子拉碴的脸"是王石的LOGO一样，在绝大多数人的心中，"王石的脸"始终是万科的LOGO，甚至成为很多企业家艳羡和崇拜的对象。不只因为他是一个喜欢自由、善于挑战的人，更因为他让自己在拥有闲云野鹤般个性的同时，很好地定义了自己和万科。

所以，今天我倒是很有兴趣，透过那张充满个性和经历的脸，来看看他是如何闲云野鹤般地行驶着董事长的责权的。

王石这样说："我管理企业的时间和花在学习上的时间，严格来讲没有比例。一个董事长最重要的是把握什么样的事情。第一个是战略上的把握，更多的是董事会层面的；第二个要把握的是，确定了事情之后让谁去做，这是用人方面的选择；第三个是，公司出了问题要承担责任。"

所以作为万科的董事长，王石就是从三方面定义自己的角色的：把握方向、任用人选，以及万科出问题的时候承担责任。就像他个人的三个原则一样："首先是行业定位，只要公司的行业确定非常清楚，做决定就不会这么复杂，比如万科确定就做房地产；第二就是公司运作的规范化；第三是透明度。如果当这三个原则都很好把握了，那么董事长也就变得十分容易了。"

环顾周边的一些甬商，我发现他们都在纠结于管与不管的问题，谈起王石，大家既羡慕，又充满疑问，当然也不乏学着他拱手不管，完全让职业经理人去管的案例。但不可否认，我们的甬商们更多地还是一管到底、事无巨细的方式，那种年轻时艰苦创业精神至死不渝，年逾六旬、七旬仍在兢兢业业的比比皆是。

所以我想，当我们谈起王石，除了对他的传闻泯然一笑外，是否对他的治理理念能有进一步的思考？对他逍遥般的生活方式背后所坚守的管与不管的原则有更多的探讨呢？

就如王石代言的广告词所言：经历决定了这个世界，用自己的经历定义自己。

管与不管，还是要看董事长们如何定义自己。

（2012年12月）

"霸道"背后的"王道"

近期中国企业界的一个热门事件是格力换帅，女强人董明珠经股东大会投票通过，由总裁改任董事长，而珠海国资委推荐的执行董事人选却未获通过。

在董明珠的名字前加"女强人"三字，似乎已成为新闻媒体的惯例，在当今中国女企业家中真正堪称"强"的不过了了数人，而董明珠绝对是其中之一。

我曾有缘与她谋面几次，而她给我的印象却不仅仅是一个"强"字，更可用"霸道"来形容。她那果敢的举动，雷厉的语气，似乎放眼天下的神情，无不给人以"霸道"之感。尽管在打扮上她似乎越来越注重女性的柔情，但那漂亮的小丝巾并未使人打消对她"霸气外露"的印象，"董明珠走过的路不长草"的流言飞满江湖。

说她霸气并不仅仅指她的言行举止，更指她的管理和决策手段。最著名的一个例子就是当年的"冲冠一怒"撤离国美事件，霸道的企业家遇见霸道的渠道商，那样的结果可想而知。然而最终的结果显示董明珠的自建渠道并非感情用事。不说国美日后的是非起伏，仅就这家国内第一家电渠道商因忙于扩张卖场，而忽视售后服务从而引起消费者的反弹事件来说，就可发现董明珠的独到眼光，以及对自身产品的自信。这么多年来，家电企业中靠自建渠道仍能保持每年高速增长的，唯格力一家。

其实说到我对这位女强人的敬佩，倒不仅仅是她的"霸道"，更多的是她经营理念中的"王道"。有记者曾问这位女强人："董总，你还会在格力做多少年？"她的回答是："做到退休为止。这辈子只卖格力空调，只能干这一件事了。"有一组数据显示，2011年格力电器营业收入835.95亿元，净利润52.45亿元，而董明珠定的目标是：

那个关于"1亿元"的打赌，已成为家喻户晓的经典故事

2012年营业额过1000亿元，"十二五"末营收达2000亿元。这一数据意味着什么？意味着中国家电业单一品类的冠军早已为格力占据，并大幅度地提升冠军的门槛。董明珠说："2006年，我们和行业第二名的差距是13亿元，而现在和第二名的差距已超过250亿元。"

当其他企业抬头向房产、汽车、手机、投资等领域张望时，董明珠却在埋头做她的空调，而且以年销售额5%的研发投入做出了一个质量过硬、全面领先的冠军企业。

这就是她的"王道"：专一、执着、进行到底。

有人问她的爱好是什么？她的回答是没有爱好，因为自己"没有空闲"。她说："打高尔夫不能解决企业发展的问题，更重要的是在公司里面发现细小问题，来解决细小问题，使我的企业得到发展。"

写到这里，我感到这位女强人其实还是充满温情的，甚至可爱的。而在取文章的标题时候，还是觉得有一位媒体同人曾取过的这个题目最为贴切：《"霸道"背后的"王道"》。

（2012年7月）

抓最重要的细节

史玉柱是我敬佩的创业家之一，关于他的事迹和经历想必许多人都在关注和研究，在这里就不必赘述了。个人敬佩他的原因是他的两点性格：不屈不挠和恪守诚信。从珠海巨人大厦的失败教训到潜心打造脑白金、黄金搭档，再到巨人网络在纳斯达克上市，他的人生在这十几年中表现出一般常人很难遇到的起伏曲线，这根曲线折射出他一直在做着人生的努力，迎来失败和成功。而令我印象最为深刻的是，在他做脑白金成功掘得再一桶金后，他固执地做出了赎回几年前巨人大厦业主手中的楼花的决定，他说"这是我的承诺"，从中显现出其与众不同的人格光辉。

今天我要说的却是他的经营谋略。

最近看了一篇关于巨人网络遇到"魔咒"，等待过坎的报道。不禁联想起他这些年来的经营谋略，在这里一谈，希望给甬商们一些启迪。

史玉柱是有着深刻的"毛情节"的人，有人研究毛泽东的政治和权术，而史玉柱学的则是毛泽东的战略和战术。"《毛选》，我现在不能说会背了，但每段内容我基本上都知道。"他说。其实，在巨人创业初期，他的经营就是按照"农村包围城市""集中力量重点歼灭""不打无把握的仗"等军事思想来进行的。

在战术层面，史学习的榜样还有毛的大将林，解放战争初期，由于双方火力悬殊，几倍于敌人的解放军也会被对方击败。于是，林亲自去战场找原因，总结出"一点两面三三制"的作战原则，并找了一个纵队试点，战斗力果然提升了三倍。史玉柱的战术制订与林惊人的

几起几落、创业不息的史玉柱先生

相似：老总定下战略，同时要抓紧最重要的细节。

在问到他的成功之道时，史玉柱说："第一，一个时期只做一件事。自从搞《征途》开始，脑白金的事我基本不管了。第二，做一件事的时候战略要想清楚，要慎重，然后是细节，重要的细节要自己亲自抓。"

自己抓最重要的细节！既然史玉柱获得了成功，我们为什么不能呢？

（2009年12月）

不要背包袱，一切向前看

今天我要讲的主角是马明哲。

马明哲是谁？

有人说他是明星，有人说他是佛教徒，也有人说他是商业帝国的梦想者。而在我眼里，他只不过是一位与普通商人一般，百折不挠去实现理想的创业者。

他是中国平安的掌舵者。而2008年和2009年对他来说却有着地狱与天堂的分别。

巨额融资计划被迫取消，天价年薪遭批一年，投资富通巨额亏损。在2008年里，中国的企业领袖中，除了牛根生，还有谁比马明哲更"不幸"呢？他对友人自嘲："头昏脑胀，死皮赖脸地熬着，不知道能顶多久？"

寒暑交替，苦尽甘来。

2009年6月，中国平安发布公告，与深圳发展银行达成《股份认购协议》，平安将认购深圳发展银行定向增发的至少3.7亿股新股。交易完成后，平安成为深圳发展银行第一大股东。更重要的是，这起保险业与银行业的联姻，真正实现了马明哲梦寐以求的金融帝国梦想。

这时隔一年的变化，对马明哲和平安来说，不蒂是一场冰与火的跨越。

中国平安集团的内部流传着一个故事：2009年初，阵痛中的马明哲去看望多年好友普陀山全山方丈戒忍法师。谈及过去一年，戒忍法

中国平安掌舵人马明哲先生

　　师告诉马明哲"知足常乐"。法师说："一个人走在沙滩上，他踩的足印有正的，有歪的，有深的，有浅的，回头看一看，无论对与错，经过就好，这就是人生。不要背任何包袱，一切向前看。"

　　我不知道马明哲是不是从戒忍法师的话中悟出了禅宗的道理。也许2009年的成功仅仅是他长期追求的结果。但一句"不要背包袱，一切向前看"确是我们企业家应领会的态度。短的来说，金融危机造成很多企业的困境；长的来说，每人的人生均会高低起伏，困难不止。如果总是因为一时的挫折而背上包袱，确是做大事业所不应有的。记得上月甬商团队前往新昌大佛寺访禅，与栖光净院主持法师交流。我曾问："如何能够放下？"法师说："已经过之事不要太执着，未经过之事不要太强求，想开点，往前看。"我想讲的就是这个理。

回头再说马明哲。

马明哲告诉记者，他认为企业家若要成功应具备三个特点：一是抱负和成功的欲望。遇到挫折时，这种欲望要超过他的挫折感，他就敢于向前。二是正向思维。把最坏的情况往好想，向好的努力，会不会牺牲暂且不顾。三是动手去做。不能老是想，必须实干。要有足够的耐力，把小事情做好。

也许这是马明哲对法师之语的辩证思考。但无论如何，我想他的成败对于甬商来说会有一定的借鉴意义。

当然还应包括戒忍法师的话：不要背包袱，一切向前看。

（2009年11月）

郑太的职业人生

说实话，我个人对安利这家跨国公司素无好感，即便它在中国市场取得了辉煌成功，即便它已成为世界500强企业。身边在安利工作的朋友也一个个与我渐行渐远。其实我并不讨厌它的企业文化和激励机制，甚至曾经还专门研究和借鉴，但它那名为"直销"的营销手段却使人对它敬而远之。

但是，它在中国市场的开拓者和引领者，却是我一直敬仰的对象。她的名字叫郑李锦芬，安利（中国）的董事长，人称"郑太"。年前看到一篇关于她34年安利职业生涯的报道，以及她发给员工们的家书，她说："在安利走过34载精彩年华之后，我决定步入一个新的人生阶段。"她以此告别了她奉献了大半生的工作。

说起来开始听到"郑太"这个名字还是从安利业务员的口中，一位曾经来我办公室推销安利产品的业务员谈起郑太时语言变得异常的激昂："在安利，郑李锦芬就是我的偶像，我不再崇拜鲁迅，不再崇拜比尔·盖茨，郑李锦芬那优雅、恬淡的笑容和传奇、多变的故事，开始成为我日思夜想不可逾越的一道障碍。"

由此，产生了我对这个人的浓厚兴趣，也通过各种信息渠道步入她的世界。

从年轻时的照片看，郑太属于香港少有的美女，婉约秀气，而这样的外表与她要强的性格判若二人。24岁时，她毅然放弃港府行政人员的身份，加入一家当时只有5个人，名叫"安利"的公司，从秘书起步，28岁成为香港公司总经理，35岁进入台湾，40岁成为安利（中国）董事长，2005年又成为美国安利公司执行副总裁，直至2010年退休，这34年可谓是一张完美的职业履历表。

正如那位安利业务员所说的"我崇拜的不是她这个人，而是一种精神"，让我对这位职场女性产生敬仰之情的也正是她的精神。她的几句话我记忆犹深，"最优秀的职业经理人，永远都自强不息，追求一种精益求精、止于至善的境界"，这是她对职业的理解。"我有幸任职于一家伟大的公司，度过了一段无比丰盛、美好的时光，也收获了值得珍藏一生的宝贵情谊"，这是她对企业的感恩。"如果说香港是一个河塘，台湾是一个湖泊，那大陆就是一个海洋"，这是她对祖国和事业的情感。

而最让我推崇的是她处于逆境时的气魄，人说郑太的职业生涯里与许多不顺不期而遇，当1998年一纸直销禁令使中国安利濒于瘫痪时，她第一时间确立了"不慌、不乱、不离、不弃"的8字方针，并连夜向全体营销人员发出信函，表达了既尊重和理解政府的决定，又做出全力维护营销伙伴和员工切身利益的承诺。多年后回顾时，她笑言："我没有选择，越是困难的时候，越是我最有精神的时候。"这是怎样的一种心胸啊。

每月底，安利的员工都会收到一封来自郑太的家书，在里面，郑太畅谈公司大事，娓析重大决策，分享人生感悟……在2010年10月的最后一封家书中，郑太以此结尾："聚散有时，此情永驻。"让人们看到了一位女性细腻的感情和人格的魅力。

（2011年3月）

曹国伟的"自我颠覆"

对曹国伟的兴趣，首先来自对微博的体验，当一个诞生才两年多的新生事物慢慢以其功能性乐趣占据我们的时间、占据我们的生活时，我不得不对这一新生事物的导演者进行聚焦，而当我慢慢了解和领悟他的气场时，我不禁对他刮目相看并产生了由衷的钦佩。

这个人名叫曹国伟。有人说新浪的成长虽像一部跌宕起伏的连续剧，而他的导演曹国伟却总能游刃有余地既让外界眼花缭乱，又能在每次惊心动魄之后牢牢地稳住舵盘。

从曹的经历看，其对企业的最大贡献是结束了困扰新浪16年之久的"CEO危机"，他甚至使动荡离乱数年的所谓第一网络门户诞生了一位杰出的CEO，而这位杰出的CEO就是其本人。而其对于行业的贡献，已是路人皆知。他倡导的新型网络交际模式——微博，现在拥有比著名的Facebook更多的用户，并已成为中国目前最为开放的网络平台，没有之一。这就难怪他被美国《时代》周刊评为2011年全球最有影响的人，而与他并列的是Facebook CEO马克·扎克伯格和Google CEO拉里·佩奇。

而对于我来说，他所带给我的影响不是上述的光环，也不完全是交流方式的改变，而是他的理念。

个人很喜欢他的一句话："不颠覆自己，就会被颠覆。"似乎有点危言耸听，却道出了在现今社会生存与发展的真谛。

曹国伟把自己的产品新浪门户、新浪博客和新浪微博分别称为网

不断颠覆自我的曹国伟先生

络的1.0、1.5和2.0时代，而他无不是在颠覆了前一代产品地位的基础上推出了新一代的产品，而颠覆的结果是他更牢地掌握了市场，更具有了产业发展的话语权。

"我们需要不断地创新，不断地颠覆自己的产品，才能走在行业的前列，保持强劲的竞争力。"这样的道理也许很多人都懂，但要他真正去实践时却往往裹足不前。

我不禁想起本期杂志特别策划中的一个标题《只有创意，才能创造生意》，讲这句话的人离我更近，是宁波英特赛电子的老总。同样的道理，只是表述更为直白，而我真的是希望这样的概念能深入人心，包括我自己，在这样一个充满不确定性及机会的当下。

（2012年6月）

打工皇帝与草根老板

  在刚刚过去的2009年，有两个人都是热门人物——唐骏和陈发树。因为2009年中国商界的一大新闻就是草根大亨陈发树一举捐资83亿元成立慈善基金会。这在当时还引起了社会舆论的争议，诸如此举到底是做慈善还是炒作啊，他为何捐的是股权而不是现金，等等。今天我要议论的却不是硝烟已过的这些争议，而是想透过唐骏的视野去看旁人难以接近的陈发树，从而看草根老板和打工皇帝的不同侧面。

  唐骏号称"打工皇帝"，这些年也可谓风云人物了。他在这次新华都慈善基金会的成立过程中起到了关键的作用，而且还担任了基金会执行理事会的职务。在经过了纷纷扰扰的舆论喧嚣后，唐骏向我们谈起了他和老板陈发树的有趣故事。他说："陈发树太简单，不懂享受，一生有一千万元足够用了。我自己的生活方式比他奢侈得多。"唐骏说，陈出差从来不带秘书，他则不可或缺。唐出差至一地，必住五星级酒店，必包好车，"这是在微软时候的要求，上去了就降不下来了"。而陈对坐出租车习以为常，"这可能是创业时候养成的习惯，不该花的钱不花"。当然，唐的奢侈都是自己付费。唐还培养了陈最大的爱好，打高尔夫。现在陈的高尔夫水平已经超过了唐，两个人谈事情很多都是在球场上。不过，唐每次打球都要买新球，60元一个，陈则习惯买旧球，3元一个。在交谈中我们发现，唐骏习惯以自己来衬托他的老板，或许所说均为事实，却也体现出这个著名职业经理人的素养。唐骏多次对我们提到陈发树"朴实、厚道"。这是他对陈的第一印象，至今未改。

提到慈善基金会的成立，唐说他曾三次试图说服陈将基金会以"陈发树"命名，陈坚决不从。"临宣布时我还劝他，再考虑一次，宣布出去就没机会了。这是你的钱，又不是公司的钱。他说你别跟我争了。"后来舆论质疑铺天盖地，唐问陈是不是出来解释一下。陈说："我不要解释，好像我真做错什么事了。质疑不质疑不影响我做慈善。我的任务完成了，剩下是你唐骏的事了。""这就是他的性格。"唐说。

说起两人的结缘，唐说有一次朋友四人在上海浦东吃饭。饭毕，陈提议与唐再去浦西喝茶。车上，陈说你来我们公司吧。唐当时也有意从盛大出走，问："你很认真？"陈说自己找总裁找了9年，认为唐很合适。"我愿意，就这么定了。"唐说，"我们没有谈过工资、待遇、合同期。""我在盛大达到了今后不会缺钱的地步。他也肯定知道我在盛大的收入，他人厚道，一定不好意思降低我的收入。他做不出来。"2008年4月，香港香格里拉酒店，陈对唐说："快上班了，没合同也不合适，你起草一个？"唐在酒店的商务中心起草了合同，双方签字。

说实话，写这两人的故事我感觉到很兴奋，也很舒畅。也许是他们各自的特殊身份吸引了我，但更多的是他们在故事中彰显出来的男人特性感染了我，引起了更多对自己和甬商的思考。

（2010年1月）

读陈妙林《天路》而感

日前，去九龙湖开元华城洽谈一些事宜，发现有一本醒目的画册，名曰《天路》，说的是开元自行车队骑行川藏公路的事，饶有兴趣，故索得一本回家细读。细读之下没想到这个天路之行的领头人竟是开元的董事长陈妙林，一位57岁的企业家，颇感意外。前一段时间在一本杭州的媒体杂志上曾看到他带领开元自行车队环骑台湾岛的事，已经甚感佩服了，没想到在短短时间后他竟又有惊人之举。正像画册名称所取，川藏线不啻为一条"天路"，海拔高，路崎岖，我们驾车都感困难，骑车那是可想而知的艰苦。总共16天2100多千米的行程可不是一般人能够完成得了的。再看一下时间，正好是去年的10月1号左右，竟与我们的川西之行相巧合。这不禁使我想起了那一路的坎坎坷坷，更激起了对他们的敬佩之情。

我想，攀爬天路，骑行台湾，可能是陈妙林的梦想。但同时，他也在以他个人在路上的那股奋进的精神来激励开元的员工，同时也向外界传递着开元前进的信号。

从陈妙林身上我又想到了攀登珠峰的王石，热衷户外的张朝阳——当代的企业家已经具有自己的个性，他们热爱生活，在创业之余张扬着自己的个性。而同时，他们又将自己的个性作为企业的标贴，影响着企业的发展。我想，这种生活与创业相结合的方式是不是企业家一种新的境界呢？

（2010年4月）

体会朱敏

日前，有幸在一场论坛中与赛伯乐投资的董事长朱敏进行交流，他也是个宁波人，但见面之后远比我想象中的要风趣和实在，虽然他已六十多岁还带着浓郁的宁波口音。

他的几个观点，既传统，又带有新意。如他说到宁波商人，他认为宁波人最擅长做买办和中介，历史上和当前都是如此。他还认为宁波人是最懂得共赢之道。每天浸淫在甬商中，细想之下还真有同感。

说到宁波这座城市，他也话带新意，他说宁波是很适合做贸易和投资的城市。他给宁波定立一个新的发展目标，希望今后可以成为中国的"创投城市"。

谈到个人的经营企业的理念，或者说这几年的体会，给予我最深的有这几句：优秀的人都需要有一个"梦想"；不断向别人推销你的"理想"和"理念"；企业的"共享文化"让员工都能看得到。

从一个教练到陪练再到啦啦队员，这是从事投资业的朱敏对自己角色转换的定位。

时间不长，确也值得我去体悟了。

（2010年5月）

感受时代

"宁波人在勤奋、奋斗努力、对大事业的热心和企业家精神方面较为优秀……尤其是商业中的宁波人，完全可以和犹太人媲美。"

——德国 利希霍芬

向前是春天

再过几天，世界宁波帮大会将要召开了。在这样一种形势错综复杂，"危""机"并存的时刻将全世界的宁波帮聚集在一起，不禁让人再次感受小平同志提出"把全世界的宁波帮团结起来建设宁波"时的激情，同时也让人感受到了在这初春时节里暖意徐来，充满希望。

很多人说，上百年来宁波人为了发展纷纷走出家门，赶赴全国乃至全球各地，如星星之火，在各地燎原，最后成为能烧旺当地经济的熊熊之火，是什么原因？而这些火种始终没有割裂，而是紧紧地黏合在一起，乃至今天能响应故乡号召，纷至沓来，共赴盛会，共聚乡情，又是什么原因？我想只有三个字："宁波帮。"或者再加两个字成为："宁波帮精神。"一个"帮"字把全世界有宁波血脉或亲情的人紧紧地黏合在了一起。

要说这个初春宁波人心中最关注的，就是一部电视剧，它的名字叫《向东是大海》。气势磅礴的剧名后面讲述的却是带着浓浓宁波风味的甬商故事，展现的是通过几位主人翁所表现出来的，撒落在古今众多宁波帮人士身上的那股劲，我们把它称为"宁波帮精神"。有人说，称"精神"是否过于虚无，或者张扬？但我们看到的正是这"精神"让宁波帮能在诸多商帮的起起落落之中处于不败之地，在交错复杂的时势变迁中保持着对故土的憧憬和热爱。所以，正如《向东是大海》从剧名就点明了宁波人的心胸和志向，它的情节中所展现的一切获得了广大宁波人，以及关注宁波发展的非宁波人的深深认同。

而本月来自东海之滨的另一股春意，就是时隔十年又一次召开的"宁波民营经济大会"，在会上我们听到了许多清新悦耳、掷地有声的声音，尤其是市委书记的一句"对民营经济应高看一眼、厚爱三分"，不禁使台下诸多民营经济建设者们热血沸腾、心情激昂。这样的声音传递出的正是现在的领导者鼓舞大家以如海的广阔胸怀和澎湃激情投身民营经济的再次发展浪潮中去，传递出的正是我们政府与广大民营企业同舟共济、共度难关、共谋发展的心声和愿望。而这样的声音相信会在今后的一段时间里起到重要的作用。

　　"民营经济发展面临这样那样的困难，但最大的难题是转型创新之难，破解了这个难题才能海阔天空。"这是市委书记王辉忠的另一句话，在这"危""机"并存的时代背景下，工业经济转型升级再次提到了发展的关键口。当然，今天我们的企业和政府已经更理性地看待转型和升级，诸如"不转型是等死，转型是找死"这样的情形在宁波商人的智慧下已不会轻易地变成现实。但不管怎么样，如何"寻机"，如何"出海"，始终会是摆在宁波和宁波企业家面前的一道考题。

　　向东是大海，向前是春天。相信百年宁波帮精神润育下的今日宁波，前景必是如山花烂漫般的春天，而且是一个长长的暖春。

　　谨以此文献给首届世界宁波帮大会。

（2012年4月）

这个春天有点暖

2009年的春天是从2008年的寒冬中破茧而出的，虽然还带着些许春寒料峭的味道，但一股股来自各方的暖流不仅使大地披上了绿装，而且似乎浸入人们的心肺，让我们感到阵阵的希望和信心。

这个春天有点暖，暖流从三江畔的南苑会议厅飘出："有了创新突破、逆流健行的这些风云企业，宁波经济的振兴指日可待。"毛光烈市长与众多观礼的市民一道感受到了"创业创新风云榜"上众多优秀企业带给我们的振奋。

这个春天有点暖，暖流从东方之珠的维多利亚港畔涌来，一件甬商发展史上值得大书一笔的盛事在这里演绎。世界中华宁波总商会的成立，标志着我们这个具有悠久历史的东方商帮重整旗鼓、再次出发。

这个春天有点暖，暖流从南方珠江畔的琶洲展馆溢来，"宁波智造，大有可为"。当温家宝总理巡遍整个展厅，看到一个个鲜艳夺目的宁波苹果时，不由得由衷赞叹，短短几句，给予宁波外贸企业的却是无比信心。

这个春天有点暖，暖流也从北方中南海畔的国家证监委爆出，"中国创业版将从5月1日起推出"。虽是盼望已久、预料之中的消息，但对于刚刚经历立立电子IPO失败打击的宁波诸多中小企业上市排队者来说，却不啻是振奋人心的及时雨。

这个春天有点暖，暖流如涌泉般从浙东大地的各块土壤喷涌而出：我们感受到了南面象山爵溪众多针织企业复苏的暖意；我们感受到了北面慈溪众多家电企业依托国家家电下乡政策走出困境的暖意；我们感受到了东面如北仑海天集团般企业巨舰全面复工、重上征途的

宁波制造是广交会上的一块亮丽品牌　　　　　　　　　　　单天紫枫/摄

暖意；我们还感受到了我们城市中心位置快速轨道交通正式开工而给老百姓的阵阵暖意……

　　暖，可以杀死很多东西，如对寒冷的害怕，如悲观，如失望；暖，也可以扼杀许多的意外，比如突如其来的源自大洋彼岸的甲型HINI流感。套句古话：春天来了，夏天还会远吗？也许当此刊面世时，已经是暑意渐浓的初夏，但我们真正企盼的是重现如火如荼的中国经济，再度平安而飞速发展的三十年。

（2009年5月）

好个暖春

  十年前的今天，改革开放的总设计师小平同志来到中国南方，发表了进一步改革开放的重要讲话，给中华大地带来了一股春天的气息，述说了一段春天的故事。而这样的春天，不仅仅是1992年的春天，更是而后二十年中国经济发展的春天。二十年后的今天，虽然从自然时间来说，还没有完全进入春天，但我分明已感受到了一股浓浓的暖春之意。

  这样的春意来自政策层面的暖风。新年伊始，浙江民营经济万人大会隆重召开，省委市委的主要领导亲赴会场，全省上千家民营企业代表在会上感受着冬日的暖阳。而这股暖风在2012年这样一个不平凡的年份迎面而来，彰显了政府对于民营企业的大力关注与支持。这股从政策层面吹来的一股春风，不仅吹暖了广大民营企业家的心，也吹进了我们搞经济的工作人员的心。

  这样的春意也来自广大甬商给我的感受。在早春二月，带着学习的心态，我走访了"2011十大风云甬商"候选人。在走访的短短一周时间里，从中心城区到各县市区，我感受到了甬商企业所散发出来的勃勃生机和丝丝暖意。

  当我来到帅康集团，与邹国营总裁面对面聊天时，迎面扑来的是一家宁波老牌民企老而弥坚、不断创新、老树发新枝的浓浓气息。而邹国营"专注""自律"的"声音"，至今回响在我的耳边。

  而当我来到离帅康不远的宁波格莱特休闲用品有限公司的时候，感受到的是另一番春意。"70后"董事长王华军，在当代甬商中尚属年轻，却始终专注于自己的产品，即便是在国际金融危机的困境下，仍坚持走外销路线，赢得全球客户的欢迎。他的这种劲头，让我们感受到甬商青出于蓝胜于蓝、一代更比一代强的信息。此时的"王华军们"就好似柳枝条上的嫩叶，伴随着阳光的洗礼，在不断地发芽茂盛。

而当我来到了去年一年里一直震耳发聩的均胜集团时，感受到的又是另一种春的气息。一家创业仅仅七年，同样是"70后"的董事长王剑峰，在2011年却上演了"蛇吞象"的好戏，不仅兼并了德国公司普瑞，借此跃上国际舞台，还借壳辽源得亨，草船借箭，于无声中进入资本市场。均胜的低调与务实，以及洁净的厂区、严格的管理，都让我感受到甬商的中坚力量是那么的扎实与厚重。正如王剑峰说，2011年是他们企业发展的一个春天，而2012年这个春天将更加茂盛。

这样的春意还来自资本市场里刮来的春风，很多人已经把2012年称为宁波企业赶赴资本市场的又一个春天。不完全统计，目前宁波已有11家企业进入IPO程序，其中4家已经过会，将于上半年依次走入主板和创业板的市场。这让我们看到了宁波民营企业的厚积薄发，也充分感受到草根甬商的梦想正在通过自身努力不断变成现实。

同样的春意还来自文化产业春风的吹拂。十七届六中全会对文化产业提出的目标，让甬商不仅开始学习"文化"，而且已经走在了文化前列。新年伊始，许多关于文化产业的消息如春天的柳丝般不断冒芽：民和的《少年阿凡提》走入了中央电视台，尚方的《当当与酷吧》进入湖南卫视的平台，宣逸的最新网络游戏也即将上线。而政府和企业也正全力打造文化的平台："民和·惠风和畅"文化产业园投入建设，和丰创意广场入驻企业日益增多，海曙区又提出环月湖文化产业带的建设……一系列的举措都让我们沉浸在文化的春天气息里。

真是好个暖春啊！虽然春寒料峭，但在执笔回顾以上种种时，不禁感受到越来越浓的暖意。龙年的春天来得早，希望这样的春天能一直延续下去，让我们长期沐浴在如此温暖的春风里，那么作为经济人、甬商人将会感到无比的幸福。

（2012年3月）

拨开2014经济迷雾

2014年的这个春天依旧显得有些春寒料峭，如同此刻依旧有些"阴云密布"的经济形势一样，很多甬商们的心头也蒙上了一层厚厚的迷雾。而这迷雾既是他们的困惑与迷茫，亦是他们对未知的2014年的"担忧"。

前两天，碰到一位做房地产的宁波本地企业家，与他的聊天中提到了新一年房产的发展形势，他说从去年底到现在，宁波房价总体呈下降趋势，包括一、二手房，不降就基本很难售出了。而近日得到的信息也是如此，宁波的商品住宅库存近35000套，面积500万平方米，按目前的销势，足够消化三年了。

显然，在如此"压力重重"之下，如何看清前方的形势，如何拨开云雾见青天成为许多企业家们和甬商们的共同心愿。

作为一名经济工作者，我这段时间来也一直思考和关注着2014年的发展趋势。最近在工商联和甬商会议上，与企业家们做交流时，我谈了自己的想法，也是自己感悟的关于如何突破2014年的几个关键词，在下面简单罗列一下，希望能给迷雾中的甬商们带来些许启示。

（1）互联网思维。无论是雷军与董明珠的打赌，还是海尔与万达的触网、苏宁云商的登场，无一不显现着互联网那强大的诱惑力。所以2014年，甬商们首先要学会用互联网的思维去思考、去变革。

（2）战略性竞合。所谓"1+1>2"的逻辑，在今天的企业界中已经再适用不过了，阿里与海尔的合作、菜鸟联盟的成立，这些经典的案例启示着我们，要学会寻找小伙伴，有时候独树一帜不见得是最好的。

（3）模式再创新。从支付宝到余额宝，从QQ到微博再到微信，这些改变我们生活的东西，无一不是"创新"带来的成果。即使再成功的模式如果不持续创新，也必将会有被取代的一天。

（4）平台化运营。做企业就是做平台，平台搭牢固了，企业的支撑度也就强了。淘宝网的成功和创新工场的诞生，都是平台运营带来的成果。

（5）黏度化圈子。从曾经的EMBA到当下的私人董事会，以及各商会与俱乐部的流行，其实大家都在找一个圈子，而且这样的圈子需要有黏度，把大家的思想和追求捆绑在一起。

（6）关注政策面。从工信部发放移动转售业务牌照到中石油开放零售业务，改革红利已经慢慢地向民企打开。原先勤于埋头苦干的甬商们，也要适度地抬头看天了。

（7）社会化营销。尽管滴滴打车与快的打车之争至今仍不分上下，但马云和马化腾的营销策略已经成功了。有人说，综合利用社会资源，乃至改变社会生态，是今后最有效的营销方法。

（8）重客户体验。正如小米手机董事长雷军所说，"互联网思维不是简单创新，而是在创新基础上把用户体验做到极致"，而海底捞的不衰、苹果产品的不断更新也正印证着重视客户体验是多么的重要。

（9）零库存策略。曾经盛极一时的李宁、美邦、雅戈尔，这两年遭遇的梦魇中，库存过剩是压垮他们的关键因素，近日连雷军都带着小米团队去优衣库学习零库存策略，可见零库存已成为各行的追求。

（10）新技术跟踪。这个我想就不用多说了。

或许，在拨开迷雾的过程中，乐观情绪的回归，才是甬商们需要首先拨开的心理迷雾。

春节期间，我和一位甬商朋友电话拜年，他的企业还没到放假结束就已早早地开工了。也许，"春江水暖鸭先知"吧，正如这一期我们的重点报道《宁波现代物流的春天》。春天的气息，甬商们已渐渐

2014风云甬商颁奖典礼

感受到了吧。

　　写这篇文章时，正值全国"两会"召开，会上有不少美好的信息，甬商也在人民大会堂发出了自己的声音。真的希望2014年的经济迷雾能早点散去，让接下来的春天更加暖和。

（2014年3月）

海外狩猎黄金期？

日前，我带着一批企业家去欧洲意大利、瑞士等国进行了一次考察，而走之前，三一重工向文波的一句话引起我的关注，他说："欧债危机给中国公司带来了很好的狩猎机遇，我们三一正在洽谈新的海外收购项目。"也正因着他说的这句话，我们这一路仿佛提着鼻子，到处嗅着狩猎的气息。

而当我们做本期的策划时，众人不约而同地想到的就是海外并购，只不过题目原先并未想到"狩猎"这样生动的词语。而蓦然回首，竟发现自2008年国际金融危机和欧债危机以来的五个年头，各种"狩猎"好戏竟不断上演，不说轰动全球的吉利并购沃尔沃、南汽并购罗孚、海尔收购美泰，仅东南一隅的宁波，我们的甬商们就拿出勇气，将一个个竞争对手或合作伙伴收于麾下。前有雅戈尔收购新马，中兴收购马谷光学，圣龙收购美国SLW，后有一舟收购德国威运高，均胜收购德国普瑞，春和收购加拿大矿业。

而这股狩猎潮进入2012年仿佛愈演愈烈，从1月后就连续有三一重工收购德国大象、万达集团收购美国AMB院线、中信证券收购里昂证券等大"战役"发生。而最近，中海油以151亿美元收购加拿大尼克森能源，上演中国贸易史上金额最大的海外并购大戏，更是将这股狩猎潮推向高潮。而甬商也不甘寂寞，2012年又连续上演麦博韦尔收购法国Mobiwire，慈溪进出口收购德国REV等好戏。

真是你方唱罢我登场，看得人血脉偾张。无怪乎有人说："目前正是中国制造去海外建立分销渠道的最好时机。"欧债危机让欧洲不少区域品牌经营困难，他们希望寻求合作或者出售，这对中国企业来说，是一个绝佳的黄金机会。有专家就说："对于中国出口型企业来说，出海狩猎是一条必经之路，如果不走这条路，随着中国的成本上升，企业迟早要倒闭或被兼并。"

有一位领导给我讲了一个有意思的故事：本地某外贸集团雄心勃勃，一直谋求上市，想成为首家上市外贸企业，无奈因国家政策限制一直未能如愿。而本地另一外贸公司却另辟蹊径，迂回包抄，出资在海外并购了一家上市公司，成为最大股东，从而实现借壳上市，不仅实现上市梦想，同时把手伸到上游市场，一举两得。

所以，当有人问现在是不是海外狩猎的好时机时，我会毫无疑问地点头，当他问海外并购是不是企业突破发展的好途径时，我也会毫不犹豫地赞同。确实，随着中国实力的增强、人民币的强势和国家政策的鼓励，现在已经进入一个海外狩猎的黄金期。

当然，这样的狩猎是建立在对自身实力的清醒认识，对自我消化能力的充分评估，以及对自己战略发展目标的进一步清晰梳理的基础上的。有专家说："收购不是简单的买卖，而是企业在贸易思维、发展方式乃至企业文化、治理结构上的一次深刻调整。"无论甬商还是华商，水土不服、消化不良的案例不在少数。所以，即使在黄金期，我们的狩猎行动同样需要理性和清醒。

当十余天过去，我和甬商们乘坐的飞机在上海浦东降落时，我们分明又嗅到了另一股气味，这股气味带着一股热火朝天的牛劲，仿佛领着中国经济向前的火车头。我在想，有着这股牛劲，我们为什么不去海外游猎一番呢？

（2012年10月）

电子商务的年代

这到底是一个怎样的年代？很多人与我一样，心里都有着这样的思索。曾经记得有一位先贤说过，这是最好的年代，但也是最坏的年代。但我想，在当今这个危机频发、物欲横流、思潮纷杂的年代，已经不能简单地用好或者坏来形容了。个人还是希望用积极的眼光来看待这个时代，所以我要说这是一个充满机遇的年代，这是一个创新得天下的年代，再微观一点，这是一个微博的年代，这是一个电子商务的年代。

日前有一个企业家朋友来我办公室做客，他从事传统的纺织家纺业，原先做外贸，现渐渐转向内销，谈到企业的发展，他踌躇满志，他说他现在是两条腿走路：一条腿他要在短期内在包括宁波在内的华东各主要城市开设100家专卖店，让他那鲜明的店招LOGO成为大街上的一道风景；而另一条腿是他即将在淘宝网上开设一个面向"80后""90后"的线上专卖店。我问他："年近五十网络知识并不精通的你打算到网上去厮杀一番？"他说："是啊，这是一个网络的时代，我得紧跟啊。"

无独有偶，两天前我又接待了一个来自义乌的大学生创业者，二十六七岁的模样，清瘦高挑，戴着的眼镜显示着他的斯文。我以为这是众多在义乌小商品市场中设摊寻求商机的一位大学生代表，便问起他的摊位情况、辛苦经历和每月销售额。没想到他淡淡地说："我在市场里面没有摊位，但月销售将近1000万元。"我惊诧了一下，问道："那你是通过怎样的推销才能得到这样不俗的战绩的？"他便介绍了自己的经历，原来这是个来自东阳农村的大学生，自2004年大学毕业后便在义乌创业，但贫困的家庭条件使他租不起当时已经非常昂贵的市场摊位，所以就运用所学专业在网上设立了一个小网店，将义乌市场的小商品代销到网上。经过五年多的坚持竟已经成了一家年销售额上亿元的网商，并且还设立了自己的生产工厂。一下子，我对这位还带着学生气的创业者刮目相看起来。我问他："你能创业成功的诀窍在哪？"他想了想说："我赶上了电子商务的好年代。"

这到底是怎样的一个好年代啊？当我还在思考时，又有几个消息接踵而至：11月11日这个带着点凄惨和浪漫的日子，我们宁波的太平鸟服装在网上销售突破1000万元，而博洋家纺更是创出新高，当天线上销售额达到2500万元，这几乎相当于他们传统销售网络一个月的销量了。两天后，刚刚兼并了沃尔沃的吉利又传来消息，吉利汽车要在网上进行销售，一向胆大妄为的李书福更是口出狂言：要做全世界网上销售汽车的NO.1。与此同时，一贯高调的马云宣布，要将淘宝打造成超越现有任何传统商家的网上商业巨舰。

这是怎样一个疯狂的年代啊？

不过从博洋家纺负责人透露出的家底，我终于明白了这个盛宴的诱惑和潜力了。博洋网上销售团队：成立一年，人数50人，全年硬广投入200万元，第一年销售额达5000万元，可谓是一个完美的投入产出比，一个理想的企业新增长点。

疯狂的年代总有疯狂的理由，在这个转型升级、节能减排压得企业喘不过气来的时候，电子商务给了企业一条新的生路，所以能说这不是一个电子商务的年代吗？

（2010年12月）

财富就是一种姿态

宁波人传统上对露财是忌讳的，以前有句老话，叫"财不露白"，意思是说家里有多少钱财是不能轻易往外面露的，不能让外人所知道。所以这也使人们之间的交流显得很含蓄。熟人遇见最亲密的话也就是："最近形势好吗？"也就是说你最近的生意怎么样？钱还好赚吗？而得到的回答往往是："还好，还好。"或者是："世道不好，钱不好赚啊。"这也就是宁波人对彼此间财富的一种最通常解读，即点到为止，各自领会吧。

所以当我们在策划本期的特别报道主题——"甬商百富榜"时，还是有着很多的顾虑。主要考虑的是这样直接的财富展示能不能得到甬商的理解？会不会给上榜者带来不必要的影响？正是抱着这样一种顾虑，我们走访请教了国内其他制榜单位，征询他们发榜后社会各方的反应。而所得到的答案使我们略感轻松，因为大多数上榜者在上榜后没有受到负面的影响，而是得到了更快的发展，企业和财富增长更呈上升的趋势。

当然这样的答案还是不能完全打消我们的顾虑，所以我们又直接面对将要排榜的对象，进行了坦诚的交流和征询。而这个交流的过程使我们原先的顾虑完全打消，彻底轻松了下来。因为除了极少部分受访甬商未有表态或含蓄应对外，大多数的甬商们是坦诚相对的，他们对财富的认知已远远超出我们原来的观念，可以说坦然而得，坦然处之。而其中，有一位企业家的一句话更是令我印象深刻，他说："财富本来就是一种姿态！"

这段时间，这句话可以说一直浮在我的脑中，使我更深层次地去对它进行理解和解读。是啊，说得多好！财富何尝不是一种姿态呢？！

它就是一种不断创业进取的姿态。许多甬商对我说的一句话是："财富就是我多年创业的所得，也是检验我创业成败的标准。"我想加的一句话是："财富更是表现你们还在不断创业、不断创新、不断进取、永不满足的一种姿态！"

它还是一种对社会贡献的姿态。有一位甬商对我说："从财富的角度来说，我目前的资产，不单单是我个人，包括我的整个家族过几辈子也够了。我现在想得更多的是怎么对得起这些员工？怎么对得起这块抚育我发展起来的土地？怎么回报给予我财富的这个时代？"看似矫情，其实是多么的朴实，是很多人的心里话。

它更是一种商脉传承的姿态。有位企业家对我说："看了《向东是大海》，更有感触了，几百年的宁波帮精神不能在我们这代没落，一定要把它传承下去。"而当我来到一家民营企业家家中做客时，他的一番话更使我领会了传承的含义："我给我的企业取名'鑫'，我对我的三个子女说，上面那个'金'代表家中长子，他担负着引领企业继续前进的责任；下面两个'金'代表两个女儿，要齐心协力，帮助大哥使家族产业永续不倒。"很简单的寓意，却蕴含着甬商们传承商脉的用心。

财富就是一种姿态，正是这种姿态推动着我们广大企业，乃至整个商帮的前行。

所以，我们还有什么好顾忌的呢？让我们仔细欣赏这份"甬商财富榜"，并从中发现它的美吧！

（2012年8月）

财富是一种责任

又到了一年一度发布"甬商百富榜"的日子，看着经过专家团队和工作人员细致统计而得出的财富数据时，我不禁为这些财富创造者喝彩，也为宁波拥有越来越多的财富拥有者而感到高兴。

有人说现在是最好的时代，也是个最坏的时代。但从财富创造角度来说，能让我们拥有创富的机会，能让辛勤耕耘者实实在在地拥有财富的时代，就是一个好时代。

去年发布"甬商百富榜"时我曾写过一篇文章，叫《财富是一种姿态》，说实话，在百富榜发布的那几天我一直在揣摩或者等待着这些富豪们看完榜单后的姿态会是什么？出乎意料的是，绝大多数上榜者的姿态是坦然，只有极个别甬商抱着宁波人一贯来的谦逊来电希望能给予低调。

后来与一位上榜甬商面对面交流，他说的一番话更令我领略甬商对财富的姿态，他说："看到榜单，其实更多的感觉不是对数字的欣喜，而是感到一种责任，名下的财富让我更意识到对股东的责任，对员工的责任，对社会的责任，对家庭的责任。"

这样的感受其实可以在许多上榜的甬商身上找到，前几天去余姚舜宇，曾与他们的一个高管探讨过这样的一个问题：你们也是一家上市公司，但为什么创始人没有像其他企业一样从数据上位列百强？那位高管说："可能我们的创始人是持股最少的企业创始人吧，他只持有公司股份的7%，我们公司的理念是全员持股，让更多的人分享企业的财富，创始人有句口头禅——钱散人聚，钱聚人散。"

隔天去鄞州的三生，逛完他们如花园一般的厂区，看完他们如纪录片一般的企业微电影，印象最深的还是企业创始人的一句话："做受人尊敬的企业。"而这样的尊敬正来自他对公众、对社会的责任。

甬商百富榜已成为市民心目中的"宁波福布斯"

这样的所见所闻还有很多，当看到储吉旺拿出300万元支持宁波的文学创作时，当看到郑坚江拿出500万元支持鄞州的光彩事业时，当看到钱峰雷拿出3000万元支持中国儿童的嫣然天使基金时，当看到100家企业出资支持100个公益事业时……作为甬商财富的见证人，每一次我的心情都是难以平复的。

上个月有幸去雅安，五年内第三次走进遭受地震洗礼的灾区，与那些可爱、纯朴、真诚、充满柔情的小学生和大朋友面对面时，真切地感到财富之外还有许多快乐。当我把甬商们托付的钱款、物资交到那些乐观的灾区朋友手中时，又深切感到财富的分享能给更多的人带去信心和希望。

我不是富豪，所以无从了解这些上榜富豪的心境，但有一点可以肯定，他们已把名下的财富渐渐转化为责任，并从责任中感受着财富带给他人及自己的快乐。

（2013年7月）

品牌是一个企业的生命之魂

6月的浙商大会上，有5位甬商分别获2006年度5个奖项。其中，奥克斯集团董事长郑坚江荣获浙商创新大奖，广博集团董事长王利平荣获浙商创新奖。

自主创新是企业发展的永恒主题。但不掌握自主知识产权，不占有自主品牌，就谈不上真正的自主创新，离开了自主知识产权和自主品牌，自主创新就是无源之水、无本之木。因发明了闪存盘而名闻高科技产业界的朗科总裁邓国顺这样说："知识产权保护不力，已经成为自主创新的最大障碍。"

随着一大批具有自主知识产权企业的涌现，宁波也逐步从"宁波制造"走向"宁波创造"。简而言之，自主创新的必要条件就是拥有自主知识产权和自主品牌。

前段时间，宁波韵升集团董事长竺韵德做客中央电视台二套《对话》栏目，谈到了他的自主创新之路与保护知识产权历程。韵升主要以制造八音盒为主，但谁也不会想到，仅一个小小的八音盒当中就有40多项专利。说到专利，竺韵德一语中的："中国很多地方都会出现这样的情况，一家企业成功以后，方圆五十公里之内类似这样的企业就会遍地开花。"因此，每一次产品成功后竺韵德做的第一件事情就是申请专利，而突破专利的国际技术壁垒更让我们看到了一个不争的事实：韵升八音琴在国内的市场占有率在95%以上，在国际市场的占有率在65%以上。

宁波品牌百强榜被誉为宁波品牌界的奥斯卡

最近关于两家"好太太"企业商标权的异地纷争报道颇受关注。甬粤"好太太"之争，其实不外乎商标、商号之争和驰名商标认定与保护的问题，却给甬商们敲响了警钟，相信也将引起甬商的反思。

毕竟，品牌是一个企业的生命之魂。

（2006年7月）

品牌的殊途

日前，有好友田国垒君发来一篇大作，题曰《品牌命名的"四招六式"》，不禁让我又沉浸在对品牌的思考中。恰巧，近日有两个品牌让我有感而发，故在这里忍不住也说上几句。

这两个品牌同属一个行业，也都曾辉煌一时。而今，因对品牌的认知和操作的手法不一，已经南辕北辙、境遇各异了。一个是本土的知名品牌——波导手机。这个名牌在许多年前曾如雷贯耳，成为国产手机第一品牌，而后却偃旗息鼓、如同遁形了。而前两天不经意间在某一卫视的广告上又看到了，顿觉惊喜。但看了之后却又怅然若失，所以那天在微博上留下了这段话："刚看电视看到久违了的波导手机广告，在惊喜之余却为这个曾经的宁波名牌的坠落而痛惜。再次露脸，却仿佛让人看到的是一款山寨机，毫无昔日'手机中的战斗机'那样的气势。哪怕多品牌运作都不用，真真毁了波导的品牌。"确实如此，至少从广告中看到的是低得可怜的价格、毫无特点的产品，以及广告本身的粗糙。这与我以前对波导的印象截然不同。

而与此同时，也是广告让我关注到另两个手机品牌：步步高和OPPO。在几乎所有黄金档的电视节目中，如《非诚勿扰》《快乐大本营》《我爱记歌词》等，它们都无处不在，以视觉和听觉上的轰炸让你牢牢地记住了它们，而那音乐和旋律的优美，也确实让人无法抗拒，以至于像李奥纳多·迪卡普里奥这样的明星代言也只是锦上添花了。抱着对这两个品牌的兴趣，我查阅了有关资料，意外发现了它们的两个秘密。一是步步高和OPPO原来出自同门，都是广东步步高集团的下属品牌，原来它们的多品牌战略搞得如此炉火纯青，在自己与自己的竞争中切割了市场的一大块蛋糕。二是去年这两个品牌的市场宣传投入达到了令人乍舌的8亿多元。然而在这样的高投入情况下，

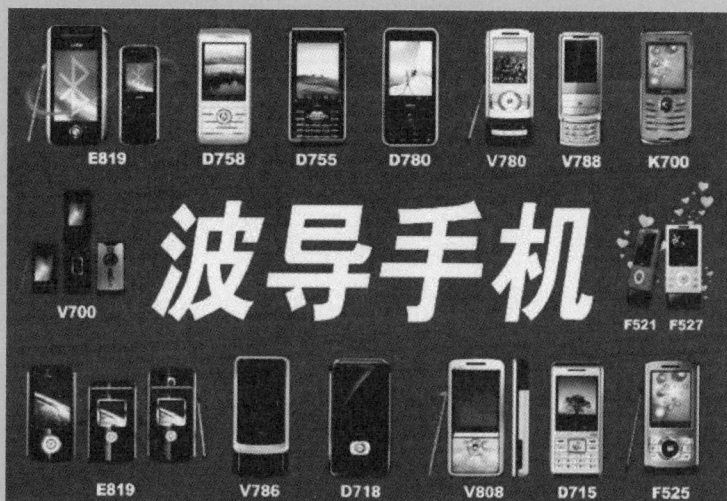

曾几何时这个品牌被誉为"手机中的战斗机"

公司去年的利润已达到了1亿多元。

在对品牌的理念及运作的手法上，波导与步步高可谓走的是完全不同的两条路，但同作为老牌的"中国名牌"，而今的处境却迥然不同。波导已几乎完全淡出了人们的视线，偶尔的小打小闹反而使品牌价值更受伤害，也许这家老牌上市公司正在酝酿再一次的爆发。而步步高却历久弥新，在学生学习机市场占据大半边天的情况下，又在手机市场中高歌猛进，在挖掘品牌价值的道路上越走越欢。

诚如我在微博中对步步高的评论："这种模式能否持续发展，将取决于其产品的受欢迎程度和持久的魅力。"我们不能凭当前的状况去评判这两个品牌今后的发展，但至少，它们现在各自的处境，还是能带给我们一些启发的。

（2012年5月）

你的品牌值多少？

记得马云说过一段话，他说阿里巴巴到现在，他已不再担忧，即使他们在创新的路上一败涂地，裸奔的他只要还扛着阿里巴巴和淘宝两块招牌，就会有无数的热钱砸向他。

而在不久前，广药和加多宝为了"王老吉"而闹得不可开交，合作多年的双方即便对薄公堂亦在所不惜。

而在美国，所谓的饮料王国贵族，拿着他自称的秘方到处叫卖，即便七十年过去了，依然热销不减，被全球人民热捧着称为饮料之王。

不用我多说，稍微懂点经济的人都能说出上述诸事的缘由，那就是非常简单的两个字——"品牌"。

品牌的力量到底有多少？上述的例子应已足够，不够的话我再加上最近的两个事例：当苹果公司推出它的新产品Mini iPad的时候，同样配置的平板电脑其实早已躺在中国许多城市的电脑市场的柜面上，而两者的标价却有天壤之别。高出近三倍价格的Mini iPad仍旧供不应求，而国产平板却是门可罗雀。而被称为"民族汽车狂人"的李书福却在他的一生中做了一件少有的"粉丝事"，对Volvo的追求不仅消费了他18亿美元的金钱代价，而且消耗了他两年多的宝贵时间，哪怕他娶到的这位"新娘"已是负资产。

这样的事例不胜枚举，而促使我们思考的却是品牌的价值究竟是多少？

套一句央视记者带给我们的流行语，我要对每个企业提一个问题：今天，你的品牌值多少？

许多企业家都会被我的这句话问倒，辛辛苦苦打造了多年的品牌到底值多少钱？也许每个人都想知道，但每个人都说不清。

曾经碰到过好几位甬商都谈到过这个问题：谁都知道我的品牌已经很具价值，但到底值多少？与我的固定资产相比孰轻孰重？是不是值得再花重金去宣传和打造？这样的谜团凝结在许多企业家的脑海中。

好在现在已经有这样的契机出现，能让你明白你所做这一切的价值。世界品牌实验室等机构每年都开始对全球品牌做评估，而位列前茅的可口可乐、微软、苹果等品牌的价值高得令人咋舌，也许"富可敌国"这样的形容词用在这些品牌的身上也并不为过。

而来到中国，对500个最具价值品牌的估价同样超出人们的想象。而到此时，我们的企业猛然发现，其实品牌的价值已经让你不敢想象的事情变为现实，你所拥有的财富在无形中倍增。

2687亿元！这样的数据也是超出我的想象的，但它却实实在在出自中国品牌研究中心和甬商品牌研究院专家的评估。这个数据几乎已是宁波全市年GDP的半壁江山，而这还仅仅是前100个品牌的价值累加。

也许，再过几年，我们企业家碰头后的常用语，除了资产有多少外，还会再加一句：你的品牌现在值多少钱了？

这样的话，那真是宁波这座品牌之都的大幸，也是我们企业的大幸。

那么，从现在起，就让我先问起来吧：你的品牌值多少了？元芳，你怎么看？

（2012年11月）

创新，是发展的不竭源泉

今天下午，知联会搞了一次调研考察活动，走了两家企业，主题是"国际金融危机与产业服务创新"。

其实，说起创新，我还是很有感触的。前几天有诺丁汉大学的几位同学来访问我，问起大学生创业成功的秘诀，我给他们八个字：热情、执着、团队、创新。

前三者很重要，但创新尤其重要。因为即使有了前三者，没有创新的话，也只能跟着别人屁股后面吃一些残羹剩饭，而不会有好的果子吃。我们经常说要寻找蓝海，其实蓝海的实质就是创新，没有创新，进入的只能是红海。

搞企业也是这样，只有创新才是发展的不竭源泉。这次的国际金融危机就给我们一个很好的教训，就拿宁波来说，受影响最大的是那些外贸依赖型企业，没有自己的核心技术，更别提创新了，到头来一个巨浪被拍死在沙滩上。而那些创新意识强的，或者未雨绸缪，或者及时更新，不但影响不大，而且活得更好。

其实，不单是企业，国家、政府、组织，包括我们的协会也是如此，谁创新得快，谁就占领制高点，有新鲜的食品吃。而人又何尝不是如此，但凡睿智的人，他的智慧并不全都是天生的，而是他的脑子转得比别人快，他懂得创新，懂得提出新的东西，这样人们才认为他是不凡的。

所以，让我们创新吧，创新则国家强，创新则企业强，创新则个人强！创新是发展的源泉，这是恒久不变的真理。

（2009年6月）

创新是实践梦想的一种艺术

再说"创新"这个主题，似乎有点老生常谈，但在今天这样一个时代背景下，却不得不使我经常想起"创新"这两个字。

在刚刚参加的市"两会"上，我惊奇地发现政府工作报告中浓墨重彩地把"创新驱动"重重地刻画了出来，占到了不少的版面，这在以往的政府工作报告中是不曾见到的。联想起去年党的十八大报告，似乎"创新"已经越来越成为党和政府的意识常态。

这当然是一件幸事，当创新愈来愈融入一个国家和民族的血脉时，那它的强大亦将指日可待。

今天把"创新是实践梦想的一种艺术"作为卷首语的题目，是源于近日看过的两篇文章，这两篇文章对话了两家以创新见长的公司老板，而这两家公司又都来自以创新成就发展的国度。

万宝龙的总裁用一句话阐述了企业的基本文化——"因梦想而创新"，百年历史的万宝龙看起来却像一张童颜，充满活力。"我们用梦想来创新，借助于梦想所赋予的力量来改变一切已经成为定论的物理定律，所以万宝龙越来越年轻。"

而3M如出一辙，把创新作为一种艺术融入日常的管理中去。3M大中华总裁说："创新源于冒险，我们鼓励员工们去创新，我愿意授权，不论何时，我们与'青蛙接吻'的尝试将永不停歇。"3M有一个非常著名的"15%规则"，就是鼓励每一个人开发新产品，允许每个技术人员用15%的时间干"私活"，不管它与工作是否相关，可以天马行空，而领导不能随意抹杀员工的创意热情。"我们鼓励创新的法宝是容忍，公司容忍一切不切实际的想法，容忍创新中不可避免的错误。"

当一家企业已经将创新融入它管理和文化的一部分时，那它的爆发只是时间的问题，所以首富梁稳根要在2013年使他的三一重工告别"野蛮生长"，走入创新常态，所以少帅李彦宏要让自己已经做得纯熟的"复制创新"走向全方位的"纵向创新"，所以被称为创新理想国里"造梦师"的李开复要走出已创新到极致的象牙塔，走入理想化企业的征途。

昨日正好组织召开宁波企业微电影研讨会，有一位专家在会上放了两段当前备受关注的微电影：《我是陈欧》和《我是大众，但不平凡》的大众银行公益版。我看罢，热泪盈眶，心情激昂。何会如此？也许就像这位专家所说的，形式和剧情上的创意，使得短短几分钟就能抓住你的心和情。

或许这正印证了我一开始提到的那句话：创新是实践梦想的一种艺术。

（2013年3月）

模式创新的魅力

先来说一个小故事，一个普通小网商的经营故事。有家名叫 Shirt Punch的网店，专门卖时尚T恤，它的页面上并没有琳琅满目的商品，只打出了一句广告："每天只卖一件。"也就是说，每天只卖一个款式的T恤，到了零点这一款就自动下架了，第二天推出另外一款。这一件T恤的价格并不贵，只卖10美元一件，甚至比超市的同类款还便宜。但半年下来，人们竟发现，它的营收已超过百万美元，每月卖出惊人的2万多件T恤，而它的办公室却还在自家的狭小的地下室里。

没有任何广告，没有任何宣传，却能大行其道。这种"每日结束，每日开始"的模式，魅力在于造就了一种"限量限时"的紧迫感，进而享受到"绝版"的独一无二感，让用户始终处于购买的冲动中。

说到底，这就是商业模式的魅力，一种创新的，哪怕是异想天开的模式，能使得创业走上意想不到的快车道。

接着再讲讲一个"孩子王"的故事，这个"孩子王"不是传统意义上的老师，而是一个已经成为中国婴童行业的品牌。出身"五星电器"的徐伟宏梦想着把家电卖场的成功模式嫁接到婴童用品市场，而这样的嫁接又加入了他本人的些许创新和调整。针对已经开了好几家卖场的"孩子王"，徐伟宏这样定位："我们某种意义上不是零售商，而是一个孩子成长的一站式解决方案提供者，是线上线下之间的融合。"

徐伟宏给"孩子王"的服务下了一个精确的定义：提供体验。让

"孩子王"成为各种社会关系的汇集之地，而不只是单纯销售产品。这样，它既不会被电子商务的潮流所冲击，也不会因为社区店的衰落而凋零。所以，模式的创新需要不断地借鉴和领悟。正是从苏宁和国美身上，让"孩子王"创办伊始就采用线上与线下同步推进的模式，而安利、宜家的启发，又让"孩子王"开始探索一种把客户关系与场所深度捆绑的做法。

"孩子王"的目标是五年50家门店，50亿元销售额。而在创办第三年，其已经被评为"中国年度未来之星"。

商业模式的创新，总有说不完的话题，所以下面再来说说AERL。

我对AERL的再次关注，是因为最近一则关于它今年想在香港上市的消息。如果真能上市成功，那将是它又一次从西方的资本市场杀回东方的根据地。而中国人对这家名为亚洲娱乐资源（AERL）的公司却了解甚少。如果用一句话概括，它就是那些神秘的澳门博彩场所与广大娱乐者的一个中介。

有人这样形容AERL：它不经营赌场，也不直接面对赌客，却是澳门博彩产业链上最重要的一环。它曾经潜伏地下，现在却公开上市，有人说它轻资产不稳定，有人却认为它后劲十足，有独特的商业模式。

如果问我对AERL的看法，我只有一句话：商业模式无处不在。

确实如此，商业模式无处不在，看你是否懂得创新与借鉴。撇开上面提到的，离我们尚有一定距离的AERL、"孩子王"及"每天只卖一件"的Shirt Punch不谈，来看看我们身边的模式创新，同样会深有感触。

最近接连走访早点影视和大道保理两家宁波本土企业，我感觉到模式创新时刻在我身边。早点影视的蒋大成对我说："我们并不是传统意义上的影视企业，我们整合了影视作品、播放渠道和运营商，我们充当着这个大产业链中的渠道供应商。"其实，我不知道我这样的

宁波高级企业管理者美国考察团合影

甬商们总是孜孜不倦地学习和吸收全球的创新理念

转述准不准确，我只知道宁波的影视企业已经往产业的更深层次、更重要的环节探索和延伸。

而大道保理同样如此，这个名称上令人费解的商业模式，在董事长吴乐群口中变得异常轻松："我们打造的是一个集贸易物流、资金流、信息流等三流一体的供应链金融电子商务平台，让那些中小出口企业不仅能上互联网找订单，还能找到接订单所需要的资金。"而这样的商业模式在以外向型经济为主体的宁波显得那么的接地气，随时可以找到它的土壤。

（2013年4月）

又说转型，兼见未来

日前看到一条有意思的微博，尽管它的口吻很轻松，却说到了某些产业目前面临的痛楚，所以我将它转到了自己的微博上：

"淘宝会把百货商场干掉，支付宝、余额宝会把银行干掉，菜鸟计划会把快递业干掉，360杀毒会把瑞星干掉，京东会把国美干掉，微信会把移动联通干掉，微博会把报纸干掉……这就是互联网革的命。"

一笑之余，突然发现这里面的根源就是当前很多产业都面临的问题——转型。

前段时间正好有记者采访我，问我对宁波上半年经济数据的看法，我说主要问题还是我们太依赖二产，而三产没有突破，驻足不前，这正是宁波没能涌现出像杭州一样在电子商务、动漫、文化等后来居上的新兴产业的原因所在，而说白了就是我们的转型还没有找到真正的切入口或突破点。

因工作的缘故，我最近比较关注家电产业。日前，我参加了奥克斯集团董事长郑坚江二十七年创业经验分享的主题讲座。一家400多亿元产值的企业是努力守成，还是继续变革？这是我最为关注的。郑坚江用长达6个小时的充满激情的演讲回答了这个问题，答案就是"转型"。以战略牵引转型升级、以创新推动转型升级、以自动化深化转型升级，能如此在"转"上做文章，我想这家企业的潜力是无穷大的。而这种潜力，也正源于他想方设法着力巩固和提升奥克斯空调在行业内的地位。当然，光有激情演讲远远不够，关键还看他接下来能转到何种程度。

当家电大佬在寻求转型之道时，我们诸多的中小生产企业面临更迫切的转型压力。一位慈溪家电企业主发了一条微博："卓立、三A、华光、佳星等十几家的慈溪传统家电企业，一起听易观的大数据的分享中，传统外贸企业做品牌，是条艰难和孤独的路子。抱团发展，相互学习，相互借力，相互鼓励。"我给他加了一条评论："外贸企业做品牌，转型是必由之路，需要远视和坚持。"

显然，传统的企业都在面临变革转型带来的考验，这当中也包括大名鼎鼎的雅戈尔。其最近转型的主题是"回归"，忍痛割肉，从房产泥潭中逐步抽身回归主业，这也不失为变革转型的明智之举。当然，能否回归彻底要拭目以待。

说到转型，国内企业中我最为关注，也最为敬佩的就是苏宁。一家业内老大在鼎盛时期却提前变革，敢冒风险，这样的魄力是一家大企业的真正风范。

从终端商到云商，按张近东的说法："我们在进行今后十年的商业布局，如不从今天开始布局，十年后我们将被别人吞噬。"当然，谁都看得出提前布局的风险，线上线下左右手互博得不好就是自残。也许，正是这种壮士断腕的决心，才成就了苏宁的今天。

在进行十年布局的还不止张近东，最近马云的"菜鸟计划"更令人注目。这个由阿里巴巴、银泰集团联合复星、富春、顺风、"三通一达"成立的"菜鸟网络"，要做的就是颠覆物流以往的运营模式，通过建设中国智能骨干网，让全中国2000个城市，实现24小时送货到家。听起来有点天方夜谭，但若干年后也许是我们的生活模式。

有句老话："转型是找死，不转型是等死。"在壮怀激烈的产业变革大背景下，与其等死，不如以壮士般的找死决心去博取企业的未来。而如何引领整个产业的突破，正是我们对有责任的大企业的期望。

（2013年8月）

创业的好时代

主持人话音未落，只见一年轻的大学生已经冲到了台上，那种迫不及待的神情溢于言表，惹得台下一片哄笑，而坐在台上的几位企业家也冲着这呆头呆脑的可爱青年会心地笑了。

这是4月21日发生在宁波大学锦绣小剧场里的一段小插曲，这一天，在这里举办了"2011风云甬商进校园活动启动仪式暨宁波大学生创业项目路演与展示"活动。而令人意想不到的是，上台路演的5支来自宁波各高校的创业团队中竟有4个项目与风云甬商们对接上，4个项目的负责人上台与"甬商大学生创业投资基金"签约，而每个项目的第一笔投资都达到了100万元，这令现场爆发出了一阵阵的尖叫。同时，甬商们还宣布，将在厂房、写字楼、设备、技术、人员乃至社会关系上给予创业者支持和帮助。这让台下我们这一些老毕业生不禁感慨，现在的年轻人真是赶上了创业的好时代啊。

是啊，这的确是一个创业激情涌动的年代。今年3月7日，王辉忠就首次以市委书记的身份参加了全市大学生自主创业座谈会，并对在场的6位青年创业者进行了嘉许与赞扬，在"深受鼓舞、倍感振奋"的同时，要求各部门要对大学生创业"引上路、扶上马、送一程"。而在4月26日的宁波市创新创业风云榜的颁奖典礼上，我们又欣喜地看到市政府将10位大学生创业新秀送上了宁波经济界"奥斯卡"的最高领奖台，如此高规格地重视青年人创业在宁波可谓是史无前例的。就在本月3日，市长刘奇又带领一群人专门来到宁波市青年（大学生）创业园考察调研，走访园区内的大学生创业企业，并与大学生创业代表进行座谈。

一时间，"青年人自主创业"成了甬城最火热的话题，大学生创业者也成为宁波最受瞩目的人，而这些财富新贵在带给宁波无数青年

2010年起，"风云甬商进校园"活动走进各大高校

人遐想与激励的同时，又让宁波的商界迎来了一股创业的春风。在做本期排行榜的时候我们忽然发现，在宁波，演绎创业故事的不再是那些企业界老前辈的专利，有越来越多的青年企业家以更快的速度、更年轻的姿态在宁波崛起。与那些已过不惑之年的老一代创业者相比，他们的年纪越来越轻，涉足的领域越来越广，发展的速度也越来越快。邬建斌、彭天斌、华建峰……"70后""80后"，甚至"90后"的创业者满腔的创业热忱也犹如五四青年节刮来的春风，让本期的《甬商》杂志显得尤为生机勃勃。

我在每一次"风云甬商进校园"活动的致辞中都要说上这么一句："同学们，让我们抓住时代赋予的良好机会，通过创业去实现自己的梦想吧。"

是啊，这是怎样的一个创业好时代！

（2011年5月）

为何而创业

20 10年甬商的一大任务和目标是帮助大学生创业，所以在这里我想谈谈关于创业的话题。

当前创业是个热门的词，有创业已成功的，有正在创业的，更多的是憧憬创业的。但到底为何创业？我想很少有人在真正思考这个问题，或者说即使思考过也没有一个确定的答案。可以是为生计所迫的，可以是想过更好生活、做着发财梦的，也可以是抱着"少年不博老时悔"的信念的——在这个现实的社会里都有他的道理。但相信，仅仅是抱着可以与人们分享他的理念和价值观而去创业的人，可以说是万中难觅的。

最近，星巴克的CEO霍华德·舒尔茨向我们讲了一个故事，使我感觉到创业还真是可以另有一番目标和含义。舒尔茨讲道："当时是在伦敦，我走进一家奶酪店，事实上它在一条非常繁华的路面上，而且旁边有很多时装店。突然之间，我转到一家小店门口，上面写着'奶酪'。我想这个格调和周围的店不太一样，就走进去，看到柜台后面有一个男士站着，穿一件破破烂烂的衬衫，还有破洞，不太体面。我很尊敬地跟他交谈了五到十分钟，我觉得太吃惊了：'在你这样的店铺里，真的能卖那么多奶酪来支付你的成本，你是怎么做的？'他转过来告诉我：'年轻人，你是对的，我事实上支付不起这个成本，我是这家房子的主人。'然后他就讲他的故事，店铺已经开了100多年，而他为什么到今天还守着，就是因为一个信念——'诚信'。而这个词在当今社会上已经不被注重了。我问他什么叫诚信？他解释说：'就是我的父亲、我的祖父、我的曾祖父都是从事奶酪事业的，我今天能够站到这里，就是为了延承他们的事业，对他们表示

2011年，四个大学生创业项目得到甬商的投资与支持

一种尊重。''另外我还有一个儿子在农场里，在当年祖父经营的一个农场里，在生产这些奶酪，所以我们这个事业是家庭的事业。我们希望自己和下一代对家庭事业的历史表示尊重，我们希望把这个传统延续下去。'对他来说，经营奶酪店并不是为了钱。他能把我品尝的每一块奶酪，非常精确地描述出它的来源和特色。当时我在这个店里花了30美元购买他的奶酪。"

　　舒尔茨说他讲这个故事是想说明，在这个社会里真正为了钱去创业，那是很肤浅的目标，而且往往这些创业者不会取得成功。一个创业者的背后一定要有他的理念和价值观，而他最大的成功是可以与人们分享他的这种理念和价值观。

　　也许我们能从他的故事中领悟到一些关于创业的另类思考吧。

（2010年3月）

大众创业的喜与忧

很多人说，当下是大众创业最好的时代，我同样也是如此认为。随着"大众创业、万众创新"的热潮席卷整个中国，从南到北，从东到西，创业之风刮遍全国。政府支持，社会关注，企业行动，学生热情。可以说，自改革开放以来，再次掀起了一次大众创业的热潮。而且从基层的普遍性来说，这次的热潮要远远超过前几次的创业风潮。许多所谓的草根，许多在校的学生，许多怀揣成功梦想的年轻人，都在这个大潮中充满憧憬，甚至行动了起来，投入这一次的创业热潮中去。

从甬商角度来说，经过三百年的发展，恰恰最稀缺的就是这种创业精神。曾几何时，在刚刚发展的上海滩，在开放初期的三江口，乃至在与大陆隔绝的香江畔，随时随地都能看到创业中的甬商背影。他们吃苦耐劳，坚持低调，他们甚至被称为中国的"犹太人"。正是因为有着这样的创业精神，甬商被专家称为"三百年不断代的商帮"。现今在慈溪、鄞州的一些乡镇，仍旧可以看到这样一种低头创业的身影。不管世事如何变幻，经济格局如何动荡，甬商们前赴后继，一代一代地向前推动着。

但也不得不看到，近几年尤其是进入2000年之后的新时代，创业之风在甬商这个有着优良传统的商帮里有渐渐萎靡之势，我们的很多年轻人趋于安逸，贪图平稳，更多地趋向于追逐公务员、事业单位等稳定的工作，或者在父辈的基础上守成而已。甬商需要在这样一个创业之气渐趋平缓的时代来一次激情的迸发。

这两年我们再度看到许多年轻的宁波人开始了他们创业的征途，

去实现他们成功的梦想。他们有些走出传统产业的桎梏，闯入新兴产业的领域；有些纵横联合，相互抱团，走起众筹之路；有些利用资本市场的青睐，借势借力，尝试创业的脚步。看到这些，其实是我们这些做甬商工作的人最为欣喜的。这些创业者目前虽小，但假以时日他们必将成为明日甬商的重要支柱。

在看到大众创新的欣喜背后，不得不说我也抱着些许隐忧。第一隐忧来自遍地开花的创业园区，来自无所不在的创客空间，更来自蠢蠢欲动的大学生群体。这两年我可以说参加了不下十数个所谓创客空间或者创业园区的揭幕，大大小小皆有。而进入内在，却是大同小异，甚至有些徒有虚名，并没实质内涵，有些甚至是为了面上的包装。创客是新经济时期必须具备的一种群体和创新的一种精神。但泛滥的创客却使"创客"这个词不断地贬值，就如同曾经的文化创业园区一样，四处开花却疏于整合，直至硕果甚少。所以在几次会上，我直言不讳："如何整合创业园区、创客空间，让真正的创业者聚集在一个大平台下、一个好的氛围里，共同推进创业的实施，而不是如现在般天女散花、野火春风式，重走以前文化创业园区的旧路。"此为一忧。第二忧来自对大学生创业的隐忧。原本是学习专业知识、夯实做人做事的大学时期，但现在的许多大学生却纷纷走出校园，在翅膀尚未长成之际投身创业热潮。难怪乎，许多专家发出不同声音。其实在我与诸多大学老师的交流中，大家也都充满忧虑。大学四年至关重要，夯实基础、长成翅膀才是王道。而如现在般拔苗助长，让尚未具有抗风险能力的大学生们走入市场环境中，是否合适，值得探究。

当然任何事物都是辩证的。有句名言："这是最好的时代，亦是最坏的时代。"但我相信，作为大众创业者来说，这应该还是最好的时代。希望这样的创业氛围能延续更久，也希望创业风潮中出现的短视行为能慢慢消失，让创业真正成为助推甬商发展、助推中国发展的一个重要推进器。如果这样的话，我要为这个最好的时代再唱赞歌。

（2015年8月）

要快乐，还是要成功？

这是一个很矛盾的命题。成功并不等于快乐，这是谁都知道的一个道理，但又有多少人不甘心，在这个矛盾体中追寻。我同样有如题的困惑，在这里用曹越先生的一个故事来做阐释。

我出差到过贵州山区的一个小地方，那里群山环抱，风景如画。我与一行人到达县城时，已经是下午6点多了。县领导很热情，准备了丰盛的晚餐，还特地请来一位被当地人尊称为"先生"的人作陪。这位先生年近60岁，实际身份是县文联主席，早年毕业于北京某著名大学中文系。他给我们介绍完县城的风土人情、历史环境，又从历史文化讲到人文环境。

这位先生的妻子前些年去世了，唯一的女儿在美国留学，并已定居。他的女儿多次催他去美国共同生活，可几年过去了，他依然待在大山里。

这位先生是《汉书》研究专家，而且精通英语，在国外杂志上发表过不少文章，国内许多院校常请他去讲课。听说省里面曾有意调他去省城工作，但都被他拒绝了。

我们要离开县城时，他请我们到家里品当年的新茶。我喝着清香的新茶，问先生："您的才学如此好，为什么不走出去呢？您的所学在这个小县城里用武之地吗？"

先生笑着说："我在这里没有什么亲人，女儿也需要我，我也刚60岁，身体还可以，而且外面的世界很精彩，说起来我没有什么理由不走出去。但我在这里住了大半生，活得很快乐，而且这里的人们称我'先生'，如此已令我很满足。若离开这里，这份快乐可能再也找不到了。快乐是实实在在的感受，快乐是自己的，成功是别人的。"

他又说："汉朝建君主立国之策，是无为而治。实际上，汉朝有实力、有能力实施有为的国策，但为什么实施无为国策呢？原因很多，但有一点，无为才能长久，无为才能稳固。而长久、稳固，才能发展，才能有休养生息的时间和空间。时间不是人为计算出来的，空间也不是想象中的某个位置，时间与空间是人心。外面的世界对小县城的人冲击很大，不少有能力的人都走了。从这里考出去的大学生，毕业后即使在大城市找不到合适的工作，也不愿回来。县里的领导都是'过渡'，干不了三四年都换走了。十多年来，没有一个县领导的家安在这里。你走他走，我不走。大家都是有为的，总要有一个无为的吧！"说着先生笑了起来。他接着说："我的情缘在这里，我的妻子葬在这里，这里是我的家园。家园是什么？就是让我踏实又感觉快乐的地方。"

（2010年5月）

危机就是商机

南宋绍兴十年（1140）七月的一天，杭州城最繁华的街市失火，火势迅猛蔓延，数以万计的房屋商铺置于汪洋火海之中，顷刻之间化为废墟。

有一位裴姓富商，苦心经营了大半生的几间当铺和珠宝店，也恰在那条闹市中。火势越来越猛，他大半辈子的心血眼看将毁于一旦，但是他并没有让伙计和奴仆冲进火海，舍命抢救珠宝财物，而是不慌不忙地指挥他们迅速撤离，一副听天由命的神态，令众人大惑不解。然后他不动声色地派人从长江沿岸平价购回大量木材、毛竹、砖瓦、石灰等建筑用材。当这些材料像小山一样堆起来的时候，他又归于沉寂，整天品茶饮酒，逍遥自在，好像失火压根儿与他毫无关系。

大火烧了数十日之后被扑灭了，但是曾经车水马龙的杭州，大半个城已是墙倒房塌，一片狼藉。不几日朝廷颁旨：重建杭州城，凡经营销售建筑用材者一律免税。于是杭州城内一时大兴土木，建筑用材供不应求，价格陡涨。裴姓商人趁机抛售建材，获利巨大，其数额远远大于被火灾焚毁的财产。

这是一个历史久远的案例，然而蕴含其中的经营智慧却亘古不变。

危机常在，而巧渡危机的智慧并不是每个企业和经营者都具有的。作为一个优秀的企业家不但要善于应对危机，化险为夷，还要能在危机中寻求商机，趁"危"夺"机"。古今中外，把危机变成商机的事例并不在少数。

"宁波帮"是宁波这座城市的最大财富

　　全球金融危机蔓延至中国已历数日，很多企业已经从危机中悟出了商机，在2009年到来的时候，我们希望有更多的甬商能渡过危机，抓住商机，为下一步事业的发展开个好头！

（2009年1月）

继任者还是接班人？

近日中国企业界最令人关注的事件莫过于家电巨头"美的"的人员变更，白电业一代"老帅"、美的电器创始人何享健功成身退，"少帅"、职业经理人方洪波正式接班，美的电器进入"方时代"。

2012年可谓是中国企业的交班年，企业负责人的交接引起经济界及全社会的共同关注。前有"铁娘子"董明珠正式从朱江洪手上接过交接棒，出任格力电器董事长兼总裁，后有联想控股柳传志隐退，扶"新兵"上马，年轻的朱立南成为联想控股总裁。再加上方洪波的上位，产业巨头可谓动作连连。

而在东海之滨宁波，这样的交接也在进行中，老帅退居幕后，新人走向前台。最令人关注的是舜宇集团的变更，创始人王文鉴正式隐退，不再担任董事长和总裁职务，由原舜宇光学总经理叶辽宁担任董事长，孙泱任总裁。而其之所以令人关注，是因为他没有按本地企业的通常做法，由创始人的二代来接班，而是由职业经理人来继任。就像舜宇董事会公告的那样：公司这样的安排是想为事业的发展找到真正的继任者，不是只维系于某个人或某个家族身上。

我很佩服舜宇的做法，而关于继任和接班的探索，也值得我们进一步思考。

中国的民企习惯于家族传承，当老一代把事业开创并走入坦途后，便开始培养自己的下一代接班人，以便让家族的事业能够代代相传。而现实的情况却没有创始者想得那么乐观。有一项统计，是权威

茅理翔、茅忠群父子是众多甬商传承接班的典型

的美国布鲁克林家族企业学院做的一次关于世界家族企业传承的调查，统计显示：世界上70%的家族企业未能传到第二代，而只有12%传到第二代，第四代还在经营的家族企业只有区区3%。

而中国的情况更加严重，著名学者余明阳也做过一个调查，"只有不足20%的人主动要求接班，二代接班人与父辈的冲突显著"。所以当今天我们走访企业时，听到最多的除了经营环境的严峻外，就是关于接班人的烦恼。企业家更多烦恼的不是有人来争家产，而是没有子女愿意接手家族生意。

有一位企业老帅这样评价第二代群体：他们有的是对严厉、小气、事无巨细的父辈的不满，有的是对传统产业毫无兴趣，有的养尊处优惯了以后不习惯被约束，有的是国外生活多年不适应国内风格，大部分是被动接班，接班后与父辈及原始创业人群冲突显著。

　　也正因如此，接班方式的多元化已是一种趋势，而寻找好的继任者也成为一代创业者的一个重要任务。而对于继任者和接班人，在学术层面还是有着显著的区别：继任更多地代表了一种岗位和职责的传递，而接班更像交接过来的一件物品或资产。由此，接班的权益属性更重一些，而继任的责任成分更大一些。

　　国外的公司对于接班人和继任者是没有明显的划分的，这得益于欧美职业经理人队伍的成熟，得益于公司法治及内部治理规则的健全。而在中国，现实的情况使得家族企业的传承不得不选择接班人与继任者合二为一的现状。

　　新希望刘永好的一句话说得好："三十年前创业，只要有干劲，有热情，坚持下来就能成功。而现在创业，不仅需要好的知识背景，更需要协调各方的能力，更像一个系统工程。"

　　而对这样的环境变化，继任者能否脚踏实地接受暴利时代已经过去的现实，扎扎实实赚取百分之几到十几的利润，不仅考验继任者经营管理的技能，更是考验其本性的时刻。

　　所以，中国家族企业要想获得真正可持续发展，要想成为"百年老店"，在接班时完成"继任"与"接班"的分离，在继任计划中引入新鲜血液，将成为未来不可回避的重点。

　　而对于甬商，不管是选择继任者也好，培育接班人也好，只要能使自身的企业健康永续的发展，都值得践行和尝试。当然，我们也期盼舜宇那样理性的交班能越来越多。

（2012年9月）

从职业经理人到事业经理人

前几天，我和一帮职业经理人聚会，说到这样的聚会，有一位职业经理人说："如果是叫职业经理人的聚会，邀请老板，他是不愿意出席的，而把聚会的名字做稍许的改变，叫事业经理人的话，我们的很多老板都愿意来参加了。"

虽然是一字之别，但是在很多具有中国特色的老板的心目中，职业经理人并不是他们自身的定位，他们所追求的是更为广阔的事业。其实这也无怪乎我们的老板们会有所"计较"，深层次的原因是对当前中国职业经理人群体存在着不同的解读。

我从事职业经理人工作时间也已不短，在将近十年的时间里，我接触到许许多多的经理人，当朋友们说起这段时间的收获，我都会骄傲地说，这十年我的收获是巨大的，最大的收获是我交到了一大帮具有真知灼见和超凡能力的经理人朋友。应该说，他们是中国现阶段职业群体中最优秀的一批人，他们以其自身所具备的素质、能力、思路，帮助着我们国企及民企向前行进。他们在成就自身事业的同时，更多地是成就着所在企业的发展，引领着周围人的进步，影响着企业的管理，从而推进着社会经济的发展。

当然，就如同中国的经济还显得不是非常成熟一样，职业经理人在中国也正处于一个发展中并需要成熟的阶段。兴许在很多老板的眼里，用"良莠不齐"这样的词更能形容当前职业经理人这个群体。我们也曾经做过一项调查，宁波民企中的职业经理人的岗位平均寿命只有2.7年，也就是说我们的很多职业经理人还处于不稳定，或四处为家的阶段。

当然，深究这其中的原因，是多方面的。我接触过的老板中有很大一部分对职业经理人并不怎么"感冒"，甚至有些一提到职业经理人就紧皱眉头，面显厌倦之色。也有很多职业经理人曾向我述说过老板对他的种种不公，或者说企业环境对他的种种不平。兴许，这当中，老板和职业经理人们都有需要反思和调整的地方。

那么，如何解决这当中的矛盾？如何让职业经理人和老板处在同一条战线上？这确实是我们这几年一直为之努力，一直想解决的问题。许多专家包括经理人也提出很多的真知灼见，从亲身体会来讲如何破解这一难题，但是我想最重要的是如何让我们的职业经理人和老板一样，具有一颗共同进退的事业心。所以，让职业经理人逐步发展成为事业经理人，我想这或许是一条行之有效的道路。

事业经理人的提法不是一天两天了。2006年，婷美集团的董事长在引入集团的高管时，提出了有别于职业经理人的"事业经理人"的概念。从字面上理解，事业经理人是指职业经理人把所服务企业的事业当作自己的事业，与企业共创事业、志同道合、荣辱与共，在强化原有物质利益纽带基础上，进行精神层面上的更高强度的利益捆绑和命运连接。

尽管，从职业经理人到事业经理人只有一字之差，却有本质的区别。有人说，这样的定位既是职业经理人的飞跃，又是企业和经理人需要确定的价值纬度。

如果哪一天当我们的老板们热衷于参加职业经理人的聚会，或者说事业经理人的聚会的时候，我想这样的和谐将会提前地到来。我也希望看到包括老板和职业经理人在内的诸多的事业经理人，在今后的发展中能协力而行，共同促进，真正把中国经理人这一职业推向新的发展阶段。

到那时，作为从事职业经理人工作的我，也会很自豪地把自己介绍为：我是一名事业经理人。

（2014年4月）

职业经理人与老板的亲密关系

职业经理人作为一个舶来品，源自西方发达国家，在广泛意义上是指以企业经营管理为职业的社会人。职业经理人虽然是受薪者，但作为企业重要的管理者，所获薪酬相当高，在美国的一些大企业高级职业经理层的平均收入已经达到了普通员工平均水平的100多倍，因而有"金领"之称。在中国，较早一批职业经理人大都供职于外资企业，随着中国民营企业的不断发展与壮大，许多职业经理人开始进入民营企业一显身手，职业经理人队伍得以快速壮大。

当公司发展遇到瓶颈，需要突破"天花板"的时候，或者企业做大，需要制度化和规范营理的时候，职业经理人的引入其实也是一种"借脑"发力，可以帮助企业更上一层楼。没有职业经理人，就没有真正意义上的现代企业制度。而职业经理人也不一定非公司总经理不可，凡是能把企业作为事业来经营的、在企业运营过程中某一个特定方面有突出贡献的人，都可以成为具有"职业"精神的经理人。

一度出现过民营企业为求发展、高薪聘请职业经理人的风潮，但在具体的实践过程中，这些引入职业经理人的企业并不顺利，令许多企业备感"受伤"。目前国内部分职业经理人的职业精神和职业操守，实在令人不敢恭维。频繁的跳槽、高薪与成绩之间的落差等等因素都让许多老板对职业经理人敬而远之。现在中国职业经理人的整个运作模式都不太规范，信用体系、市场环境和约束体制都不健全。而美国已经形成了相对成熟、完善的职业经理人体系和发展环境，如果一个经理人失去了信用，他的职业生涯就宣告结束。很明显，中国目前还缺乏这样的市场环境。

老板聘请职业经理人，经理人把自己的时间和能力奉献出来，这种合作本身就像一场冒险之旅，如果双方信任基础不够牢实的话，合作之路就会显得尤其曲折。老板觉得经理人一切都自作主张，权力过大，而经理人又觉得老板管得太多，一身抱负和才华得不到施展；老板觉得已经给了经理人很大的发展空间，而经理人仍然觉得处处掣肘。

职场有一句传言："年薪是跳槽跳出来的，不是做出来的。"持有这种心态的职业经理人在起初规划职业生涯定位时就没有想过要效忠于哪一家公司，而只是按自己的职业规划推进。带着这种心态的经理人在一家公司积累了一定的客户资源后，就会作为跳向下个东家的本钱。对于行业越来越熟悉的经理人，像这样连续几家单位跳下来，就演变成大牌职业经理人了。手握一定的客户资源、熟悉行业规则的经理人虽然吃香，但也让老板寝食难安，随时担心有可能被挖角，或者身价被越抬越高。

职业经理人和老板要双赢，双方应该怎么做？其实，老板和职业经理人本来就是两个"物种"。由于所处位置不同，他们的风险意识、心态等均不尽相同。不同才是正常的，互相提防也正常，而正因为这种不同，双方才要换位思考、互相理解、不断进步，以便达成更有效的合作。那么，老板和职业经理人应该如何换位思考呢？

心理学家有段关于婚姻的阐释也适合老板和职业经理人的关系："完美的伴侣关系不是生来就有的，要看双方是否愿意全身心投入他们的关系中。愿意努力，愿意为对方付出，很多人都能成为好伴侣，相亲相爱地走下去。"

（2013年4月）

企业家需要法律谋士

昨晚与一群企业家朋友聚会，邻座是一位来自慈溪的从事汽车零部件生意的企业老总。聊天中他跟我说起一件他刚刚经历的事，他刚去了一趟南美的巴西，在那里参加一个当地的汽车零部件展会，而他看到的一幕令他倍加警觉：有许多中国企业的展位都被当地政府封掉，许多中国厂商欲哭无泪，损失惨重。我问他是什么原因，他说主要是巴西政府有规定，企业参展要独自申报展位，不能借用其他企业的展位，不能没有登记而混合参展。说到底，这是中国企业不了解当地的法律规定，而沿用了在国内或亚洲常用的混合租展形式，致使没有独立申请的企业被查验后遭封杀噩运。

听完这个故事，令我对中国中小企业闯荡国际市场的艰辛备感唏嘘，也令我再次想到企业的自身法律保护问题。正好前几天我的朋友段逸超律师出了一本书《企业家的法律高参》，让我作序，我欣然提笔为之写了一篇序言，名为《企业家的法律谋士》，有一段我想在这里引用：

我因近年来一直从事甬商的研究和发展工作，对甬商的发展脉搏略有了解。甬商作为历史悠久的中国十大商帮之一，近年来发展迅速，涌现出许多商界杰出人物，掀起了一个个现代商业发展的高潮，被国内经济界专家誉为"中国唯一不断代的商帮"。但是在甬商这些年的发展过程中，尤其在改革开放30年以来的发展中，遇到过各种各样的困难，或者说困惑，而这当中，法律问题首当其冲。现代企业家在投资、经营、扩张等每个环节都会碰到法律问题，稍有不慎，就会对企业经营和发展带来重大影响，所以作为优秀企业家不但要具备法律意识，而且要对法律充分了解，并通过法律界专业人士对可能产生的法律问题有提前策划和预防手段。

2006年，宁波市职业经理人协会即成立法律维权中心，为企业家、经理人保驾护航

　　企业家因法律问题而遭受损失，甚至是惨痛教训的事例可以说是不胜枚举，几乎经常在我们的身旁上演，像上面故事提到的展位损失还只能说是小Case。所以，就像我在段律师书中的序所言：我们需要一帮企业家的法律谋士，作为甬商的贴身法律"保姆"。

　　法律保姆的概念来源于我的朋友黄江伟给我的启示。作为营销顾问的江伟兄最近推出企业家的品牌幕僚服务，而且受到意料之外的欢迎，几位企业家已逐渐离不开这位幕僚，凡企业形象与品牌之事，事事与之商讨，取得良好效果。

　　而法律比之于品牌或营销，应该说更为重要，那么这样的幕僚或谋士是到了需要真正出现的时候了。当然，这样的谋士是要超越普通意义上的法律顾问的，用一句我的好友罗杰律师的话说："必然是深入企业的脉动，将职业荣誉和道德与企业和企业家深深地绑在一起的人。"

　　但愿这样的法律谋士越来越多，并成为甬商顺利发展的一个重要保障。

　　也希望本文的观点能给企业家和相关人士有些许启发。

（2013年5月）

企业家的法律谋士

说来有缘，我与段逸超律师同为宁波市人大常委会法工委委员，因此时常有机会碰面，交流彼此的想法。段逸超律师是浙江康派律师事务所的创始人和首席合伙人，在宁波从事律师工作二十多年，逐步形成了自己的执业风格，在业界树立了学者型律师的形象，尤其在投资策划、股权转让、公司运营、商务操作等方面颇有建树。他将自己经办的案例和碰到的法律问题编著成书，意义深远。作为朋友，我自然感到高兴，并欣然为之作序。

《企业家的法律高参》所举案例，恰恰是企业家们经常会遇到的，具有非常现实的借鉴意义。

我因近年来一直从事甬商的研究和发展工作，对甬商的发展脉搏略有了解。甬商作为历史悠久的中国十大商帮之一，近年来发展迅速，涌现出许多商界杰出人物，掀起一个个现代商业发展的高潮，被国内经济界专家誉为"中国唯一不断代的商帮"。但是在甬商这些年的发展过程中，尤其在改革开放30年以来的发展中，也遇到过各种各样的困难或困惑，而这当中，法律问题首当其冲。现代企业家在投资、经营、扩张等每个环节都会碰到法律问题，应该要有策划意识、超前意识、风险意识，而这些都离不开法律策划。若缺乏法律意识、不重视法律策划，稍有不慎，就会对企业经营和发展带来重大影响。优秀企业家不但要具备法律意识，还应该通过法律界专业人士的专业策划，做到未雨绸缪。

企业家 的
法律高参
投资经营的法律操作与风险提示

An Advanced Reference Book of Law for Entrepreneurs
Legal Operations and Risk Prompts of Business

段逸超 著

直击民众最为关心的法律问题
来自民间的策略法学
企业家不可或缺的法律宝典

　　段逸超律师在本书中，就自己在帮助解决身边朋友们投资和经营过程中的法律问题时提供过的解决方案和实际操作，做了很好的提炼和总结，可以说对广大甬商具有重要的参考价值，为甬商在今后的经营活动中提供了很好的预防和应对方法。从这个意义上说，段律师真可谓企业家的法律谋士、甬商的贴身法律保姆。

　　希望本书能成为广大甬商的案头书，为宁波企业乃至经济的发展助推一把力！

　　　　（本文系2013年4月为段逸超先生《企业家的法律高参》一书作的序）

从有为到无为

在倡导"和谐社会"的时下，"社会责任"已经是社会各界关注的一个重要关键词。

众多企业和企业家们在中国这块土地上创造了经济增长的奇迹，而对于今天的中国企业来说，它们所承担的社会责任也被放在全球化这个天平上进行衡量，所以今天的企业在创造财富的同时也在承担着越来越多的社会责任，它们都在寻求着更加健康可持续发展的模式，为构建和谐社会做出自己的贡献。简言之，企业结，幸福结。

"2006十大风云甬商"的评选标准，首先把"责任"放在第一位。这个"责任"既是对股东的责任，也是对员工的责任；既是对社会的自然人，也是对自然资源、自然环境的责任。同时这也是对人的道德要求。

北京大学何志毅教授提出了企业家社会责任的三个层次。一个企业既是财富的创造者，也是社会资源的消耗者。不管是大企业，还是中小企业，保护资源，保护我们赖以生存的环境，这是首要的。

每个企业、每个行业对社会责任的理解都有所不同。贝发集团成为2008年奥运会的赞助商，它用尽社会责任的表现，让贝发品牌走向国际化。企业的有序经营其实就是对社会最大的尽职尽责，贝发的做法就是在有序经营的过程中与利益相关方携手承担起社会责任。

我们欣喜地看到，在2006年12月21日举行的"2006中国企业社会责任调查发布典礼晚会"上，宁波建龙钢铁控股有限公司作为为数不多的民企，被评为2006年度全国20家最具有社会责任感企业之一。

董事长张志祥说，一个企业只有对社会负责任，对员工负责任，对供应商负责任，对客户负责任，反过来社会才能为企业发展提供空间，员工才能为企业发展贡献力量。一个有责任的企业才能成为一个可持续发展的企业。

正如何志毅教授所说的，社会责任的最高境界只是为了做好事。类如"顺其自然"这样的慈善无名氏带给社会的不仅是责任，更多的是温暖。

宁波籍作家、民间文化保护者冯骥才说过："对社会负有责任有三种人是责无旁贷的。一种人是官员，是他们的职责，一种人是知识分子，是他们的天职，还有一种就是企业，有社会责任的企业一定有一种奉献的精神，有一种社会的良知和社会的理想，有一种社会承担的勇气，还有一个最重要的就是较高的生活境界。"

最后还想说一句，我们的甬商们在恪守对社会的责任，对环境的责任，对员工的关爱，对利益相关者关爱的同时，也别忘了对家人、对孩子的关爱，他们也是你们人生快乐的基石。

（2007年3月）

时间的朋友

"时间的朋友"，这是最近的一个热词，起源是今年跨年时"罗胖"罗振宇在某卫视搞的一档以此为题的电视节目。在节目上，他回顾了过去一年中国及世界走过的历程，并以黑天鹅为比喻预言了2017年的几大趋势。

在诸多的黑天鹅中，"时间的战争"位列第一。想想也是，在这个纷繁复杂的时代里，若要论最珍贵的，恰恰是"时间"两字。记得前些年有一首歌，叫《时间都去哪儿了》，我们仿佛在不经意间变老了，儿女在不经意间变大了，父母在不经意间远去了。而我们的事业，我们的平台，或在不自然间，慢慢做大；或在不自然间，烟消云散。

时逢辞旧迎新，近来活动频繁，在宁波市职业经理人协会迎新酒会上，我们搞了一个以"时间的朋友"为主题的新年分享。几位经理人在台上以时间为轴，讲述了他们过去一年的故事。有与父母儿女一起陪伴成长的，有与家人朋友留有遗憾的，有以事业平台为重心的，有以目标梦想为追求的，听来仿佛直击心灵，产生许多感慨，有时碰撞之处也会让人潸然泪下。

说回杂志的主题——甬商，每当此时，"时间的朋友"就是风云甬商，11年了，每年此时便是我走访这一年中涌现出来的优秀甬商的时刻。今年同样如此，16位风云甬商候选人让我印象深刻。过去的一年，他们亦是在做时间的朋友，或追赶，或起步，或领跑。在与时间做朋友的同时，更多的是做转型，做创新，做突破。今年的评选主题是寻找"中国制造2025"的突破者，然而我们的甬商们早已在"中国智造"的道路上迈开步伐，不断刻下时间的烙印。他们是我的朋友，

时间这位朋友总是快速地流淌过我们的工作和生活

是我的老师，他们与我一样也是时间的朋友，他们更用自己不断拼搏的力量来与这个时代握手。

在我的周围，"时间的朋友"除了家人、朋友，还有我的事业平台——甬商公共服务平台，这个"时间的朋友"陪伴了我11年，从小变大，从简至繁，从单一扩展到多元。它带给我烦恼、欢乐、希冀，还有梦想。2016年也是如此，我和我的小伙伴们以平台为家，以平台为友。渐渐地，甬商公共服务平台已经成长为企业的朋友，政府的朋友，社会的朋友。伴随着成长，我们还欣喜地见证了平台的功能不断增加，平台的作用更加明显，平台的品牌更加响亮，这是时间赋予我们的机会，更是我们用时间培育出的成果。

在新的一年里，我希望能继续做时间的朋友，做自己的朋友，做甬商的朋友，并让更多志同道合的人都做我们的朋友。

（2017年1月）

微博的力量

前 一段发生过一段很有意思的故事，说巴菲特和比尔·盖茨来中国助捐，与众多中国的企业界名流相聚在京都拉菲堡共话企业家慈善之道。著名主持人杨澜端坐主持，而台下诸贾分席而坐，与两位美国大师对话。席间，只见一位身材不高、发顶略秃的企业家频频拿出手机发短信，而每当他发完一个，坐在其旁边的一位身材微胖、洋气十足的男士便用手肘顶他一下，示意别再发了。每每如此，让场上其他诸位忍俊不禁。后经场内熟识朋友介绍，得知，那位频频发短信的男士乃房地产界大名鼎鼎的潘石屹，而坐其边上屡屡提醒阻止的竟是台上主持杨澜的先生——凤凰传媒的吴征。

这一段花絮堪称经典，已在中国企业圈传为笑谈。而究其原因，竟是潘石屹在与巴菲特、比尔·盖茨两位企业家的慈善论道中实现他事先承诺的所谓微博"现场直播"。将保卫森严的场内情景用微博传给他的诸多粉丝看。而吴征却是受其夫人之命，特意坐在潘的身边，进行监督。

这个令人发笑的镜头也让我想到去年关于潘石屹的另一段故事。话说2009年底，北京名盘"建外SOHO"因拖欠电费，导致供电危机，一时间潘石屹成了舆论中的阴谋家。而在此时，潘石屹所写的几条微博，不但将此次风波化解于无形，还让自己的微博粉丝数激增近30万，更为SOHO中国带来一个出色的口碑营销案例。

这就难怪他会置巴菲特、比尔·盖茨的高谈和吴征的示意于不顾，要执意进行微博的现场直播了。

所以我今天要说的话题就是"微博的力量"。网上有句话说得很经典："你的粉丝超过100人，你就好像一本内刊；超过1000人，你就是个布告栏；超过1万人，你就好像是本杂志；超过10万人，你就是一份省市报；超过100万人，你就是一份全国大报；超过1000万人，你就是省级卫视；而超过1亿人，你就是CCTV了。"

这也难怪潘石屹们那么注意培养并维护自己的粉丝了。因为他们的目的就是要向CCTV看齐。

有个媒体做了一个调查，说白领们每天上班的第一件事：十年前是看日报晨报，五年前是发E-mail，三年前是上QQ，两年前是在开心网种菜，而今天则是发一条微博，晒晒自己的心情。

所以我提醒广大甬商，微博已经成为一种商机。有专家说，利用微博可以开发新的潜在客户，可以完善客户服务、客户往来。

撇开这样专业的术语不谈，微博也已经成为诸多活动和环节增加气氛、提升人气的一个手段了。日前我到北京参加"中国企业管理高峰论坛"，在舞台背景的大屏幕上看到的不是普通的字幕，竟是一条条微博的直播。当某位国内的著名企业家在台上演讲时，他一定想不到他的脑后竟已是"鲜花与砖块齐飞"了。而现场的气氛却达到了高潮。

所以，从北京归来，我也有了一个念头：要相信微博的力量，向潘石屹同志看齐。即使成不了"CCTV"，那做一个"布告栏"也是好的。哈哈！

（2010年11月）

发声，就是一种担当

提 笔写这篇文章的前几个小时，我正好接待了一位来自省厅的领导，与她交流关于甬商的一些情况，得到了充分的肯定和赞誉。但是在送别时，那位领导的一句话让我感到汗颜，她说："甬商在接下来的日子中是否能加大宣传，是否能发出更大的声音，使我们这些不在宁波的人或者全国人民更加了解甬商，了解宁波这座城市？"我听出了她的弦外之音，那就是甬商在她心目中的影响和声音还不够大。

同样的感受来自前一周我参加的一个全国性会议，那是一个全国商帮媒体负责人的会议，来自全国的十余家商帮媒体人齐聚在徽商故里，共同探讨商帮今后的发展。而作为十大商帮之一的宁波商帮，却在这次会议上不为大家所了解，在排序发言中往往处于后列。或许这并不能真正代表大家对甬商的认识，因为在谈到甬商的历史和现今的发展时，大家都刮目相看。但至少反映了一个现实，甬商在全国人民心中的印象已经慢慢淡却，不如几十年前乃至上百年前来的那么显著。

我对一个人一直抱有矛盾的心态，这个人就是当下如雷贯耳的马云。社会上对马云的评价可以说是毁誉参半，既有对他赞誉有加的，亦有对他诋毁非议的。但在我的思考中，他确有着非凡之处。这并不是对他百亿身家的认同，也不是对他所有言论的认同，而是对他这种敢于发声的精神的一种肯定。尤其是在如今如此复杂的社会环境下，他没有退却，也没有隐身，依然发出着属于他的声音。去年，已

甬商期待如马云般的发声与担当

经各项荣誉等身的他，又担任了浙商总会的会长。我想，不管他的言论正确与否，不管他的观点大家认同与否，至少他的这种敢于发声的精神，本身就是一种担当。正是因为有了马云的存在，浙商的形象在近几年来得到了极大的提升，浙商也有一种隐隐成为中国第一商帮的趋势。而我在跟许多外国朋友的交流中，他们唯一知道的当代中国商人就是马云。可以说，他也提升了中国商人在国际上的影响力，我觉得这恰恰就是马云的了不起之处。

甬商有着悠久灿烂的历史，历史上著名的人物不胜枚举。以我们所知能叱咤整个商业江湖的就有虞洽卿、包玉刚、邵逸夫等，他们都以自己的声音或举动引领了整个商界的发展。而回到我们当下，能正真发出声音的甬商却是屈指可数，或许这与甬商低调的特质相符，很多甬商都把低调务实作为自己的座右铭，当然这也是许多企业能够专心做事发展起来的根本。但当下却是一个呼唤英雄的时代，需要发声的时代，需要我们甬商能够振臂一呼提高信心的时代。

作为一位甬商文化的传承和研究者，在对外交流的过程中，我最遗憾的莫不是无法举出能够经常发出声音的甬商。我想发声并不是低调高调的问题，更是一种担当。发声显现的是他对这个社会、商帮、城市的责任。

真切地希望我们的甬商们，能够发出他们的声音，哪怕是毁誉相参的如马云般的声音，因为这是我们这个商帮和城市的需要！

（2016年4月）

又一次亲密的接触

做这期杂志时最兴奋的事莫过于跟浙洽会、消博会的又一次亲密接触了。说又一次的意思是，其实一直以来，已经有过多次的接触，而这一次的接触显得更为"亲昵"。

记得在儿时，最盼望听到的就是在长长的巷子中远远传来的"咚咚咚"的声音。来自东阳义乌的货担郎挑着担子来到家门口，扯着嘹亮的叫卖声，打着圆圆的拨浪鼓。我那时自然的反应就是赶紧跑回家把还没用完的牙膏壳之类的东西纷纷放入他的货担，眼睛就直勾勾地盯着他货担里那厚实的，让我看得快流出口水来的饴糖……这样的愉快伴随了我整个少年时代的美好时光，现在回想起来还是那么难忘。没想到的是N年过去了，这发出"咚咚咚"声音的小拨浪鼓竟成了消博会的一个形象代表，这样的感觉犹如碰见一位儿时的伙伴，使我感到特别的亲切和有缘。

说起浙洽会，其实也可以说伴随了我个人成长的这十几年。我至今还记得第一届浙洽会在鄞县大道之畔简陋的天马会展中心隆重开幕的场景，也依稀记得在闭幕的最后一天蜂拥着去抢购摊位上的那些当时还属稀缺的商品，以及买到好货品后的那份喜悦的心情。恍然，这已经是十多年前的情景了。当然记忆犹新的还有2003年的消博会，官方的称谓是"一个人的消博会"，站在那空旷旷的展馆里面，其时心中的感受是无以名状的。那个时候可能人们想得更多的是生命的健康，其实这也无可厚非，但消博会并没有因为那年的灾难而停息，反而，它的生命犹如我个人的生存宗旨一样——倔强地生长。

每年的火红五月，当看到宁波的街头立起一个个可爱的卡通拨浪鼓时，我总会备感亲切。所以当这一期杂志定位为"2011年两会一坛"专刊时，我感到热血澎湃，一下子涌起了这许多年来对浙洽会的种种情愫，也使我感到有责任把这样一个盛会通过我们的杂志平台来进行展示，传递给世人。

　　其实浙洽会、消博会是诸多甬商创业发展过程当中重要的一环，他们借助这么一个平台，使自己的企业得到更好的发展，所以在当下这么一个宁波企业面临转型升级的关键时刻，我又不自然地想到了"创业"这个话题。恰巧今天在报纸上看到了一位甬商，也是我的朋友——爱使电器的戴文良总经理写的一封信，更深切地感受到创业是如此的不易，社会需要对他们提供更多的支持和关注。作为杂志平台，我们也一直不遗余力地为广大甬商的创业提供力所能及的帮助。在已经过去的5月，我们让成功的风云甬商们走进高校，向新一代即将起步的小小甬商传递创业成功的经验。我们也让已经创业成功的甬商们聚集起来，成立"甬商投资联盟"，设立"甬商投资基金"，使大家能够通过这个平台，获得更好的项目，迈出第二次创业的脚步。

　　个人很喜欢本期杂志中一篇文章的标题——《将创业进行到底》，这其实是每一位甬商的本质精神，也是我们《甬商》办刊者的一种心态。真的希望今年的"两会一坛"能够结出更加丰硕的成果，成为广大甬商创业和再次创业过程中的又一次重要契机；也希冀每一位甬商也能如同我一样，与浙洽会、消博会有更多次亲密的接触……

（2011年6月）

期待两翼齐飞

晚，我有幸参加了在宁波举行的"全国会展人活动日"主会场活动。活动气势磅礴，组织得可谓匠心独具，宽大的会展中心一号馆被布置得"小桥流水"，一派"东方商埠、时尚水都"的风情，优美的歌舞加美味的甬派菜肴小吃令来甬参加活动的全国几百位会展同业人员赞不绝口，真正"感受宁波"了一番。

近年来，宁波市政府对会展业的打造可谓是倾尽全力，尤其是今年来，更是提出了"打造国际会展之都"的目标。确实，这几年来，宁波的会展业发展也是卓见成效：服交会、浙洽会、消博会、食博会、住博会、机电展等一大批展会落户宁波，并且其影响日益变大。宁波在全国诸多城市中也脱颖而出，成为新兴的会展中心城市。

然而，我在这里要指出的是，宁波的会展业发展并不均衡，这里的"不均衡"并没有抹杀宁波会展业的良好态势的意思，而是指"会"和"展"之间没有得到很好的均衡发展。众所周知，"会展"是由"会"和"展"两部分组成，这两者是有机促进、相互补充的。遍览全球会展中心城市无不如此：香港号称"东方会议之都"，展自不必说，令人印象最为深刻的是香港会展中心内宽敞雄伟的会议大厅及门外编排密集的会议日程表；美国的拉斯维加斯，除了是全球闻名的"赌城"外，更是著名的会展之都，每年有大量的会议和展览同时在这里举行，这也推动了那里众多的酒店业、服务业的发展；国内也是如此，会展发达城市如上海，每年除了众多的展览外，还有许多大大小小国际的、国内的及本地区域性的会议在同时举行。反过头来看

全国职业经理人协会联盟第一次理事会第四

城市的发展往往依托于经济和人才的两翼齐飞

宁波，展览成就斐然，不必赘述，而会议呢，除了两年轮到一次的"甬港合作论坛"，以及浙洽会期间的几个论坛外，其他能够使人记忆深刻的还真不多了。

未来几年，宁波多家高星级酒店都将开业，而差不多每家酒店都配备了豪华的会议中心，硬件设备可谓是具备了，那会议呢，能不能满足这众多的会议中心的需要呢？但愿这些会议中心不要成为豪华的摆设。

宁波人是务实的。其实针对会议的打造，我认为也应如此，不必一味追求"国际的""国内最大的"等虚名，先培育几个地方性、区域性会议品牌，夯实基础后再逐步扩大，也不失为一种明智而务实之举。

期待宁波的会展业能两翼齐飞，真正成为"国际会展之都"。

（2007年7月）

从"抗拒外资"说到"主动出击"

4月以来，国内商界的一大话题就是娃哈哈与达能的纠纷。法国达能依据十多年前的一份合同要收购娃哈哈，引起了娃哈哈创始人宗庆后的强烈回应，声称如果达能此举得逞的话会形成"外资垄断"，并进而影响中国的"经济安全"。

其实，这几年来这样的声音并非寥寥，从德力西、苏泊尔到徐工，就连民营势力强劲的宁波，英博并购开开也掀起了不小的风浪。可以说，娃哈哈的问题并不是某一家国内企业的问题，宗庆后的观点也不是某一位中国企业家的观点。简而言之，"抗拒外资"已成为许多在国内强势，而在外资面前又变为弱势的本土企业的共同心声。

确实，近几年来，在中国加入世贸组织、经济全球化的背景下，外资在不少行业的优势逐渐显现，而本土企业则显得后劲不足，外资控股的趋势也越来越明显。这在当今的家电、手机、食品等行业表现得尤为显著。

然而，我在这里要说的是：经济全球化是带来不少凶猛的"巨型舰队"，但同时也带给我们搏击大浪的雄心和机会。

不好说"抗拒外资"的心态是否理性，但至少"影响国家经济安全"的说法似乎有点危言耸听。"外资垄断"似乎是不可避免的一种现象，但我们有没有想过去主动出击呢？也许，对于宁波这样一个民企发展迅速的区域来说，"主动出击"不失为一种可现实考虑的出路。

裕人在这方面已经走出了尝试的一步，"单打冠军"在现实中遇

到的问题并不比"游兵散勇"少。在目前的现实环境下，国内"单打冠军"要突破瓶颈、"主动出击"，向外求合作、求市场、求技术乃至求结构性的并购，并不是遥不可及的"梦想"。

所以，尝到些许甜头的孙平范会说："要感谢时代提供的机遇，主动出击让我感到幸福总是突然到来。"

（2007年5月）

请给企业点安全感

为企业发展的时刻关注者，或者说作为经济工作的直接参与者，近半年来很多信息的汇集，不得不引起我的思考，甚至是忧虑。

宏观层面，货币汇率不断提升，CPI数据居高不下，以及被戏称为女人经期的货币准备金率的规律性调整；中观层面，电力、能源、土地短缺导致对企业生产的限制，税负、社保、最低工资等指标对企业产生重压；微观层面，国企如巨象入池与民企争利的现象不时上演，产业工人纷纷回流导致用人饥荒，台温地区中小企业的倒闭声不绝于耳……

如此多的信息在短时间内聚集在一起，使我不禁想起一句话："这是一个最好的时代，亦是一个最坏的时代。"

所以当我在差旅途中看到《商界》的文章《给企业一点安全感》时，竟是如遇知音，默然以对，它说出了我积在心里没能说出的话。所以今天在这里摘录如下，只是在最后一段加了一个"请"字，以引起政府、社会、民众的更多关注：

处于产业生态链下游的民营企业，不断纠结于"国进民退"与"国退民进"的岔路抉择。市场竞争的白热化、环境的不确定性，让我们在浮躁与迷茫之中，只好追求"短平快"。但对于一次又一次赌博式投机，我们确实没有任何胜出的把握。

年复一年双重高涨的GDP与CPI背后，是全民皆为幸福指数感到惆怅，是对"有明天、没未来"的深深焦虑。在汹涌的移民大潮中，大多数人在职业这一栏上填的是——商人。没有哪个群体会像这群

"先富起来的人"一样，怀抱着巨大的财富，却被同样巨大的不安全感所折磨。

于是我们明白了，财富可以缓解焦虑，但不能带来安全。

一方面，我们赋予了他们太多的义务与责任：经济增长、充分就业、物价稳定、收支平衡四大目标统统压在了他们单薄的肩膀上；另一方面，我们常常又把他们看作是一只只"金猪"，"猪养得再大，总是拿来宰的"。

无疑，我们身处于一个大变革的时代。无论是谁，都很难在其中找到自己身份的准确定位。市场经济中，所谓风险，是可控的。而不确定性，则既意味着无数机会，也潜藏着太多"崩盘"式的危险。变革，必然意味着各种各样的不确定。

于是我们拼命地把企业做强做大，不得有任何喘息之机，并冀望以此来抵御未知的风险。但没有人说得清，这样的"强大"何时才是个尽头。事实上，"强大"之后，我们更需要的是稳定性，而不是不确定性。

然而，明天并非末日。不安全感的根源，或许还来自我们自己的内心。我们言必称别人怎样怎样，谁谁哪般哪般，却很少考虑我们自己该如何如何。我们唯一应当恐惧的，就是恐惧本身。

企业与企业家的最大价值，正是在于对不确定性的把控。我们总在针砭客观条件、辩论商业环境，却忘记了我们出发的起点，忽视了我们成功的经验。在任何不稳定的环境下，勇敢且智慧的人总是能找到突围的方法，幸运之神随之出现。真正的企业家精神，恰恰是超越客观限制的能力，以及坚守"变与不变"的信念。

只要找对了路，我们就不怕远。我们已然找到了追求财富的物质乐园，却还远远没有筑成寻求安全的理想家园。而这，正是我们的方向。

所以，请给自己一点安全感。所以，也请给企业一点安全感。

（2011年7月）

温州之鉴

近段时间，中国经济最热的一个话题就是"温州现象"。而今天的这个"温州现象"已不是二十余年前大家提到的以"四千万"为特点，如芝麻般四处开花、民营个企快速发展的"温州现象"，而是以资金链缺口为伊始引发多米诺效应的一种企业困难的现象。

从上半年开始，"温州现象"如发酵般一时难以遏制，在引发经济界强烈关注的同时，也使得一国总理亲自前去调研。

曾几何时，温州企业家以时代弄潮儿的形象站在中国市场经济改革的前沿，如今，取而代之的则是部分温州企业家遇事溜之大吉的"不负责"形象。这不禁让人感慨，今天的温州到底是怎么了？

熟悉温州经济的人都知道，温州曾是一座"制造之城"。温州企业称雄中国皮革、制锁、打火机、眼镜等诸多行业。最鼎盛的时候，这四种小商品的产量在世界范围内都占据主要地位。但如今，温州已不再是这些产品的主要提供基地了。曾占据全国产量90%以上的温州金属打火机，鼎盛时有1000多家企业，如今只剩下100家左右。就连温州最值得骄傲的制鞋厂也从发展高峰时期的6000家，减少至了现在的2000余家。许多原先交给温州的外资订单，现在已有80%交到了印度和越南，原因是温州的大部分制造企业都不接订单了。

这让我们看到了一个不争的事实：温州的实业在慢慢"冷却"，做眼镜的去做新能源，制鞋的则去做投融资，而一批批炒房团、炒煤团、炒古董团、豪赌团，更是游走四方。不管是经销商还是中小企业主，现在唯一感兴趣的项目就是投资，许多原先的优势制造企业在转型升级中迷失了方向。这大概也就是造成今天"温州现象"最主要的原因吧！

而与温州比邻，同样是以中小民营企业为主体的宁波，近期也开始出现种种迹象。10月份，唐鹰服饰老板胡绪儿出走，11月，七鑫旗科技遭遇财务危机，更有传闻宁波某一家著名房产企业老板也在"避风"。可以说，在"温州现象"不断升级的同时，宁波企业也站在了一个关键的岔口。

所以，在这么一个当口，我们透过"温州现象"来谈对宁波企业乃至宁波经济的启示，应该是一件很有必要的事情。

我想说两句话，第一句是，"转型升级需谨慎"。有一位义乌企业家说过这么一句话："不转型升级是等死，转型升级是找死。"其实在当前的宁波，有很多企业都在提要转型升级，要发展总部经济，要做研发和投资。但是没想到的是，到最后转型升级没成功，反而把原来做得很好的"根基"——实业，慢慢弄丢了。我想，转型升级是重要的，尤其适用于那些企业规模已经庞大、产业发展已进入末梢的企业，但并非所有的企业都需要去转去升，那些正在朝气蓬勃发展的企业只要总结经验，稍作调整，保持势头就行了，不必盲目跟风。

还有一句话是，"政府引导要合理"。我们的许多地方政府看到了土地、能源、劳动力等方面的限制，所以提倡企业转型。有的地方政府看到邻近地区在推转型升级了，怕错失先机，所以跟风而上。殊不知，他们并没有按当地实际的经济发展状况来办事，而到了转型过程中出现了问题，又马上改变口风，掉转船头，可企业在这个过程中已受到了伤害。所以，对转型升级政府要慎提，或者提出了以后，要想方设法解决企业遇到的困难，帮助企业渡过困难。

当然，企业也要审时度势，尤其是企业家要沉得住气，不要为了追求表面好看而盲目跟风，要清醒地看到所在产业的发展趋势，要有坚持。同时要经得起诱惑，减少投机心理。好在甬商的一个重要特点是务实和低调，相信"温州现象"会给予宁波企业家诸多借鉴。

　　有人说中国经济的冬天即将到来，也有人说中国经济的冬天已经到来，还有人说中国经济在今年这个冬天将面临酷寒。但无论如何，希望广大甬商能够凭借宁波人的坚韧之心和灵活精明的头脑，以"温州现象"为鉴，抵御住这个冬天的严寒。

（2011年11月）

中国近代十大商帮

晋商	甬商
通常意义的晋商指明清500年间的山西商人，晋商经营盐业、票号等商业，尤其以票号最为出名。	指宁波府经商人士以血缘姻亲和地缘乡谊为纽带联结而成的群体，是个盛行于国内和海外的宁波团体。
关键词：船帮、驼帮、票帮	关键词：贸易帮、航运帮、金融帮
陕商	龙游商帮
被认为中国按地域亲缘关系最早出现的商帮，在明朝时曾为扬州最大的商帮，清朝后期襄盐法实行之后，陕商逐渐衰落。	指浙江衢州府所属龙游、常山县、西安（今衢县）、开化和江山五县的商人，简称"龙游帮"。
关键词：盐帮	关键词：贩运帮、书帮
鲁商	江右商帮
指山东商人这一精英群体，鲁商创造的独特鲁商文化，成为一种具有悠久历史的地域文化。	江西商帮在历史上被称为"江右商帮"，是中国近代商帮中较早成形的商帮，也是中国古代实力较强的商帮。
关键词："闯关东"	关键词：米帮、药帮、瓷器帮
洞庭商帮	闽商
指位于太湖洞庭西山、东山的商人组成的群体，后来几乎成了"苏商"的主体。	指福建、浙南、粤东潮汕地区和海外闽民系的从事商业的人们。
关键词：丝绸帮、粮帮	关键词：走私帮、南洋帮
徽商	粤商
即徽州商人，古徽州府籍的商人或商人集团的总称，而不等同于安徽商人，俗称"徽帮"。	指广府商帮，包括广东广府帮，潮州帮、客家帮、海陆丰帮以及其余广东各地的商帮。
关键词：盐帮	关键词：外贸帮、"十三行"

也说说桥

这段时间最热门、出现频率最高的一个字就是"桥"了，作为宁波和宁波人的一件大事，或者说喜事：期待已久的杭州湾跨海大桥终于开通了。从此，宁波与上海，与浦东，与国际的距离更近了，宁波人与繁华，与时尚也似乎越发缩短了距离。

作为江南水乡的宁波从来都不缺桥，从数百年前的鄞江桥、百梁桥到五口通商后舢板架设的老江桥、新江桥，从20世纪30年代由旅沪甬商发起兴建的灵桥到改革开放后兴建的甬江大桥、招宝山大桥，再到而今的跨海大桥，似乎每一座重要桥梁的建设都标志着宁波走入一个崭新的时期，相信杭州湾大桥的开通对这样的变迁规律将愈加得到印证。

无独有偶，笔者最近随甬商考察团访问美国，竟发现这样一个规律：世界上凡是滨水的伟大城市，桥均在其发展中起到了重要的作用。在纽约，我们看到了两张其城市标志的图片，其中世贸大厦双塔已随"911"而灰飞烟灭，而已有约150年历史的布鲁克林桥依然沉稳地屹立，并愈加成为纽约人心中的支柱。在旧金山，通体散发着年轻红晕而实际年纪与宁波灵桥同龄的金门大桥，依然守护着旧金山宁静的港湾，使它的城市呈现出一派和谐生机。再想到伦敦古老的塔桥、悉尼雄伟的港湾大桥，以及伊斯坦布尔横跨亚欧两大洲的博斯普鲁斯桥等，莫不如此。回首看中国，南京长江大桥让我们记住了一个轰轰烈烈的年代，而上海南浦大桥的开通又标志着一个全新时代的开启，令人记忆深刻的还有杭州的钱塘江大桥、广州的珠江大桥乃至仅桥名

20世纪80年代宁波市中心的江厦桥　　　　　　　　　　余德富/摄

就令人无限遐想的润扬大桥……

　　再过几天，标志着中国不断发展、日益强大、追求和平而被世界重视和承认的2008年北京奥运圣火将通过杭州湾跨海大桥进行接力传递。也许这也将标志着这一座新的桥引领宁波进入一个伟大城市的行列和时代。

　　我们有机会一起见证。

（2008年4月）

百年二撤侨

近两个月，这个星球上最令人关注的两件事是日本大地震和利比亚战争，日本大地震反映的是地球在人类日益摧残下发生的能量裂变，而利比亚战争反映的则是国家与民族间长期积累的矛盾爆发。作为一个地球人关注的当然是大地震对人类生存环境的影响；而作为一个中国人，我更关心国人在利比亚这一遥远国度的生命安危。

有报道说，这是20世纪冷战结束以来最大一次人员的紧急撤离。12天时间，35860位同胞，在党中央、国务院的直接关心和指挥下，中国政府动用了海、陆、空等各种途径撤离，又通过不懈的外交斡旋和努力，终于使这些远在北非的国人顺利安全地回到国内，赶在利比亚战争全面爆发之前完成了壮观的撤离任务。有人说，这一次创造了中华人民共和国成立以来最大规模的有组织地撤离海外中国公民的历史。

而回顾中国近代百年历史，这样的撤侨却是第二次了，而上次，则距今已有百年的时光。也许现在已经很少有人了解那段几乎尘封的历史，但在撤侨的话题下，却是不得不重提的。

1918年，俄国十月革命一声炮响，在给中国带来崭新的革命理念之前，先带来了一个严峻的现实挑战：100多万滞留在俄国境内的华侨，面对混乱而血腥的俄罗斯内战，其生命和财产都遭到空前威胁。

告急电文雪片般地从海参崴飞往北京，百万华侨翘首南望，向着当时的中央政府——北洋政府求救。而北洋政府正被内忧外患搞得焦头烂额，但即便在这样的情况下，北洋政府还是顶住了各方压力，下令出兵西伯利亚武装撤侨。

这可以说是中国的千年历史中，政府第一次在海外动用军事力量，以保护侨胞的利益和安危。1918年，如同今天的2011年，全世界对中国刮目相看。

1993年前的3月20日，北洋政府海军部派遣"海容"号巡洋舰赶赴海参崴护侨，同时派遣4000名陆军由陆路跟进撤侨。4月16日，在华侨们的欢呼声中，"海容"舰驶入海参崴港，使数万名华侨顺利撤离回国。

1918—1919年，在俄国内战最为激烈的伊尔库茨克一战中，当时的中国外交官员不畏艰险，从莫斯科和哈尔滨联系调运火车，全程护送，又安全抢送出3万多名被困华工。

百年前后，二次撤侨，方式不同，距离不同，形势也不同。但相同的是国家对海外公民的拳拳舐犊、关爱呵护之心，这也是中华民族千百年来繁衍生息、团结互助、发展壮大的根本原因吧。

（2011年4月）

感怀时光

历篇

"一个人走在沙滩上，他踩的足印有正的，有歪的，有深的，有浅的，回头看一看，无论对与错，经过就好，这就是人生。不要背任何包袱，一切向前看。"

——戒忍法师

再简单也要有品味

第一期《甬商》出刊后，我一直怀着诚惶诚恐的心情。因为《甬商》作为一本新生的刊物，一定存在着很多不足与缺点。尤其是编辑部班子，没有充足的人手，没有宽裕的经费，也没有丰富的编刊经验，完全是凭着促进甬商这一群体的发展和办好《甬商》这一新生媒体的信念举笔而上的。

在出刊后专门举行的《甬商》研讨会上，我们收到了许多专家和领导的真诚意见和建议，他们对刊物内容、形式、排版设计等方面出谋划策，特别是一位媒体前辈所说的"起点要高，再简单也要有品位"。这些都将为我们接下来继续编好《甬商》提供了很好的标尺，也为我们指明了前进的方向。深感荣幸的是，第一期《甬商》还得到了许多读者的肯定和鼓励。他们来电来信，对《甬商》的立意、定位、命名和内容表示赞赏，其中有一位企业家说："宁波作为一个发达的商务城市，却一直没有一本以当地商人为主体的杂志，是文化上的一个缺憾，《甬商》的面世填补了这一空白。"而如何把《甬商》办成一本有乡土特色、以人为本、有文化品位、促进宁波经济发展的主流财经人文杂志是我们今后努力的方向。还有很多读者和经济界人士纷纷寄来文章和作品，这些都给予了我们极大的鼓舞和动力，也将激励我们把《甬商》办得更好。

令我们更加欢欣鼓舞的是甬商们的卓越成就，在今年来国内的各种排名中，甬商们均大放异彩，反映出宁波商人的强大实力和后劲。在此，我们衷心祝愿甬商们的路越走越宽，台阶越迈越高。同时，我们也将努力提高《甬商》的品位和档次，使之成为促进甬商前进的一抹亮色。

（2005年10月）

甬商的春天

2006年的春天尚未来临，甬商的春天却已是春意盎然。

过去的一年对甬商来说是稍感寒冷的，原材料价格的持续上涨，中国产品在国际上遭遇重重贸易壁垒，摩擦不断，国家对土地资源的紧缩性调控，以及电力、油料等能源的供应紧张，都给企业的发展带来了严峻的考验，同时也是对甬商智慧和能力的一次重要挑战。所幸的是，我们绝大多数的甬商都挺过来了。他们不但积极克服宏观调控和国际经济形势对自身企业的影响，而且还主动参与到国际贸易摩擦的解决和国际标准的制订中去，如康大、如新海、如环慈……他们不仅为自己赢得了在国际市场上的尊重，而且还为广大中国企业创造了在国际上平等竞争的机会。

对2005年的经济做全面盘点还需时日，但从高效率的政府统计部门所得出的数据看，宁波经济在这一年又上了一个平台。这说明，在这个使人稍感寒冷的年份里，构成社会经济发动机各个部件的众多企业没有停滞，我们的甬商没有停滞，他们凭着对事业的执着和对困难的沉着应对度过了冬天。

冬天即将过去，春天还会远吗？2006年是我国"十一五"规划开局的第一年，一个大场面的帷幕正在徐徐拉开，这是中国经济的春天，也是甬商的春天，希望刚刚经历风霜的甬商们如春天的鲜花盛开得姹紫嫣红，格外艳丽。

甬商的春天到了，《甬商》的春天也来了，希望新一年的《甬商》带给甬商们更多春的讯息，报道更多春天的故事。

迎接春天，祝福甬商！

（2006年1月）

《白皮书》就是一种印记

从投身宁波职业经理人发展事业至今，已逾四年时间，不自觉间已经将促进职业经理人事业的发展作为自身的一项神圣使命。几年来，心情也随着宁波职业经理人行业的起伏发展，而时而兴奋，时而忧虑。而最大的兴奋莫过于随着宁波经济的发展，职业经理人已经成为广大企业的中流砥柱；最大的开心莫过于政府对高等级经营管理人才的重视，出台了一系列筑巢引凤的政策；最大的收获莫过于结交了一批我可以视为良师益友的职业经理人朋友。

编印白皮书是一直以来的愿望，目的是希望通过白皮书客观反映宁波职业经理人行业的现实情况，引起社会各界对职业经理人行业的进一步了解和关注，探索职业经理人今后在宁波的发展方向。

要感谢对宁波职业经理人事业关注和支持的各级领导、企业家、新闻界和广大市民，也要感谢为宁波职业经理人发展出谋划策，奉献智慧和经验的专家、学者、咨询业者和广大职业经理人，还要感谢为这本《2009宁波职业经理人发展白皮书》（以下简称《白皮书》）撰稿的各位会员，以及使我得到重要启示的山西太原职业经理人协会的同人。

应该说，这本《白皮书》还很粗糙，还不全面，但幸好这只是个开头，万事开头难，希望大家多提出意见，使今后的《白皮书》能更加完善。

真诚祝愿宁波职业经理人行业的明天能更加美好！

（2009年2月）

改变与坚持

在编辑本期杂志时，其实心里是满怀激动的。原因很简单，因为这是这本名为《甬商》的第40期杂志。都说人三十而立，四十而不惑，如果同样能用到杂志上，那它的年轮与我一样，也已届不惑之年了，该到回头望的时候了。

这40期经历的事情太多了，痛苦与喜悦，麻木与惊喜，乃至点点汗水，滴滴心血，在这里就不邀述了。但有两个词却不能不提，也可以说是四十不惑的最大感触，那就是"改变"与"坚持"。

有人说这两个词是矛盾的，但我认为，它们却是辩证的。

先来说"改变"，可以说改变是任何事物发展的源动力，只有改变，事物才有机会朝着更好的方向发展。回顾40期，我们经历了四次大改变。第一次是从一张小小的协会简报勇敢地迈出了第一步，办起了一本刊物，而且大胆地取名曰"甬商"，这在当时还曾引起一番争议。第二次是在办刊后的第二年，从黑白印刷的粗糙刊物改变成为全彩印刷的会刊，基本具备了"杂志"的要素。而在两年前，又进行了第三次改变，人手充实，栏目调整，篇幅增加，工艺改进，忝忝成为大家眼中喜欢的本地主流财经人文杂志。而现今这一期的第四次改变，想必大家都已经看到，但就不知是否能入各位看官的法眼。

历来改变总是有风险的，但改变也会使人尝到甜蜜的成果。这一期的内容也印证了这一点：封面人物蒋宏光正是因其在关键时的华丽转身，改变轨迹，才使他品尝到人力资源行业飞速发展硕果满满的喜悦；而华晟的陆意祥也正凭着年轻气盛完成了从外贸公司业务员到自

展现宁波商人风采　　促进宁波经济发展

甬商

创刊号
2005.8

Ningbo
Business man

封面人物: 刘铁华
成功信息产业集团股份有限公司总裁
宁波市职业经理人协会会长

特别策划

甬商风云

商学院

成功领导人的素质

本期聚焦:职业经理人

2005年8月,《甬商》杂志正式创刊,目前连续出刊近150期

主创业者的改变，成就了他今天"不粘锅大王"的美名。而在当前全球经贸形势巨变，中国职业经理人遭遇信任危机的时刻，是否能让更多的甬商和经理人踏上"改变"的征途呢？

再来说"坚持"，这永远是一个成功者的必备要素。可以说十个成功的甬商十个都具备坚持的秉性。乃至于我在给大学学子们上课时，把"坚持"作为成功要诀的首位。

五年了，40期，说长不长，说短也不短，其间经历的风雨、挫折、灰心，可以说是不胜枚举。但回过头看，还是要庆幸，我坚持了。正因为我坚持了，才有今天落笔时的激动。

其实这五年间甬商们也在坚持，任凭金融风暴，任凭宏观调控，正如本期的"思想家"竺韵德所说的那样：只要坚持了核心价值观和核心竞争力，企业就不会垮！

五年中甬商们坚持的还有一点，那就是回报社会，热心公益。无论在这一期"慈善排行榜"中是否上榜，我们的甬商们都在尽着社会建设者的责任和义务。而我继去年赴汶川、青川后再次率团去玉树探访，也不过是这股慈善风当中的一缕清风。

因为改变与坚持，使我们走了五年。也许，在下一个五年，这两个词还会是支撑着我们继续前行的动力。

（2010年9月）

感恩与回报

数月前，当我们决定办一次《甬商》五周年庆祝活动的时候，我的脑海里就在思考，这一期的卷首语要写怎么样的一个主题。其实那时候在我脑海的深处已经隐约显现了两个词——"感恩"与"回报"。而今天，当提笔的时候，这两个词是愈发的强烈，所以在这里，我是真诚地抱着一颗感恩的心，来撰写这篇文章。

五年了，回首中充满了汗水、泪水、酸甜、苦辣、痛苦、开心……百感交集之余，感觉都转化为一个词，那就是"幸运"。幸运于历史将这样一个神圣的任务和职责赋予了我们，让我们可以承担起振兴和传承"甬商"这个光荣的任务；幸运于我们赶上了这并不平凡的五年，让我们在感受汶川、玉树灾难与奥运、世博盛况的同时，品尝了这五年来的种种悲苦与喜悦；幸运于通过五年的努力，呈现给了广大读者40多期、3000多页的《甬商》杂志，以及连续五年不间断举办的"甬商高峰论坛"和"十大风云甬商"评选活动；幸运于通过我们的双手，《甬商》平台能够像积木一样慢慢地搭建起来，被大家所接受和熟知；也幸运于通过组织成立甬商发展研究会这样一个平台，使众多甬商得以源源不断地进行融合，在集聚一堂之余，共同唱响我们宁波企业家们的美好未来；还幸运于通过我们的努力，在外甬商也纷纷抱团聚合，成立了当地的宁波商会，甚至海外的宁波帮也在这段时期成立了世界中华宁波总商会……更幸运的是，我们的《甬商》才刚刚起步，远没有完结，有更大的未来可以期待。

所有的这一切，我首先要归结的一个词就是感恩。感谢社会各界人士，尤其是专家、学者、政府领导，是你们长期以来的无私关怀和帮助才让我们有了坚持的决心和信心；感谢广大辛勤耕耘的企业家们，是你们锐意进取的魄力和成就让我们有了前进的动力和源泉；

2010年，甬商公共服务平台五周年活动

还要感谢我们的团队，是你们不懈的共同努力和付出，才成就了《甬商》今天的事业和基础。

我想如此多的感恩，要归结于进一步的付出，所以我思考的第二个词就是回报。回报给予我们支持的众多热心人士，创造出更好的"甬商"品牌；回报广大的宁波企业家，让他们能够得到更实实在在的服务，帮助他们取得更好的事业成功；回报我们的团队，让大家通过《甬商》这个平台获得更大的提升，打下更坚实的事业和基础；还要回报我们这座城市，让《甬商》真正成为今后宁波经济发展当中一股重要的推动力，也成为宁波今后对外的一张崭新的名片。

其实，感恩与回报是辩证的，我想通过我们的努力回报了社会，而《甬商》平台发展的同时也会回报于我们自身，让我们随着《甬商》一同成长，更伴随它一路发展壮大。

五年，感恩与回报，我铭记于心。

（2010年10月）

难忘这五年

五年，过去了。
从2005，来到了2010，
这五年，
我们有着太多特殊的情感。
有时，我们希望它快快地过去，
让更多的痛苦和快乐尘封在逝去的岁月中；
有时，我们又希望它慢慢地离去，
让更多的酸甜和苦辣释放在难忘的味蕾上。

五年，已经过去了，
它带走了百年一遇的南方雪灾和西南旱灾，
却留下了彼此温暖的人间热度和无私援助；
五年，已经过去了，
它带走了旷世齐悲的汶川、玉树地震和舟曲泥石流，
却留下了整个民族"国难兴邦"的壮志豪言。

五年，已经过去了，
它带来了北京奥运的璀璨烟火和上海世博的如潮人流，
映红了中华儿女百年圆梦的喜悦脸庞；
五年，已经过去了，
它带来了神七飞天的天际神奇和两岸融合的血肉深情，

挥舞了炎黄子孙发自内心的自豪旗帜。
这五年，我们遇上了源自大洋彼岸的金融危机，
这五年，我们碰上了来自遥远西方的主权债务危机，
这五年，我们挺住了。
四万亿元的投资拉动，
中央政府的宏观调控，
让我们化险为夷，化危为机，
使更多的中国企业巨舰搏击全球。

这五年，我们赶上了改革开放的三十而立，
我们用时间的画笔书写了东方的传奇；
这五年，我们庆祝了中华人民共和国的六十华诞，
我们用奋斗的汗水浇灌了盛世的花蕊。
这五年，中国这条巨龙传奇依然；
这五年，宁波这颗东方明珠更是花蕊艳丽。

这五年，世界最长的跨海大桥在这里建成，
这五年，犹如长龙的沿海高铁在这里延伸，
宁波告别了多年的交通末梢，
正向世界扬帆出海。

这五年，宁波港集装箱年吞吐量突破1000万标箱，
跻身世界集装箱港口前十强；
这五年，宁波外贸年进出口总额超过600亿美元，
再次塑造外向型经济的传奇；
这五年，宁波进入了"GDP4000亿元俱乐部"，
以全国千分之一的土地贡献了全国七十分之一的产值；
还是这五年，国家高新区，杭州湾新区，梅山保税港区在这里

设立，

让宁波这块热土蕴育了更多前进的能量和动力。

70余个中国名牌产品，

130余件中国驰名商标，

140多个全国"单项冠军"。

城市综合竞争力连续数年跻身全国十强，

所辖县市悉数进入全国百强，

10家企业进入全国500强。

此时，这些枯燥的数字不再仅仅是一种衡量，

它们更像一朵朵绽放的鲜花，

为整个城市的丰硕成果摇曳迷人的芬芳。

这五年，我们看到了，

甬商们肩负着神圣的使命，毫不犹豫地勇于承担各种责任，

永续经营，关爱员工，节约能源，回馈民众，他们践行着反哺社会的承诺；

这五年，我们看到了，

甬商们没有满足以往的成绩，依然毫不迟疑地大胆创新，

技术创新，管理创新，体制创新，他们在二次创业的道路上不断超越；

这五年，我们看到了，

甬商们不仅仅在实现自我发展，更是成为新行业、新领域的推动者，

推动产业升级，推动品牌形象，推动管理变革，他们开创了一个个崭新的空间。

这五年，风云甬商风起云涌！

人们对他们充满了深深的敬意和诚挚的感谢。

这份敬意是数百万名宁波人的内心迸发出的幸福期冀，
这份感谢是数百万名宁波人的脚步追逐梦想的火炬接力。
这五年，我们做到了，
一份本土化主流财经人文杂志在我们手中创立，
一个集研究与联谊于一体的甬商发展组织在我们的努力下诞生；
这五年，我们做到了，
一个融思想碰撞、商机交流、形象展示、文化融合于一体的年度盛会由我们打造，
一座激励宁波商人奋发进取永续成功的荣誉殿堂由我们筑就。

这五年，我们欣慰着，
内地、港澳、海外，天下甬商的融合愈来愈近；
这五年，我们喜悦着，
一代、二代，男的、女的，甬商推陈出新，百花齐放，后继有人；
这五年，我们感恩着，
政界、学界、商界、媒界，各界对我们关怀备至，呵护有加；
这五年，我们幸福着，
读者、观众、商家、百姓、新老宁波人的关爱使我们在温暖的环境中不断成长。

难忘这五年，
因为有了太多的眼泪与酸楚；
难忘这五年，
因为有了太多的精彩与不舍；
难忘这五年，
因为每一个风云甬商的故事都那么动听；
难忘这五年，
因为我们的足迹给这座城市留下了可以诉说的风云。

2014年，位于天一阁·月湖景区中的甬商文化园正式开园

五年，已经走了，
我们回眸的时间总是短暂。
五年，已经走了，
而我们已经做好再次出发的准备。
再见！过去的五年，
你好！即将到来的新的征途。

（本诗系与黄江伟先生合写）

又一个三十年

当席卷全球的金融风暴袭来的时候，中国的实体经济不可避免地受到重大创伤，除了我们的经济学家表示审慎的乐观以外，经受创伤的企业、准备回乡的农民工，以及生不逢时的大学生，无不发出阵阵咒怨和哀叹。2008年，似乎是个并不吉利的年份，除了大自然的冰雪和地震灾难，还遇上源自华尔街的人祸。2008年，我们在繁杂的诸事中，低调地庆祝着中国改革开放三十周年，然而从辩证的历史观来看，这何尝不是一个新的循环？因为，我们迎来的是又一个三十年的开始。

又一个三十年，让我们看到社会的进步和人们思想的演变。同样是天灾，三十余年前的唐山大地震威力有过之而无不及，但留给我们的记忆是恐惧、等待及无助，如果说"5·12"汶川地震是自然界的一个轮回，那么这次我们看到的是爱心、举国慈善和信息的通畅。我不能想象三十年前我们会有在短时间内亲赴唐山赈灾的机会。

又一个三十年，让我们看到了中国的厚积薄发，举重若轻。同样是人祸，十年"文革"留下的是满目疮痍，当我们的思维还停留在"实践是检验真理的唯一标准"的争论时，当"发展是硬道理"还如十月怀胎，尚未问世时，我们除了所谓的"地大物博、人口众多"的优势外还有什么？而今天当人祸袭来，我们的总理却能向世界轻松地抛出"我们投入4万亿元，挽救全球金融危机"的壮语，而且能在小小的掷鞋声后赢得一大片道歉声，这就是三十年带给我们的厚重。

又一个三十年，让我们看到了一段段传奇的传承和交班。当我们将"改革开放30年风云甬商"的荣誉授予台上的茅理翔、史利英、盛军海、徐万茂、邱兴祝们的时候，台下的茅忠群、陆信国、盛静

2008年，改革开放30周年表彰"30年30风云甬商"活动

生、徐立勋、邱风雷们却已经接过了父辈的旗帜，而且舞动得更加潇洒、更加自如。

又一个三十年，也让我们看到了文化的变迁。当三十年前中国的大多数人还真正以山寨为家，辛勤劳作，要赶超大寨时，而今天的人们已经将"山寨"的意义无穷想象，山寨产品、山寨营销、山寨名人……甚至还"雷"到出现了"山寨杂志"，与我们竞争，哼，小样！

又一个三十年，其实是在上一个三十年的基础上出发的，跨海大桥已替代了上海轮船，QQ、MSN已替代了电报电话，太平洋对岸的华尔街已替代了我们原先视野中的东门街，宁波帮也已发展成为新甬商了，我们还有什么可咒怨的呢？雷人的全球金融风暴，让它去吧，迟早会被这"又一个三十年"的车轮碾过。

（2009年3月）

给力2011

<big>在</big>离2011年零点钟声敲响还有几小时的时刻，《甬商》编辑部传来一个喜讯，记者小魏在医院诞下一个白白胖胖的儿子，体重八斤二两。消息传来，编辑部同人异口同声两个字：给力。

是啊，在2010年的年末，"给力"已经成为流行的新词，也是应用非常广泛的一个词。我在微博上回顾已经过去的2010年的时候，竟也不能免俗地用了这个词，而且觉得这个词是最能体现2010年的收获和对2011年的心情的。

当然，此时此刻2010年已经过去，我们更多地赋予了对2011年的憧憬。但，我还是希望这两个字能延续，甚至比2010年来得更凶猛些。

其实，这样的希望已经来临。当我们站在2011年的门槛上眺望的时候，我们会发觉，我们这座城市在2011年必将是非常给力的一年。

在资本市场，延续2010年的良好势头，"宁波板块"表现抢眼，三江、博威、先锋、建工四只新股在年末已经过会，将在春寒料峭中次第盛开，并会引领众多处于起跑准备期的宁波企业掀起又一轮上市高潮。

外贸方面，已经度过2008年以来的国际金融危机的宁波企业在2010年末掀起一股势头汹涌的回涨潮。而这股潮水似是一个起步，将在2011年奏响一个新的高潮。

交通运输也是如此，宁波港集装箱运量在2010年跃居全国第三，进入全球六强，而这还不是终点，2011年必将攀上更高的目标。

政府的财政收入体现得更为明显，这个反映宁波经济水平的"晴雨表"在2010年不断探高，于年末冲上1130亿元高点，而这仿佛又是一个起点。在市委市政府的领导下，"十二五"规划已经起步，宁波的未来岂可等闲视之！

所以，2011年能不是给力的一年吗？

我们甬商同样如此。在经历国际金融危机冲击和转型升级、节能减排等几轮调整后，甬商已在新的起点上蓄势待发。而这一轮的出发，将使甬商变得更精、更实、更强。

新年伊始，这样的势头已经显现。在即将举行的"2010十大风云甬商"颁奖典礼上，我们将会看到一批年轻、有朝气、有活力的甬商走上舞台，而他们所从事的产业，已经从传统产业涅槃重生，新能源、新材料、新技术……几乎全"新"的装备使他们在节能环保、低碳减排等指标的压力下跑得更欢。

所以，2011年对甬商同样是给力的一年。

当然，我们小小《甬商》也不能不给力。2011年1月的这一期，我们对杂志又做了小小的改进，从形式到内容，从深度到广度，希望这一本小小的杂志能真正为广大甬商在2011年的发展再加一把力。这样，我们也可以更坦然地面对2011年，这个已经来到的，"给力"的年份！

（2011年1月）

回望，2011

踏着浮云驾着神马，我们告别了2011年，开启了2012年。又是一个结束，接迎一个开始。当时间的车轮驶过2011年，我们每个人都不可幸免地被裹挟着，一边数着自己的成就、欢乐和困惑，一边看着这个世界翻腾变幻。这让我们每一个人都前所未有地被紧紧吸纳进这个社会，并与之共振，一起生活。

于是，在喧嚣奔放的2011年的感召下，《甬商》也与大家一同见证了这个时代的风风雨雨，并因此印上了这一年的历史烙印。欢笑、伤心、唏嘘、惊喜……我们关注了这个时代的每一种表情，并刻录进我们的每一章节，字里行间我们用自己的言语读着世界，读着中国，读着宁波。

这一年，我们关注国内外大事，定位我们在宁波的坐标；我们记录城市经济，真实探究它的发展轨迹；我们着眼宁波企业，为它们寻找过冬的"粮食"；我们弘扬宁波帮文化，让更多甬商的心灵更加富足；我们聚焦企业家群体，希望他们都能坚强而有毅力……

这一年，我们全力打造了我们的全新栏目——《思想家》，让宁波各界的精英人士汇聚在此，来畅谈他们的超前理念和独家观点，有政府官员、有专家学者，当然更多的还是那一批敢想务实的宁波企业家，他们用自己的过往经验来启示后辈甬商，让其更好地向前发展。

这一年，我们推出了五个结合时代的个性榜单，来盘点这一年的甬商精英。我们聚焦"她时代"，在三八妇女节时策划了"巾帼甬商TOP10"和"新锐女甬商榜"，对宁波的巾帼精英们来了一次大梳

2011年"风云甬商"春暖甬城

理。五四青年节，我们又推出"青年甬商TOP10"，将一批新一代的商界新锐"偶像"展现在大众面前。在建党九十周年的火红7月，我们为宁波民营企业家中的优秀党员标杆人物立榜，推出了"党员甬商TOP10"。这一年，我们还将目光锁定在新一代的财富英雄，推出"2011甬商财富排行榜"。同时，我们也不忘紧扣"以人为本"的时代主题，推出"甬商社会责任排行榜"。或许，数字与排名并不能说明什么，但我们只想用这样的方式让我们的甬商拥有一个前进的动力与方向。

这一年，我们结合这个时代的鲜明主题，特别策划了几个有分量的专题。年初，我们关注宁波板块在资本市场的崛起，特别策划了宁波上市公司的专题。同时，伴随着异地商会在宁波的异军突起，我们又将视野转到这些风生水起的异地商会，为它们解读政策，寻求更好的发展之道。春寒料峭，没有任何征兆，利比亚战乱爆发，我们即时与在利比亚开展业务的华丰公司取得联系，全面记录报道了宁波华丰935人撤离利比亚的惊魂之旅。金色10月，当迎来宁波国际服装节十五周年之时，我们再一次将目光聚焦到"蝶变"的宁波服企们，无论是老牌"明星"还是后起之秀，我们通过解读它们的转型升级之道来看它们的蝶舞之年。

　　这一年，我们访谈了33位当代优秀甬商，与他们近距离地接触，分享他们的创业经验、管理经验、人生经验，来为其他甬商导航指路。我们还选取报道了11位老一代宁波帮人的成功事迹，通过他们的真实故事来展现他们的人生脉络，供我们的甬商学习借鉴。

　　这一年，还是职业经理人之年。我们继续做深职业经理人专刊，报道了多位行业优秀职业经理人，解读他们的职场轨迹。11月25日，伴随着中国职业经理人大会的盛大召开，我们在深度报道此次大会的同时，还追踪报道了这群凝聚着创新中国的商业力量。

　　现在，站在2012年的开端回望，我们记录下的一个个画面就像一面面镜子，既照亮来路，也映出前途。

　　"子曰：'德薄而位尊，知小而谋大，力小而任重，鲜不及矣！'"我深知一本本土人文财经杂志的"德薄"和"力小"，但我们只愿饱含着更加努力的心态，来坚守我们的"事业"，来为他人照路。但愿在文化强国的大力引导下，2012年的我们能走向更智慧的时代。

（2012年1月）

我的职业经理人情结

11月26日晚，当2011中国职业经理人大会落下帷幕，曲终人散时，我送走来自全国各地的客人，安顿好紧张战斗了一个多月的员工，一个人坐在已临近打烊的星巴克里，望着灯火闪烁的三江口，竟涌起许多感慨。我自问，是什么力量支撑着我承办了这样的大活动？是什么信念让我坚持了7年，将职业经理人行业发展作为自己的使命？我想，只有两个字——情结，我的职业经理人情结。

在2009年初我组织编印《2009宁波职业经理人发展白皮书》的时候，我曾在后记中写下这样一段话："从投身宁波职业经理人发展事业至今，已逾四年时间，不自觉间已经将促进职业经理人事业的发展作为自身的一项神圣使命。几年来，心情也随着宁波市职业经理人的起伏发展，而时而兴奋，时而忧虑。而最大的兴奋莫过于随着宁波经济的发展，职业经理人已经成为广大企业的中流砥柱；最大的开心莫过于政府对高等级经营管理人才的重视，出台了一系列筑巢引凤的政策；最大的收获莫过于结交了一批我可以视为良师益友的职业经理人朋友。"

虽然时间又过了近三年，但今日的感慨与当时并无二致，上述这段话可以说还是我今天的心声。回顾这七年，并非一帆风顺，有挫折，有曲折，有汗水，有泪水。从"职业经理人"这几个字在宁波还是冷僻词，到逐步为广大民营企业所接受，再到今天优秀的职业经理人在宁波成为香饽饽，为诸多企业所追逐，让我记忆更多的是我品尝到的兴奋与甜蜜。从"职业经理人协会"筹备期的寥寥数人，到会员数量日益渐长，多个分会逐次成立，再到现在每年的年会高朋满座，优秀职业经理人层出不穷，让我体会更多的是参与这份事业的自豪感和成就感。

2011年，宁波成为首批"中国职城"

　　而就本次大会而言，从前年起连续两年申办直至成功时的兴奋和压力，到筹办过程中与北京、宁波两地政府领导多次汇报、沟通，终于取得理解和支持，能使大会按计划和设想举行时的如释重负，再到在整个团队齐心协力奋战两个月直至大会圆满落幕并获得领导和各地代表的交口称赞时的开心与激动，我真正感到并不止我一个人在战斗，正是因为有了政府、社会、各界朋友、团队员工，尤其是广大职业经理人的鼎力支持，我才有了为职业经理人事业奋斗的勇气和源泉。

　　但在我内心，我还是把它归结为"情结"，也许因为我是一个重情的人，对人如此，对事业亦如此。就像眼前的三江，江面平静得能映出两岸的高楼，而其底下却是奔腾着，直至入海。

　　也许这样的情结能让我和职业经理人结缘一辈子，那也将是我倍感荣幸的事。

（2011年12月）

这七年，我们一起走过

在今年年初，和秘书处的同事们一起策划2012年宁波市职业经理人协会年会的时候，有一位同事不经意间说了一句："七年了，时间过得真快啊。"我的心猛然一提，是啊，没想到不知不觉间，职协已经走过了七年，我和职协的各位伙伴和朋友们也一起走过了整整的七年。

对于七，有太多的说法：七上八下，七年之痒，风云再起（七）。而对于我们，这个七却是整整的七个春秋，2500多个日子，和来自四面八方共同聚在一起的一个团队。有人说七岁的孩童正处于从懵懂走向求知、从儿童走向少年的一个阶段，而对于七岁的职协来说也正是从一个初创而青涩的团队慢慢走向成熟，走向发展。

很幸运作为一个亲历者走过了这2500多个不平凡的日夜，现在回想起来仍是如此的生动，许多欢乐，许多兴奋，许多难以磨灭的记忆，仍能随时随地浮现在我的脑海中，那么的深刻。

难忘2004年的秋天，机缘巧合，我与俞铭嘉、叶素文、陆云、周波诸君经过培训考核，成为宁波市第一批持证的职业经理人，并就此与职业经理人这一群体结缘。而就在这一年的冬天，父辈良师曹存宁秘书长向我传递了一个信息：目前国家和市里领导对职业经理人这一群体的建设非常重视，建议我牵头组建一个市职业经理人协会，作为宁波引进和培育职业经理人的一个平台。就在这样的动议下，我联络几位职业经理人很冒昧地向主管部门市经委提出了成立职业经理人协会的申请，没想到很快得到市经委领导的批示支持，而后又得到了市

2012年，宁波职业经理人协会七周年活动

民政局的批准。当我们把这一消息告诉很多企业中的经理人时，大家欢呼雀跃，异常兴奋。至今记得这么一个数字——92，指的是第一批92位会员聚集在一起，于2005年5月21日召开了宁波市职业经理人协会的成立大会。

　　一个协会的初创如同一个企业的创业，艰辛自不必说，少钱缺人，又没有工作经验。好在大家有一股青年人的创业精神，又得到了许多经理人和企业家的帮助，这些优秀的会员有帮协会制订发展方略、经营机制的，有帮协会提供智力支持、策划活动的，有为协会提供活动所需场地、经费乃至各项保障的，当然更多是以默默地参与协会每一次活动，关心协会每一步发展的形式来对协会表示支持的。

　　而随着协会一个个分会的成立，一个个中心的建立，一次次大活动的举办，让我切切实实感受到了协会的发展和成长，也使我真切地感到职业经理人这一群体的活力是如此充沛，能量是如此巨大。难忘在滕头、在雪龙、在万里、在诺丁汉的每一次聚会；难忘赴杭州、赴泰顺、赴辽宁、赴广州的每一次交流；更难忘在那特殊的时刻，在那特殊的地点，我们宁波职协的身影——2008年的青川，2010年的玉树，当我与职协的伙伴在地震的废墟中向受助的学生伸出援手，住在高原帐篷忍着头痛，数着星星，笑谈职协趣闻时，我感到那么的幸福，那么的幸运。

感到幸福的还有成功后的喜悦。当我和会长、伙伴三赴北京，连赶广州沈阳，终于取得"2011中国职业经理人大会"的主办权时，我们的幸福是无以言表的。而当我们通过共同努力，以整个协会之力顺利圆满地办完这次大会，并获得中央、省市领导和全国各地职业经理人的交口称赞时，我们的幸福又是无以名状的，辛苦和泪水已不值一提。

回望这七年，可谓感慨良多，除了幸运和幸福外，最想多说的就是感谢，而且这个感谢是真诚而发自肺腑的。要感谢这个伟大的时代，使我们这个群体有生存的空间，并起着越来越重要的作用；要感谢有一个开明的政府，使得职协这个瓜能够顺利落地，并为宁波的经济建设起着一点点绵薄之力；要感谢职业经理人这个睿智、坚强、活跃的群体，不但聚在一起，起着加倍的化学作用，更使我本人结交和认识了一大批良师益友；当然还要感谢亲身参与职协发展的各位同事和时刻关心职协成长的各界朋友，没有大家的参与，这七年的路不会如此平坦。

在策划这本纪念册时，正好看了一部流行的电影，名叫《这些年，我们一起追过的女孩》，所以就势套用了句流行的主题语：这七年，我们一起走过的日子。

这七年，有你，有我，有大家。下一个七年，下下个七年，希望仍能同行，一路走过。

（2012年6月）

2014，我们的梦想

套一个成语，叫"时光荏苒"，被广大年轻人喻为"一生一世"的前半段——2013年已经过去了，而我们也随之进入充满浪漫气息的2014年。

现在回想，这2013年过得还真是不平凡，我们的国家经历了登月的喜悦，航母建成的豪壮，以及对十八届三中全会的期盼。而我们这个城市却经受了高温的肆虐、雾霾的笼罩和洪水的袭击。百年一遇和全国领先的自然警示似乎正慢慢打击着这个自古人杰地灵，被称为"风水宝地"的城市的居民的信心。

好在还有"梦"，我们的领导人适时地提出了"中国梦"，让我们每一个普通人心中也洋溢着"我的梦"。正是梦的力量推行着我们走过2013年，走进2014年。

也正是这个"梦"，支撑着我走过2013年，而且是令人激荡的2013年：在这一年里，我们驰援被地震摧残的雅安大地；在这一年里，我们携手淌过余姚漫城的大水；在这一年里，我们见证又一批风云甬商的诞生；在这一年里，我们牵头成立了"明日甬商创业联盟"，给大学生们以未来的期许；在这一年里，我们引领甬商走出宁波，走洋闯北；在这一年里，我们成立互助基金，解决企业的燃眉之急；在这一年里，我们以每周两个活动的频率，搭建甬商交流平台；在这一年里，我们还推出两个榜单，发出甬商强有力的吼声；在这一年里……

梦不断，行动就不断，我们的梦想也淌过2013年，来到2014年。

在这岁末年初，我们提到的最多的问题就是：你的新年梦想是什么？每个人有每个人的梦，每个人的梦不尽相同，但我在大家的回答中却看到我们对前程的希翼，对生活的梦想。

企业家们说：希望十八届三中全会的精神能落地，政府对民营企业的政策能更宽松一点。外贸业者说：希望全球经济能回暖，贸易争端越来越少。政府领导说：进一步转型升级，逆势突破，稳中求进，做好在艰难中前行的准备。职业经理人说：盼望老板坚持实业，重视管理，珍惜人才，练好内功。基层员工说：这两年算是懂了，企业好，咱就好！专家学者们说：整体形势严峻，但基本面向好，还需保持信心。而普通市民则说：我只要呼吸清爽，吃得放心，物价不涨，社会公平，这就够了。

我想，这些是大家的梦想，也是我们的梦想。

而我的梦想呢？我想，在经历2013年的悲喜磨砺后，再加上一句：平安健康，平稳心态，向善向上，服务甬商，健行天下。

希望我的梦想能实现，希望我们的梦想都能实现。

我们来了，2014年！

（2014年1月）

三十而"励"，重新出发

三十年前，1984年8月1日，改革开放的总设计师邓小平同志在北戴河的会议上，对当时负责对外开放的谷牧同志说："把全世界的'宁波帮'都动员起来建设宁波。"这一句不长的言语，却成为之后三十年宁波改革开放的重要号召。这句话再一次激发了宁波商人的创业雄心，也再一次点亮了宁波这颗东海明珠的发展之光。从此，宁波进入一个全新的发展时期，历史悠久的宁波商帮也进入一个勃勃生机的时代。

三十年间，宁波城市面貌日新月异，区位优势逐渐突现，经济地位快速提升。宁波这座古老的城市犹如一颗珍珠，发出耀眼的光芒，影响着浙江省、长三角乃至全中国。三十年间，甬商们筚路蓝缕，白手起家，靠着"千辛万苦、千山万水、千言万语、千方百计"的"四千万精神"，从宁波起步，走向全国；从小作坊起步，成为大工厂；从乡镇企业起步，造就实力雄厚的民营企业。聪明智慧、吃苦耐劳的甬商凭着与生俱来的创业血脉走出了一条非比寻常的道路。甬商，成为宁波一块闪闪发光的金字招牌，更成为宁波的名片与符号，并影响着中国的商业版图和诸多行业的发展走势。作为中国十大商帮之一，甬商再次焕发新生，演绎出一段段诉说不尽的创业故事。

三十年后，我们来到新的历史节点，这个节点俗称"三十而立"。邓小平为宁波帮做指示已过去了整整三十年，甬商的重新辉煌也过去了三十年。三十年一轮回，甬商站在时间的拐点上，眺望今后的发展。此刻，困难不小，挑战更大。金融风暴、次贷危机、欧债风波都深刻影响着世界；贸易壁垒、资源短缺、成本上涨又深深刺激着发展中的中国。我们的周围强手环绕，危机四伏，竞争无处不在。面对如此困境，甬商来到一个不发展便落后的紧急时刻，宁波也进入一

甬商总是以时间为节点，随时重新出发

个不前进便沉沦的紧要关头。

今天，站在宁波发展的十字路口，作为新一代甬商的一员，我们怎能无动于衷？面对纷繁复杂的经济形势，我们理当秉承甬商精神，自强不息、坚韧不拔、勇于拼搏、敢于冒险，继承前辈流传下的宁波帮精神；我们理当重整创业之心，恪守诚信之本，勇担社会之责，开拓创新之路；我们理当相互抱团、相互关心、相互取暖，齐心合力，为宁波的经济发展再出一份力！

今天，2014年8月，在邓小平同志为宁波帮发表重要指示三十周年之际，让我们将过去归零，抱创新于心，重整旗鼓，斗志昂扬，再次起步。让甬商这面旗帜高高飘扬，让宁波这座城市熠熠生辉，让我们再接再厉！三十而"励"，重新出发！

（2014年8月）

写给走过2014年的自己

每逢新旧跨年，都是心情最澎湃的时刻，今年站在眺望月湖的望湖阁上，同样如此。虽然跨年的最后一刻，上海滩上令人痛心的事件令我阵阵揪心，但望着眼前一湖碧水和渐渐从薄雾中清晰起来的城市，还是让我的思绪慢慢回到刚刚走过的2014年。

不能仅仅用收获、感慨、遗憾这样的词语来形容已经走过的2014年，此刻的心情没有那么多忐忑，2014年带给我的是一段值得怀念和留恋的时光。在2014年，我领略了国家最高领导人提出的"一带一路"倡议，而且渐渐把它应用到了自身的工作当中，互联互通思维让我的思路拓开不少。2014年我也见证了中国经济的起起伏伏，见证了许多企业与名人的辉煌和陨落，见证了现代中国在国际版图的发展和影响。2014年我还见证着这座城市的发展和变迁，见证了这个城市由传统商业慢慢向"月光经济"和互联网商业的转变，见证了一条条长长的轨道从地下和空中向外界延伸。

站在眺望城市的望湖阁上，这一方水土现在有了一个新的名字，叫"甬商文化园"，它使我的思绪又回到2014年的甬商。2014年，甬商何其不易，尤其是传统制造业的甬商在这一变革之年遭遇了太多的坎坷和未知。但我看到的仍旧是甬商那一个个坚强又憨厚的笑容，就如同这一阶段我对2014年风云甬商的走访，接触到的诸位甬商无不是怀着对2014年艰难时光的藐视，对今后发展的憧憬，在继续着他们前进的步伐。也许在这里说到责任、创新、突破、转型、推动力这样的词语会稍显生硬，但其实这些字眼在这些可爱的甬商身上显得如此生动。他们的身上没有刻着生硬的字符，但在他们的一颦一笑间，我们可以感受到他们身上仿佛与生俱来的责任、创新和不懈追求。

2014年我淌过自己的一段岁月，其实如同再往前的2013年、2012年、2011年……我的血液中可能流淌的最多的是"甬商"两个字，也许这两个字已经融入我的血液和生命。2014年我仍旧为了这两个字在努力和前进，在团队小伙伴们的共同努力下，我们建成了"甬商文化园"，在这有着悠久历史和优美风光的一汪月湖，甬商们有了一块自己活动和休憩的乐土，也为这座城市添了一丝文化亮色；2014年我们还成立了甬商研究院，把诸多的有识之士聚在一起，为我们的民营企业提供民间智库；2014年还召开了甬商年会，在纪念邓小平同志为宁波帮题词三十周年的这一时间节点，我们"三十而励，甬动未来"，发出了"甬商再出发"的嘹亮声音。2014年我在办公楼门口挂出了一块新的牌子"甬商公众服务平台"，这表示我们已经把往常的社团思维慢慢转到公众服务思维，希望为更多的甬商企业家提供我们绵薄的服务。

2014年我也度过了我个人的一段美好时光，这一年有过了太多令我难忘的时刻，走过了许多未曾到过的地方。2014年，我接受甬商企业家的挑战，把冰水往自己的头上倒下，刺骨的一刻却带给我畅快的回忆；2014年我游走于秦晋大地，领略中原文化的博大精深；2014年我更多地是坐在芳草之洲，静静地享受宁静的一刻，使自己内心如同尘埃慢慢沉淀。

写给走过2014年的自己，感受是充实而愉悦的，但我心里已在期待明年写给走过2015年的自己将会是怎样。2015年是甬商平台成立十周年的重要年份，也是甬商群体转型发展的重要年份，更是宁波乃至中国突破发展的重要年份，这样的年份没有理由不值得希冀，这样的年份没有理由不给自己留下更难忘的回忆。所以，此时，我已在憧憬写给走过2015年的自己的那一刻了！

（2015年1月）

梦想不止 青春不老

一座城，一群人，一本杂志，十年青春……

从2005年到2015年，十年光阴，一个呱呱坠地的婴儿，已然长成了一个懂事的少年；十年，是一次从青涩到成熟的历练；十年，是一段值得纪念的时光；十年，亦是开启下一段精彩旅程的开始。十年，我们走过最好的黄金时代；百期，我们书写最难忘的春秋。

十年间，我们一直孜孜不倦地记录着风云变幻的甬商大事件，观察着甬商们的崛起与成长、迷惘与追索、高歌与痛苦、成功与失败。我们倾听甬商们的所思所想，梳理甬商们的心路历程，将他们十年沉淀下来的感悟结集成册。于是，就有了这十年来155次的思想震动和对294个人物的展现。

十年间，我们深挖各行各业，解剖当下形势和危机，精选那些如今看来依旧振聋发聩的命题和观点，为甬商们迫切需要关注的问题摇旗呐喊。77次特别策划，让我们见证并参与了甬商们营商环境的点滴改变。

十年间，我们精耕细作在宁波这片经济热土上，只为甬商们能够在我们的字里行间中获得一点点收获。329次重要活动，136次公益行动，在一次次活动、一场场交流、一个个观点、一篇篇报道中，在甬商们的思想碰撞中，留下了我们奔跑的身影，印下了我们探索的足迹，也刻下了每一次活动后最深远的回响之音。

十年间，我们不断找寻甬商们奋斗的轨迹，解密他们成功的秘诀。甬商百富榜、宁波品牌百强榜、最受重尊重的甬商、青年甬商榜、巾帼甬商榜……十年里，19个榜单背后的每一组数字、每一张问卷、每一个回答、每一次盘点，我们都反复精密计算，为的是帮助甬商梳理一年的商业变迁，眺望未来的有效方向。

十年间，我们通过探寻甬商在慈善、艺术、生活、旅行等方面的追求，拉近甬商与读者的距离，让读者们能更加立体地触摸他们的精神世界，厘清他们商业背后的逻辑脉络。

十年前总是计划着十年后，十年后往往又怀念着十年前。在一起细数完这不算漫长却依然值得铭记的十年后，你会发现，我们依然执着着我们的执着，依然坚守着我们的坚守。你将看到，《甬商》杂志是如何与甬商一起，共同将十年百期的探索和努力，转变成引领宁波民营经济发展、重塑宁波商业文明的光芒；尤其在每次面对危机时的焦灼和呐喊，最后变成滋养甬商发展的芬芳和力量。

十年的征程，百期的瞭望，寄寓着多少光荣和梦想，包含着多少艰难和曲折，又珍藏着多少激情和故事，我们难以一一历数。但是，采撷其历史进程中的一些片段，回顾一下走过的路、经历的人，定能发现珍贵的价值。

有企业领袖，就有商业江湖，读懂他们，就能读懂宁波商业。东方商帮的智慧与风范，这不只是一句口号，更是一个指引。他指引着我们在新常态下，在新经济中，在宁波商帮三百年的历史传承和甬商精神的鼓舞下，在创刊十年百期的初心下，继续陪伴广大甬商一路前行。

我们相信，梦想不止，青春不老。当我们一同感怀过去、畅想未来的时候，《甬商》杂志的新十年，必将柳暗花明，曙光在前。

（2015年7月）

芳华绽放

这段时间在我脑海里印象最深的一个词，那就是"芳华"。这既来自一部著名的电影，严歌苓和冯小刚向我们讲述了那个特殊年代里年轻人的芳华，也来自我对这段时间的感受。因为工作的原因，我了解了2017年中国乃至我所在的这座城市的发展状况，深切地感受到刚刚过去的一年可以"芳华"这个词来形容。当我接触更多的宁波企业家，尤其是今年涌现的风云甬商参评者时，又感觉"芳华"用在这些甬商的身上是那么契合。而当做完自身所在的甬商公共服务平台这一年的工作回顾时，我又感觉到用这样一个词来形容我们的平台，又是如此的贴切。于是，我就用这个词来作为本期《甬商》及这段时间的一个主题词，并加上了一个我心中所期望的动词——"绽放"。

2017年，是中国的芳华之年。这一年，中共十九大召开，中国特色社会主义进入新时代；这一年，全年国内生产总值突破827122亿元，首次登上80万亿元门槛，比去年增长6.9%；这一年，"一带一路"成为国际热词，中国的国际朋友圈不断扩大；这一年，国产航母、大型客机、深海潜水器、港珠澳大桥等，上天入地，翱翔九州……这一切，都在诠释着中国"风景依然独好"。

2017年，是宁波的芳华之年。这一年，"名城名都"深深刻进宁波城市的气质里，"活化石"重新绽放风采；这一年，宁波实现地区生产总值9850亿元，增长7.6%，距万亿一步之遥；这一年，宁波"16+1"经贸合作示范区列入《中国—中东欧国家合作布达佩斯纲要》，宁波舟山港成为全球首个货物吞吐量超10亿吨的港口；这一年，宁波成为全国文明城市创建"五连冠"城市，第八次赢得"全国最具幸福感城市"称号……这一切，都是这座城市绚彩华丽的一幕。

2017年，是甬商的芳华之年。这一年，"甬商"成为年度热搜，从浙商甬商创业创新大会，到甬商总会成立，甬商发展论坛召开，再到"十大风云甬商"评选，甬商被频频提及；这一年，宁波新增上市公司20家，新三板挂牌企业31家，宁波企业制（修）订国际（国家）标准49项，277个宁波产品入选"浙江制造"重点培育名单，宁波外贸进出口总额突破7600亿元，增长21.3%……这些数据的背后，都在诉说着过去一年甬商的梦想和力量。

2017年，也是甬商公共服务平台和甬商理事会的芳华之年。这一年，我们梳理三百年甬商精神，"东方商帮"展览全新亮相月湖甬商文化园；这一年，我们推出"甬商文化驿站"，百年宁波商会会址重现光芒；这一年，我们在全国发声，让新时代甬商品牌建设赢得全国关注；这一年，我们举办各类甬商活动，倾听和记录甬商声音；这一年，我们发布"甬商百富榜""宁波总评榜"，细数宁波城市及甬商发展的点滴；这一年，我们秉承初心，月月出刊，《甬商》杂志总出刊数达130期；这一年，我们13岁了，小荷才露尖尖角，作为宁波市重要的经济类服务平台，我们进入了一个能够快速行走、即将芳华绽放的美好时刻。

太多的芳华在这一年绽放，而这些画面所拼凑起来的不正是一个完整的、美丽芳华的时刻吗？希望这样的芳华，不是一时的绽放，希望我们的广大甬商和宁波的发展能够在这一芳华之期不断绽放出自己的精彩，并一直绽放下去。

一花独放不是春，百花齐放春满园。希望我们的甬商公共服务平台与广大甬商一起，继续绽放到23岁、33岁乃至更长的岁月……

（2018年1月）

我和甬商的四十年

如果说时光荏苒还不足以形容四十年的话，那我想用岁月如梭这个词应该是合适的。四十年是目前中国改革开放走过的年份，也是当代甬商走过的年份，更是我有幸一起见证的年份。

四十年前的1978年，风刚起时，那时的我还是一个懵懂孩童，在小学里憧憬着自己的未来。那时的宁波跟全中国其他城市并无两样。我时常摆渡在甬江两岸，在外婆家和父母家来回，看的最多的是外滩码头那高大雄伟的"上海轮船"，总是想着哪一天我能坐着这样的大轮船出海就好了。那时的我除了家里和学校以外，去的最多的是父母的工厂，那是一家位于宁波城郊的国营工厂。在孩童的眼里，工厂是那么的宽大，够我玩上几天。那雄伟的设备，那些工人叔叔阿姨，那下班时人流如注的场面，至今还保存在我的脑海里。这样的工厂在当时比比皆是，它的厂门口挂着的牌子总是"国营宁波某某厂"。1978年的宁波正处于沉睡中即将苏醒的状态。

1988年，我步入高校，自己就读的学校在外地，每当放假回来，去的最多的却是本地的一所高校——宁波大学。那时的宁波大学可以说是许多宁波人心中的圣殿，印象最深的是宁大每一幢教学楼上面镌刻的名字。我曾经问过在那里工作的同学父亲，他说："镌刻的这些名字都是出资捐建宁波大学的港澳企业家。"由此我对这些名字心生敬意。那一年父母回家总是说他们的厂效益不好，因为在他们厂的周围建起了许许多多小的工厂，当时有个时髦的用词叫"乡镇企业"。我曾偷偷地跑进去看过几次，发现厂子并不如父母的厂子那般宽大，

2015年，《甬商》杂志"十年百期"纪念活动

但里面红火生产的情景似乎又比老国营厂热闹了许多。记得当时，最流行的一句话是"把全世界的宁波帮都动员起来，建设宁波"，当时的我还不甚了解，后来知道了这是小平同志为宁波人的专属题词，而恰恰是这句话对宁波的发展起到了巨大的作用。

来到1998年，我已成为一名企业高管。那时候闲暇时间就是与朋友们逛街、看世界，可以说我的双脚量遍了宁波城区的每一条街巷，金龙饭店、华联商厦等高楼拔地而起，旗杆巷、碶闸街等巷子都废弃被拆，那时的宁波给我印象最深的是"大干快上"等字句在墙壁上处处可见。父母的厂子在那时候已被改制，从国有变成股份制和民营，为此父母也提前退休了。而在我身边干得最欢的是几个做外贸的同学，靠着他们的专业特长在商海里似乎游得很欢。在那个充满变革的年代，在国企中的我却是充满迷茫。

2008年可以说是印象尤深，当年最大的标志性事件就是北京奥运会，而我已经拿起手中的笔墨，用我们的宣传工具书写宁波企业如何闯荡北京奥运的报道。当时有一句响亮的口号——"宁波是中国的品牌之都"，许许多多的地产品牌纷纷崛起，就如声名鹊起的东方大港。而我本人也趁着品牌之都的风潮，在那一年有幸发起成立了甬商发展研究会，并在之前率先提出了打造甬商品牌、促进"甬商"发展的理念，并注册了"甬商"商标，创办了《甬商》杂志，举行了风云甬商颁奖典礼等一系列围绕甬商的活动。2008年是许多人心中难以磨灭的年份，更是我生命中不可遗忘的时刻。

当下来到一个新的节点——2018年，这个年份对于甬商同样意义非凡，甬商进入不惑之年。四十年的风吹雨打，四十年的市场激荡，甬商已经成为中国商业之林不可或缺的力量，宁波这座城市也成为"中国制造"的重要样本。城市从三江口时代走向了拥江揽湖滨海的时代，而甬商亦从青春少年走向了成熟稳重。对于这个商帮来说，血液中的不满足永远存在，所以便有了"六争攻坚，三年攀高"的再次出发，就有了驶向中东欧16国的扬帆起航。这是一个充满机遇、充满挑战的年份。四十岁的"甬商"将在致敬时代的年份里再次出发。

岁月如梭，四十年时光使孩童变成了中年，使青春甬商变成了厚重商帮。致敬过往的时代，更在于憧憬未来的到来。下一个四十年，相信我还会与甬商同在！

（2018年7月）

游篇

感触尘微

"你就像云一样，偶尔也会独自一个人沉寂于某个角落，默默地沉醉于自己心与心的对话，像过眼烟云一样地回忆起自己过往的生活，对曾经的幼稚、肤浅、懵懂、可爱而粲然一笑。"

——叶素文

开博词

想想人的名字对性格确实有影响，就如我，自成年后，就发现自己就像名字所取的那样，好游历山水，喜览尽春秋。回想这些年，确也走了不少地方，无论海内海外，不管大江南北，自身也从游历中得到了许多愉悦，得到了许多历练。

开博的事一直不敢想，倒不是不想把我的游历经过和收获与大家分享，而是不敢奢望有太多的时间和精力去细致地维护这片田地。最初的启发来自2008年7月辽宁河北之行，一路同行的勤毅兄一直鼓励我将我曾经的精彩展示出来，并为我取了一个很响亮的名字——云游天下。而最终下决心，缘于上月万里素文兄的鞭策，是他的热情鼓动使我终于有了开博的冲动，当然还要感谢慧君和子璐，帮我解决了开博的具体问题。

开博了，第一次，还是很高兴，接下来的任务是将以往的游历和精彩展现给大家，当然也包括将来。做一个沟通的平台，做一份曾经的留念。希望我的朋友们多支持、多交流，也多督促，督促我经常用心来耕耘。

开博，鞠躬！

（2009年5月）

云开了，博天下

还未开博，素文兄已在他的博客里为我拟了《云开了，博天下》的美文，感谢他取了这么磅礴的题目，也感谢他做了如此透彻的剖析，故特引用于此，做友情开博词：

云的人生，注定是漂泊的人生。漂泊久了，心就累了，想歇歇了。这是开博的最好时机。

旅途是云的驿站，云开了，又要开始新的远行，为"天下"而博，理所。多少年了，你总是不断地开始自己的一次又一次远行。却从来不知道自己的起点在哪里，也不知道自己的终点在何方，就这样"云游天下"。即使有时候连游历风景的名字都记不住了，却还是那样执着，你只知道自己像天际洁白的舒云一样随时都在旅途中。

惬意的生活，让你把一切纷扰丢在了喧嚣尘世和大地之间。

云，喜欢独来独去。你就像云一样，偶尔也会独自一个人沉寂于某个角落，默默地沉醉于自己心与心的对话，像过眼烟云一样地回忆起自己过往的生活，对将来却依旧迷惘。

人们总是说，候鸟会在固定的季节里迁徙。你说你其实也是一只候鸟，可是你的迁徙却总是孤孤单单的，你的飞翔没有留下任何的印迹，你的世界里没有群体的记忆。

你一次次茫然地进行自己一个人的漫无目的的旅行，不断地漂泊于这个被俗世渲染了的世界之上。你说你是一只落单的候鸟，你永远跟不上其他人的脚步，因为你是云，所以人生注定孤独与漂泊，你的生命就是为了漂泊而存在的，所以你喜欢远行，遁形于山水之间，游

2009年，"大云天下"博客首页

天下。你非常害怕停下远行的脚步，因为候鸟是不会停止飞翔的，一旦停止了，那就意味着生命意义的终结。

你说你是云，其实你就是一只候鸟。有人说，吉普赛人的流浪是对自己的一种惩罚，那样的惩罚会让他们生命的记忆变得更加地深刻，因为他们注定孤单。你是云，你就在惩罚自己。

默默地享受你的云游吧，想着你心中所念。你并不孤单，透过云层的那丝丝缕缕的霞光，你就会看到许许多多云的使者。

（2009年5月）

青川的眼泪

早春三月，我带领一批由甬商、经理人、党外知识分子组成的慰问团，远涉千里，来到"5·12"地震重灾区、宁波市对口援建的北川重镇——青川县。地如其名，青川确实是山川秀美、青意盎然。谁又会想到去年一场突如其来的天灾，将它震得满目疮痍？

我们首先来到重灾区瓦砾乡，与当地的瓦砾乡中心小学进行了支援结对仪式，与10多位小学生结对助学，并向学校捐赠文具、音响、课外图书等教辅用品。然后，又赶赴最偏远的乡镇，也是海曙区对口援助乡镇——茶坝乡，在茶坝九年制学校里，会员与30位学生结对，并走访慰问了两家学生家庭，其家里破败不堪、清贫如洗的景象令我们唏嘘不已。第三站来到位于黄坪乡的回龙小学，捐赠了电子琴、教学用具、文具、课外图册、各类体育用品等教辅用品。

此次慰问活动共结对助学当地学生40多名，捐赠支援3所学校，捐款捐物总额达8万余元。参加慰问的一位会员说："我们坐在寒冷的板房里，围观的家长、老师及学生眼神里充满希望地看着我们，校长厚重的发言、孩子稚嫩的感谢、家长无声的握手，都让我们感到震撼。在会上，孩子们给我们戴上了崭新的红领巾，用歌曲《感恩的心》讲述着对我们的感谢。当孩子们用小手在我们赠送的电子琴上弹奏出美妙的音乐时，周围的人们安静地看着她用音乐来歌唱生命的美好，孩子们和老师们的掌声让我们觉得不远千里而来是值得的，6个多小时的颠簸是值得的。"

2009年春，慰问青川地震灾区

　　捐赠结束后，我们又赶往宁波援建指挥部，看望了来自宁波市和海曙区的援建志愿者和工作人员，虽然住着板房，吃着不习惯的食物，说着并不溜的四川话，但是从他们的笑容中可以感受到他们对援建工作是多么的倾情付出。

　　第二天，我们到东河口地震遗址参观，当地的讲解员和导游在讲述过程中都重复着几个数字：100米以下、800多人、1个村庄、2分钟顷刻间成为废墟。他们不愿意一次次来回忆那场痛苦的经历，也不想一次次地讲述那场灾祸，但是他们要让后来人知道青川曾经有过怎样的苦难，有过怎样的泪水。大家沉默着，默默地倾听来自灾区最真实的声音，也以另一种心情体会着当时人们的绝望。脚下躺着许多生灵，就连堰塞湖的颜色都有点微微泛红，天空淅淅沥沥地下着雨，仿佛老天都在为制造了这场灾难而感到愧疚，流下忏悔的泪水。墓碑上刻着800余人的名字，有老人，有男子，有妇女，有儿童，还有还未取名的婴孩。在碑前，大家的脑中呈现出当时的状况，仿佛电影般划过，泪水盈润了每一个人的眼眶。有人开始低声哭泣，一个接一个，在无声的眼泪中，大家默默为逝者祈祷，希望他们在天堂的日子可以过得幸福。

虽然地震已经过去快一年了，但在孩子们的眼神中依然有迷茫，有伤心。只有在拿到书本、文具的时候才会有一丝丝的笑容。在这次慰问的几天里，我们给予当地的孩子们除了一份关爱和信心外，其他也许是微不足道的，但是他们给我们的感触却是太深太深了。

（本文执笔：洪静瑛）

行走玉树

四个月前，一个原先并不熟悉的名字一下跳入了我的眼帘——玉树，2010年4月14日那里遭受了7.1级地震。在电视屏幕上，美丽的草原遭到破坏，宁静的土地受到重创。从那一刻起，我就萌生了一个愿望，一定要去探访一下这块有着美丽名称的大地，一定要去看望一下遭受灾难的当地居民。

在四个月后的8月，我的愿望成真了。带着对那片土地的向往和宁波兄弟姐妹的重托，我及我的伙伴踏上了去青海的旅程。

大美青海

一踏上青海的土地，就似乎有一股震撼的力量，广袤的土地，丰富的水源，满眼的绿色，成群的牛羊。而最使我震撼的还是青海湖的美。当远处的天际线上隐隐出现一汪蓝色的线条时，我的目光就再也没有离开过她，不对，应该是他，他如一位雄浑憨厚的汉子，却静静躺在高原的群山环绕之中。与他做伴的是雄伟苍劲的山脉，以及似乎为他做点缀的绿原。及至驶近，雄浑的他却显出另外一种美，似恬静，似羞涩。湖岸边，7月盛开的油菜花已经谢去，但各色妍丽多彩的格桑花却争奇斗艳般簇拥着他，使这一幅景色像极了西方的油画，令人沉迷在这长长的油画廊里出不来。走近湖水，另有一番景，不像西湖般朦胧，也不像泸沽湖安静，潋滟的湖面时而会卷起一层层波浪，拍打着岸边，留下一滩白白的盐渍。而再走近，一群憨憨的湟鱼向你游来，仿佛是在欢迎你。

8月，已不是鸟类在青海湖的最佳憩息时间，但仍可看到群群白鹳，只只鸥鸟，翱翔在湖面上，增趣不少。令阳光下湛蓝的湖面多了几分生气。

其实8月的青海处处洋溢着生机，除却大湖，远处的雪山，光秃的戈壁，都是如此。印象最深的还有似乎永不落山的太阳，当我们吃完晚餐漫步时，它还是那样灿烂地挂在空中，平添了许多乐趣。

黄河之源

自西宁至玉树，800多公里，且一路在高原群山中前行。此一路的风光，可以用浩瀚来形容。一眼看不到边的公路在这里是常景，使我不再艳羡美国西部片中那惯用的镜头。

出共和，经花石峡，至玛多，海拔一路攀升，不知不觉间已到了4300多米，然兴奋劲使得我们似乎对海拔失去了感觉。下午到玛多时，还是生龙活虎，精神奇佳。故而午餐后，马上找了两辆越野的吉普，去探寻母亲河——黄河的源头。

青海不愧被誉为"中国的水塔"，这里有着丰富的水资源。每过几里，就会看到一个个充满生机的"海子"，而野花遍地的沼泽湿地在这里更是比比皆是。

然而折磨我们的是路况。车在草原上行进，断断续续的路时有时无，刚开出几公里，我们的骨头似乎已被颠散了。黄河源头有两个大湖——鄂陵湖和扎陵湖，又被誉为"蓝色之海"和"白色之海"，两湖面积之浩大，为"黄河之水天上来"提供了源源不绝的水源。

在鄂陵湖畔，我们对着空旷的高原湖面大声呼喊，抒发着对母亲河的情感。幸运的是，我们还遇见了高原上的精灵，来此栖息的珍贵鸟类——黑颈鹤。在这大自然的秘境里，我与它们默默对视，进行生灵间无声的沟通。

2010年4月，慰问青海玉树地震灾区

　　傍晚8点多，天边一抹火红的夕阳催赶着我们往回走，因为谁都知道，天黑后还在无边无际的草原上游荡意味着什么。

　　而此时，高原反应带来的痛苦也已无声地向我们袭来。当我们辗转回到旅店，除了散架似的躺在床上，已再无任意一丝动弹的力量。而紧箍咒般的头疼又使我们恐惧，这草原上的漫漫长夜该如何度过？

玉树不倒

离开玛多这个海拔极高的县城时，我们还没有从痛苦的煎熬中走出来。直到翻过了海拔4930米的巴颜喀拉山，看到飘着的雪花，我们的状态才有了一点起色。而此后一路下行，直至美丽的唐蕃古道重镇——玉树州结古镇。

还未进结古，便发现这里的景色与前面的不同。在绿油油的山沟中穿行，如同到了小江南。一路上牛羊大树成群，藏族村错落有致，使我们怀疑这里是否曾遭受过百年大劫。只有路上频频出现的"玉树不倒，青海长青""团结一心，共抗灾难"等标语提醒着我们这是灾区。

而进入结古镇，才使我们的心灵受到又一次重重的震撼，用满目疮痍是不足以形容的，经过一场战争似乎更为贴切。全镇百分之八十的房倒了，即使站着的也是伤痕累累，而一顶顶救灾帐篷见缝插针地张开在狼藉的街道上，黄土飞扬，使我们的心情也落差到了底点。

在救灾帐篷内安顿好后，我们又一次走到了受灾的镇上。而此时，我们却发现黄尘后的另一面：一张张受灾学校学生无邪的笑脸，一个个帐篷内灾民坚强的握手，一个个志愿者真诚的问候，一队队信徒们依旧虔诚的祈祷，还有我们遇见的热情的副校长文明，勤恳的"铁掌老师"，坚强的驾驶员兼DJ扎西，以及明媚的蒙族姑娘明君，都使我们真正感受到了那句口号——"玉树不倒"。

繁星满天

站在当地的圣山上，一片美丽的景色展现在眼前：远处圣洁的雪山，近处潺潺的流水，一个个挂满经幡的山包，一块块郁郁葱葱的草地，连同天上走动的白云，翱翔的苍鹰，如此的恬静和谐，如同我梦中的圣境。

而到晚上，走出帐篷，无意间抬头一望，啊，竟是从未见过的繁星点点，天是如此近，如此清，似乎举手可得。我们寻找着北斗七星，寻找着启明星，寻找着狮子座，寻找着水瓶座。突然间，一道白光闪过，我们追寻着，啊，是流星！一道道流星拖着长长的尾巴从头顶掠过。我们唱啊跳啊，兴奋地嚷嚷着我们看到了流星，终于看到了流星。兴奋过后又后悔当时竟忘了许愿。

新校园会有的

而当我们带着小孩般的欢愉静下来，发现周围的藏族同胞们却含着笑容看着我们。也许在他们眼中，这样的发现哪里值得如此兴奋，而在那一刻，我们的欢快却是出自最内心、最自然的。

玉树是唐文成公主的驻节之地，至今这里还保存有文成公主庙来纪念这位汉藏民族中的"圣人"，真的希望公主能保佑这片安详的土地，真正使玉树不倒！

（2010年8月）

雅安故事

曾经多次路过雅安，这个拥有美丽名字的城市给我留下过许多美好的印象，至今令我向往。而这样的美好，却在2013年4月20日上午突如其来地被打破，一场始料未及的地震袭击了这个地区，给当地造成重大的损失。而在得知地震的那一刻，我就产生了要再一次去雅安探视的想法。紧急状态一过去，我就迫不及待地踏上了去雅安的路程。

在成都前往雅安的途中，在讨论灾情的时候，大家的神情是急切和焦虑的。但真正到达雅安，到达芦山县，到达芦阳镇后，大家的心里更多的却是感慨和震撼，最震撼的不仅仅是满目疮痍的震区，更多的是这里的人们那一颗坚强而乐观的心。

走进芦山

5月31日一早，我们便早早驱车，前往此次雅安地震的中心地——芦山县芦阳镇。

S210上，路旁的青衣江依然奔腾着，与翠绿的山一同映衬着这个以"根雕艺术"闻名的小县城。而在依山傍水间，让人怀疑这里是否就是遭遇地震"大劫"的地方。但路上频频出现的"雅安加油""团结一心，共同抗灾""雅安，我们和你在一起"的横幅标语和进进出出的装运救灾物资的卡车都在提醒着我们，这里就是灾区。

芦山县位于四川盆地山区西缘，雅安地区东北部，青衣江上游。

震前的芦山，山清水秀，是座不折不扣的历史文化名城；震后的芦山，满目疮痍，灾情也令随行的爱心慰问团的代表们触目惊心。

截至4月24日，此次大地震，共计造成196人死亡，21人失踪，11470人受伤，受灾人口152万人，受灾面积12500平方公里。

芦山作为此次受灾最严重的县城，震中龙门乡99%以上的房屋垮塌，卫生院、住院部停止工作，停水停电，而甬商雅安爱心探访团此次到访的芦阳镇也同样遭受了重创。

进入芦山镇，一座四五万人的小镇，地震后沿途的房屋，不是整体倒塌，就是重度危房、出现裂缝。一顶顶醒目的蓝色帐篷，见缝插针似的竖立在狼藉的道路两旁。或许，用"伤痕累累"来形容这座小县城都不足以表达眼前所见到的一幕幕场景，这也让初到芦山的我们的心灵受到一次又一次的震撼。

3个小时的车程后，下午1点，当我们的心还沉静在倒塌的废墟中时，车子已经来到了此次雅安行的目的地——雅安市芦山县芦阳镇第二小学。

六一礼物

芦阳镇第二小学的大门口堆满了因为地震而倒塌的建筑废片，"抗震救灾工作点""此处搭建学校办公板房，请勿占用"的字样历历在目。走进学校大门后，首先映入我们眼帘的便是和街道上一样的蓝色帐篷。

帐篷的左边是已经出现巨大裂缝的教学楼，教学楼上方"让学生成才，让家长放心，放社会满意"的文明校风标语似乎还在诉说着昨日学生们下课时结对玩耍的热闹场景。帐篷的右边，便是两排整齐的临时活动板房，而这里，就是现在芦阳二小学生们上课的集中地。

2013年的儿童节，距离"4·20"地震发生后只有短短一个多月的时间。"去年六一节，小朋友们在礼堂里搞联欢活动的场景就像在

2013年5月，慰问四川雅安芦山地震灾区

眼前的事，谁也不曾想到，今年，我们连教室都没有了。"杨成虎回忆说。

杨成虎是雅安市芦山县芦阳镇第二小学的校长，他向我们介绍说，学校在此次地震中损失惨重，教学楼和办公楼都出现了裂缝，成为危房。地震发生时恰好是周六，学生们都在家里，许多学生因地震而受伤。目前，学生们正在援建单位临时搭建的活动板房里学习，由于活动板房数量有限，六个年级的小朋友只能每天按年级轮批上课。

尽管教室变成了活动板房，尽管板房内异常闷热，但在芦阳二小的学生脸上，似乎感受不到地震带来的痛苦，下课的间隙，他们在帐篷和板房中间穿来跑去，这些祖国花儿的脸上依旧洋溢着灿烂的笑容。

这是一场在形式上简单得不能再简单的捐赠仪式。因为操场已成为临时板房的搭建地，所以捐赠仪式只能在板房的空隙间举行，学生们集中站在两个活动板房的过道上。下午2点，"甬商慰问雅安灾区芦阳二小仪式"正式举行。

在这个充满温情的节日里，在众多宁波"亲友们"的嘱咐声中，慰问团将礼物送给了灾区的儿童们：捐建一栋图书楼，资助41名受灾教师和324名受灾学生，同时发放10万多元的崭新衣服，还有食品、文具……虽然现场那一声声的"感谢"，和全校师生们演唱的《感恩的心》至今都能够清晰地在脑海里回想起来，但大家更希望的是能带给他们重建的信心和生活的希望。

最美雅安

在结束了捐赠仪式后，杨成虎校长带着我们在受伤的芦山大地上随便走走。

在搭满帐篷的中心广场上我们走进了一户人家，一个小女孩走出来迎接我们。她姓郑，4年级，很文静，有一个姐姐在读初中，母亲没有工作，在家照顾两个小孩。我们聊天的身后就是他们现在居住的帐篷，与姑姑一家共6个人合住在这里。母亲是个纯朴的妇女，聊到自己的家时不禁哽咽起来，她说房子全没了，而至今丈夫还没回家过，他在离芦山县城60公里外的山区做医生，那里离不开他……

当我们还沉浸在这位母亲的泪水中时，我们发现有一位妈妈一直陪在儿子身边，而她衣服前印着一行字"芦山加油！"。来到她的家里，依旧是蓝色的帐篷，而马路对面就是她已经千疮百孔的家。与她交谈后我发现，这位母亲很乐观，她向我们介绍她的家人，80岁的婆婆、内向的丈夫和3个小孩。孩子们很懂事，频频给我们递水。临走时，一家人一直送我们到很远，而他们响亮的声音一直在我们耳边徘徊。

去看张老师时，她正带着女儿要去老家。当问起家里情况时，这个刚才在学生面前还很开朗的女教师突然红了眼圈。她搂着身边的女儿说："她是个单亲家庭的孩子，我更要把她培养好。"女儿刚刚考上了省重点中学，已交了7000多元学费，几乎是她一年收入的三分之一。

通往熊老师家的乡村小路异常美丽，如果没有时不时出现的帐篷，这里可谓是个山清水秀的世外桃源。他的家在小路旁，二层小楼宽敞整洁，但因为地震摇下了很大一面墙，他和老伴只能睡在院门口的帐篷里。老熊说现在房子成了鸡肋，而老伴最大的忧虑却是他的身体，这几年他身体总不好，是多年教书留下的病根。出来的路上杨校长说："老熊是县里最优秀的数学教师，尽管现在遭遇了'内忧外患'，但老熊却很乐观。"

走访芦山街街巷巷，杨成虎校长成了我们这次到雅安的导游，我们几次提出说去他的家里看看，都被他以"成了危房不安全"为由拒绝了。在熊老师家的小院聊天时，他终于说起了自己的故事。他说，"4·20"那天是他13岁的儿子推醒了他和老婆，他连忙拿起两个沙发垫遮在老婆儿子头上跑下5楼。看得出，儿子是他的骄傲。谈起儿子时，杨校长的眼睛笑得眯成了缝。聊天间，他的电话一直响个不停，他说现在自己成了芦山的接待员，全国各地的人都会来找他帮忙捐款，他都要一一落实。

短短两天，这样的雅安故事却是讲不完的，每一段故事的背后都是对我内心的一次冲击。在这些可爱的故事主人公身上，我感受最多的是他们的乐观、刚强和柔情……

（本文执笔：陈敏璐）

徜徉在泸沽湖畔

泸沽湖给我的第一印象是惊艳的。从丽江到泸沽湖6个多小时的漫长旅途中所有对泸沽湖的抱怨和轻视，在刹那间消失得无影无踪。她平静、湛蓝、安详得如大山中的纯洁女子，静静地躺在我们视线所及的前方，且没有一丝的瑕疵。可以说刹那间我的心灵是震撼的，见过很多湖，但没有一个湖令我有如此感觉。

徜徉在泸沽湖畔更是幸福的，傍晚时分漫步在洛水小村，仿佛到了世外桃源，没有烦杂的喧嚣，没有勉强的叫卖，一切是自然而平和的。那清得能见底的湖水仿佛有魔力般把你吸到她的身旁。在摩梭壮汉的掌舵下，乘着此地独有的猪槽船逛一下湖区是每一个到这里的游人必有的心愿。因为这样，才仿佛与这个圣女湖靠得更近，才仿佛能慢慢地深入去触动圣女湖的心扉。

归航中，天色已黑，岸边餐馆的女老板尼玛次仁向我们讲述着泸沽湖前生今世的故事，使我们更感受到这湖水是如此的沁心，以至于迟到了向往已久的摩梭篝火晚会。即便是在这唯一喧闹的晚会上，诸多抱着走婚艳遇念头的男子也仿佛被不远处的湖水荡涤心灵，而变得那么的真诚，来之前所有的杂念似乎已抛到九霄云外。

清晨，徜徉的最佳处是里格岛，路旁湖边那一簇簇一堆堆的鲜花好像把人的心情也变得快要绽放了。在来自攀枝花的青年客栈年轻女老板薇薇的引导下，我们环绕湖岸轻轻漫步，这里给人的感觉是宁静而轻松的。偶尔飞过的鸟啼声会打断你遐想的思绪，而好不容易待得一米阳光射下，我们已坐在湖边如欧洲风格的山区咖啡坊中，端着一

泸沽湖上的猪槽船

杯咖啡，捧着几本书，有一搭没一搭地闲聊着，仿佛时光在暖暖阳光的照射下已停滞一样。

　　我想，这是我第二次，第三遍，第四趟……还会来的地方。因为，我已经喜欢上在这里徜徉的感觉了。

（2009年10月）

黔东南：一首原生态咏歌

黔东南是一首歌，从山里，从河野，从村落，从集市，时时会溢进你的耳朵，钻入你的视线，飘进你的思绪。

从凯里，到朗德；从西江，到岜沙；从小黄，到肇兴——我们欣赏着一首首动人的歌。

朗德是一首歌，一首浓墨重彩、雍容而艳丽的歌，在这里我们听到了整齐而有节奏的迎宾曲，让我们刹那间感到如此惊艳。

西江是一首歌，一首大气磅礴、整齐划一的歌，在这里我们听到了嘹亮而高亢的军歌，让我们震撼于苗族先人的远见和族群力量的伟大。

岜沙是一首歌，一首带着泥土气息、不加雕琢的歌，在这里我们听到了富有雄性特色的男高音，让我们惊讶于远古的生活形态在这里竟保持得如此完好。

小黄是一首歌，一首带着磁性而百听不厌的歌，在这里我们听到了如仙乐般配合优美、高低错落的咏叹调，让我们骄傲于中国的民族音乐竟能高高矗立于世界歌坛的顶峰。

肇兴是一首歌，一首热闹欢快而永不谢幕的歌，在这里我们听到了和谐配合、互助共荣、走向明天的大合唱，让我们期待历史悠久而睿智的少数民族文化将为我国的繁荣发展起到重要的作用。

黔东南是一首歌，那里的人民，无论男的、女的、老的、少的，都在向我们唱着一首首古朴而难忘的歌，让我们这群来自当代繁杂世界的俗人时时感受到天籁之音，净化我们的躯体和心灵。

黔东南，一首悦己愉人的原生态咏歌！

（2009年6月）

行摄婺源

"半亩方塘一鉴开，天光云影共徘徊，问渠哪得清如许，为有源头活水来。"这是南宋朱熹赞美婺源的诗句。在春雨淅淅沥沥来临的时候，我决定暂时离开都市的水泥丛林，到这个被誉为"中国最美丽的乡村"的地方去感受春天的气息。

油菜花已经开了，在漫山遍野的金黄翠绿之间，不时有蜂鸣蝶舞，不断将春的讯息带到人间。走在田野里，天地间仿佛只剩下我独自穿行，一切都是如此安静，安静得好像整个世界都已经变得透明。久在喧哗的城市，耳际早已习惯了各样的嘈杂，忽然间来到这田野，不仅呼吸到了纯净的空气，仿佛连声音也变得纯净起来了。

清晨，尝过了江西风味的米粉，舌头似乎还微微发烫。我来到一个叫清华的地方，拜访向往中的彩虹桥。"两水夹明镜，双桥落彩虹"，它静静伫立于薄雾中，已有八百多年，似乎再多的沧桑对它来说，也仅仅是刹那而已，只有暗红色的桥身透露出岁月的痕迹。对岸的水车吱吱呀呀地随着时间欢唱，时光仿佛在这里变得格外舒缓。而木质的廊桥果然如雨后的彩虹，轻灵地飞架小河……思溪的村口也有座廊桥，不过规模小了很多，村中的老人们乐呵呵地坐在桥的两侧，一边拉着家常，一边看着游客们掏钱来看他们每日生活的地方。在这里，可以品尝到地道的农家菜。一位老大爷热情地把我领进村子深处的一户人家，他不停地称赞家里人的手艺好。的确不错，本地特产的荷包红鲤鱼肥美而没有丝毫土腥气，粉蒸肉也看得出是自家磨的米粉裹的，酥而不腻。吃完饭得知我的下一站是延村，他便带着我去了本地人才走的近道，从一片水田里穿过去，果然近了许多。

婺源的美，不但美在自然景观的淳朴天然，更有无数人文色彩将

婺源古村理坑

其塑造成一个充满历史韵味的乡村。

祠堂、官邸、民居、书斋、戏台、廊桥、亭阁、宝塔……各色徽派建筑遍布于婺源城乡，掩映在青山绿水之中，更增添了许多宁静与幽雅。李坑、延村、思溪、理坑、晓起……可以说，每个村都是一个"古建筑博物馆"。

在这里，昔日的商贾和缙绅们留下幢幢大宅院，那些精美的木刻似乎向人们讲述着过去的故事。而那些古老的建筑也已成为时间的一个纪念，它们活着，荫护着主人的后代在里面生活作息，绵延着人与

春到婺源

自然的对视。

　　汪口的俞氏宗祠，被古建筑专家誉为"建筑艺术宝库"。站在这样一座建筑前，仰头四望，除了叹息自己的渺小，无法再用更合适的言辞来形容。工匠们在一切落得了刀的地方精雕细刻，或人或神，或鸟或兽，或花或草，满堂生辉，可以想象当年它曾经的富丽堂皇。

晓起的民居保存得更完好，"进士第""大夫第""荣禄第"等官宅气派堂皇，前后天井，厅堂宽敞深进，大门口三级高阶和门楼精美的砖雕图案，炫耀着主人高贵的身份。而村头青石护栏的古道、古亭及梁柱间族人"高中（进士）捷报"等，也很容易让人想象古村当年的显赫与繁华。

最不能忘怀的是理坑，这个位于婺源城外56公里的小村，人才辈出，被文人学者赞为"理学渊源"。几百年来，这偏僻山村秉承勤学苦读之风，先后出过七品以上官员36人、进士16人、文人学士92人，著作达33部582卷之多，其中5部78卷被列入《四库全书》。理坑至今仍保存完好的古建筑有"余氏官厅""天官上卿""司马第""金家井"……在这些古建筑的粉墙黛瓦里，渗透出的是历史的悠悠情思。

李坑和理坑，仅仅一字之差，却各有各的美丽。相比理坑，李坑多了几分婉约细致，多了些许寻常人家的亲切。座座白墙黛瓦的斑驳老屋，密密地依水而立；青石板的小路，沿着水、沿着街巷铺陈开去；这里的小河曲折蜿蜒，河边便是一块块洗衣的青石板。从前，有多少女子在一块块浣衣石上从日出忙到日暮，从青丝忙到白头。"竹喧归浣女"，今天的李坑可再也看不到这等场景了。

在婺源，很容易让人忘记时间的存在。随着脚步和心灵穿行在那些天然而厚重的景致之中，听着村中的老人们讲着过去的故事，我仿佛已迈不开脚步再回到生活的现实，更愿意做一回田间的农夫，流连在这化不开的油菜花香之中……

（2009年5月）

发现西索

发现西索纯粹属于偶然。

川西行的第一天，原计划由映秀、卧龙至四姑娘山，因地震改为由雅安、夹金山至日隆。没想到至出发的那天一早，向导告诉我们只能走汶川、理县、米亚罗至日隆，即便至此，还没有西索的任何线索。没想到在古尔沟至米亚罗竟遭遇大堵车，一滞留，至米亚罗已是深夜11点，只得改宿马尔康，这也是一座我向往已久的小城。第二天一早，便兴奋可以顺游著名的卓克基土司官寨。没想到尚未进官寨，首先遇见的却是西索。

西索是一座小村，更准确地说，是一座围绕着卓克基官寨的一座藏族村落。标准的嘉绒藏族风貌，而让我震惊的却是它的气势和绚丽。说气势，在经过的那么多藏族村落里，它的气势是令人惊叹的，抬头望去，一层层、一座座，似是堡垒，又像大厦，蔓延开去，竟占据了大半幅山。说它绚丽，那一座座小楼上美丽的窗、门、窗眉及窗台上的鲜花可以作证，它是如何的灿烂和奔放，像极了藏民豪放的性格。

西索是安静的，走在小村的径道上，碰不见几个村民，更多的是在散步和觅食的家禽，以及长满了果实的核桃树。推开一户民居的大门，迎来的是热情的招呼，递茶，作揖，仿佛来到了陶渊明笔下的世外桃源。

我在西索的小巷中流连，竟忘了接下来的行程，倒有些对不住就在眼前的土司官寨了。

（2009年9月）

稻城的红草地

朋友说稻城的红草地是非去不可的地儿，我一直不相信，直到我们所乘坐的车经过那隔着矮矮的围墙的红草地时，我依然不信。以至于将游览红草地的时间放在了稻城行程的最后。然而，在第三天我进入景区的那一刻，我的心是震撼的，原想到过亚丁后已没有景色能令我垂青，此刻才知这种感觉是错的。

那种红是似乎要红到你心里去的，大片的，犹如马良的画笔在大地上画了浓浓的一笔红色。而远处，金黄的杨树叶子似乎在呼应着她，真像藏民那浓重而欢快的服装。而蓝天，而白云，以及不远处的藏居，像一首曲子的五线，弹奏出和谐的天籁之音。

我在那里的感觉是懵懂的，以至于当同伴提醒，好长时间了，该回了，我似乎还没从熏醉的感觉中醒过来。

她的红，已经红到了我的心里去了……

（2009年9月）

四川稻城红草地

四川阿坝西索藏寨

不朽的胡杨

说到胡杨，令人印象最深的除了金秋那壮美的黄叶外，就是"三千年"：活着千年不死，死了千年不倒，倒了千年不腐。

在初秋九月，走进了胡杨的故乡——内蒙额济纳旗，未能领略铺天盖地般的黄叶，却充分感受了胡杨的不朽风骨。

怪树林，这是一片被干旱和沙漠绞杀的胡杨林，是昔日绿洲的见证。走进怪树林，眼前是一片毫无生命的、一眼望不到头的"森林"。这里好像是经过了一场血腥的撕杀，又好像是经历了一场灭顶之灾，其情其景让人触目惊心，又让人心寒胆战。枯死的胡杨形态各异，或仰天长啸，或俯身颔首，遍地累累"尸骨"，横倒竖卧，将僵硬的手臂直指苍天，似在解释着什么，又似在质问着什么。这片几百年前已经死亡的"森林"，所有的树皮全被剥落殆尽，强劲的风沙鬼斧神工地将它们塑造成了一个个钢筋铁骨般的造型，永久保持着那种惊心动魄的姿势。那扭曲的树干，似在向人们诉说着岁月的苍凉，而刺向苍穹的枯枝，似铮铮傲骨，显示着对生命的渴望和绝望。它们顽强、悲壮的一生，深深地震撼着每一个造访者的心灵，它们不屈的品格把永恒定格在了苍茫的荒漠上，用自己独特的方式在漫漫黄沙中书写着永恒的寂寞。

我在这里听到一个悲壮的故事：相传，驻守在附近黑城的黑将军，一日遭敌方大军围困。黑将军率众将士突围后，来到当时还是一片浓郁密林的怪树林。然而，西边滔滔的弱水却挡住了他们的退路，黑将军誓死不做亡国奴，他率众将士与来犯之敌做了殊死的搏斗。一场恶战过后，烟消云散，黑将军及众将士不死的灵魂成了历史的永恒，也为怪树林平添了几分悲壮和神秘。岁月在它的千姿百态中沉积，展示出无尽的苍凉，渗透着古老传说的神秘和悲壮。那些倒在地上被黄沙掩没的扭曲躯干，仿佛挣扎着要站起来；那些顽强挺立着的光秃秃的枝干伸向天空，仿佛在诉说、在呐喊，一棵棵形倒神不倒的胡杨，用尽力量向世人演绎着活着千年不死，死了千年不倒，倒下千年不朽的神话！我在想，较之胡杨，人的生命是多么短暂！我们用镜头、用想象，变换着不同的思路和角度，寻找着生命起点和意义。

其实，怪树林一点都不怪，因为严重的干旱，才使胡杨林成片地死去。在耗尽最后一丝生命力后，依然用一种不屈的方式存在着，用自己独特的方式在漫漫的黄沙中书写着永恒的寂寞。额济纳人对胡杨树充满敬意，活着它不但能遮挡风沙的肆虐，形成一道绿色屏障，而且还是牲畜的空中牧场；即使是死后，也以一种不屈的顽强，警示着我们人类的未来。人们对它们顽强生命的由衷赞叹，是对它们悲壮生命的情感寄托。眼前的情景，怎能不让人们感悟大自然的严酷、精神的永恒，思考生与死的凝重。

（2009年5月）

精彩台湾

报载下月起宁波就可直航台北了，不禁使我想起2006年我的台湾之行。

虽仅仅隔了三年，但那时台湾还是阿扁在台上，两岸关系并不正常，这也导致去一趟台湾比去国外还难。我记得我们从宁波出发到达台北花了整整一天。宁波飞香港，香港飞曼谷，曼谷飞台北，到达桃园机场时已是深夜。

我们的行程是今天看来最常规的环岛游，从北部到东部再到南部转一圈。那时对台湾还是抱着一种神秘的期盼，不过结果也属满意。

整个台湾还是能用精彩一词来形容的。从藏品满满的台北"故宫博物院"，到一路风光旖旎的东部大走廊，从充满温情的垦丁高雄，到夜色迷蒙的台北夜市，都给我们留下深刻的印象。尤其是猫鼻头湛蓝的海水，中台禅寺雄伟的建筑，士林夜市繁华的街市，至今不能忘怀。不过也有意外，阿里山的风光没有使我们感受到它的盛名，主要城市的建设也使我们感到台湾发展的停滞。

也有遗憾，几个向往已久的地方因为线路的关系未能前往，如以女王头为标志的野柳，充满台湾本土风情的鹿港小镇，以及星云大师的佛光山。这也给了我下次再次光临台湾的理由。

2006年，台湾之行也给我们留下一些特别的记忆，凯达格兰大道上密布的铁丝网，中正广场上静坐的红衣军，以及现已不存在的桃园中正机场、中正纪念堂和"大中至正"牌匾。这就是历史。

不过，台湾还是精彩的！

（2009年7月）

莫干山路50号的艺术仓库

前 两天去上海出差，办事之余走访了著名的莫干山路50号艺术仓库，饱览艺术的同时竟是别有感触。

这原是一个旧毛纺厂的厂房，位置并不居中，却是闹中取静，濒临苏州河。2000年第一位画家进驻此地，到目前已有几百家艺术和相关创意单位在此落户，有画廊、影棚、书店、设计室、手工艺作坊等，甚至还有最新潮的时装店。走在里边，绝对是一次艺术的饕餮盛宴，大多数的画廊都敞开着大门，任凭参观。在你感兴趣的店里，你甚至可以坐下来和店主慢慢地聊天和交流。而这些店主很多就是作品的创造者，与他们的交流其实就是一场对艺术的探讨。在这里参观绝对是轻松的，可以用闲逛来形容。你可以一知半解，甚至一窍不通，这儿不像博物馆之类的艺术殿堂，你不需要自感惭愧，这儿要的只是你用自己的眼光去看看，仅此而已。在这里你也不需要感到商业的压力，那些店主们似乎更在意你是否欣赏他的作品，而不会给你一定购买的压力。走得累了，你可以在书吧里歇歇脚，喝上一杯饮料的同时，浏览一下众多的艺术书籍。

总之，在50号的时光是惬意而又轻快的，在这儿我仿佛穿过了艺术的时空隧道，徜徉在浓浓的怀旧而又时尚的氛围之中。忽然，我好像也有了一股冲动，如果我也能成为其中一员，经营着一家不大的艺术之家，每天和来往的同好交流，该是多么幸福的一件事啊，即便是在远离50号的自己的城市。

回到现实，其实在我们的城市，也有着这样的梦想。有人说：一座伟大的城市，除了它的繁华与热闹，一定不能缺少的就是艺术和精神。是啊，在我们这座城市也有人追求着这样的精神。且不论这种追求是出于何种目的。但，至少，到目前为止，还仅仅是梦想！细细想来，其实我们不是缺少艺术家，而是缺少好的创意者和经营者，以及整合的精神。

细数数，新芝8号、三厂、创意慧谷、创新128、财富创意港——数量不少，但有哪个成功？哪怕有莫干山路50号的一点点影子。我曾怀着期望的心情去走访媒体热吹的新芝8号，却是败兴而回。规模小不说，而且门可罗雀，毫无气氛可言。原以为此类街区不好搞，可此次看了50号，想想并非如此。关键还是我们太急功近利，尤其是各地政府各自为政，一哄而上，只管政绩。虽说每个地方都有了披着时尚外衣的所谓的创意园区，却都不成功。因为它分割了宁波这座并不大的城市的有限资源。

期盼宁波早日能出现莫干山路50号，也好让我们尝试实现一下自己的小小甜蜜梦想。呵呵。

（2009年7月）

旅游中不可错过的交通工具

昨日买了一本书，叫《旅行世界非玩不可的60种交通工具》，今日一口气看完了，很有同感。

我爱旅游，每到一个地方，著名景点必玩，风味小吃必尝，还有就是特色交通工具必乘。

记得十年前第一次去香港，除白天好好逛了一把以外，利用晚上时间品味了港岛的各色交通工具：搭乘地铁，从九龙过海到港岛，而后又来到著名的皇后码头，乘上天星小轮，横渡维多利亚港，既享受惬意海风，又体验怀古风情；然后，在深夜，又在弥敦道旁挥手拦车，登上横行港岛的小巴，花3港元回到酒店。现在回忆起来还是如此生动。

同样是十年前去的泰国，让我记住了两样交通。在拥挤的湄南河上，众多狭长的水上巴士船载着我们到处穿梭；来到帕塔亚，除了享受海滩的舒意外，印象最深的却是马路上横行的类似我国皮卡车的出租车，坐在车上，悠悠忽忽，生怕会被甩了下来。

去年到了英国，则早有计划地品味了几项特色交通：伦敦的红色双层巴士世界有名，在北京奥运会上还被作为伦敦的标志，所以，一到街上第一选择就是搭乘巴士，1.2英镑让我端坐在巴士高高的二层上转悠了大半个伦敦城；泰晤士河上的观光游船也是必到之处，坐在没有顶棚的游船上，泰晤士两岸风光尽收眼底；还有就是黑色出租车，这同样是大不列颠的标志，可惜在伦敦没有时间体会。幸好，到了苏格兰最大城市格拉斯哥，还是兜风了一把。在看过了格拉斯哥古老的火车站之后，我们挥手叫上了一辆黑色出租车，4英镑的费用还包括了小费，热情的苏格兰司机把我们送回了酒店。

到了美国也是如此，最先乘坐的是向往已久而心有余悸的直升机，当魁梧的美国机师载着我们6个人穿梭在科罗拉多大峡谷中时，我们早已将生死置之度外了。然而下机后却是感到腿软和无以言状的刺激。还有，夏威夷的潜水艇、金门湾的游轮、纽约的地铁等都给我们留下了深刻的印象，也增添了许多的难忘乐趣。不过也有遗憾，我们在旧金山错过了著名的叮当车。

回到国内，去大连必乘有轨电车，去北京必乘胡同三轮，到上海必乘地铁轻轨，而宁波呢？现在似乎已经没有不可错过的交通工具了吧。公交车不伦不类，出租车毫无特色，三轮车也已淘汰。我记忆最深的倒是以前的上海轮船和内河航船。记得以前去到上海，最方便的就是乘上海轮船，在海上睡上一夜，就已到了十六铺码头。而四等仓、五等仓中此起彼伏的打呼噜声好像还在耳旁。还有航船，今天知道它的人已经不多了，而在二十多年前，从城市到农村的交通就靠它了，记得跟着父母去叔父家做客，从南站码头上船，到段塘、到石碶、到砾社，足足花了大半天时间，这在今天真是不可想象。同样的经历还有从苏州到杭州的路上，搭乘大运河上的航船竟走了整整一夜。

当然，向往而没有乘过的交通工具还有很多，如威尼斯的冈多拉、加勒比海的游轮、瑞士和加拿大的观光火车，以及阿拉斯加的狗拉雪橇，都是我今后的目标。还是要感谢当今的太平盛世，让我们的出行目标能愉快地实现。

（2009年6月）

我是科比的粉丝

今天的好消息是科比率领他的湖人队获得了NBA总冠军。

很少人能够成为我的偶像，科比是其中一位。倒不是欣赏他的球技，而是喜欢他对目标执着的追求。也许每次看他的球赛，最吸引我的就是他那坚定的眼神和不竭的进攻欲望。遥想几年前他因为争议而受到大量人的唾弃时，谁能想到今天他还能率队登上事业的巅峰。这就是真英雄，愈挫愈勇，永不言弃，即便在最困难的时候！几年后，他如神一般的回来了，再没人怀疑他的能力和操守，这便是世俗。

欣赏他的还有一个原因就是他对团队的奉献，当他意识到靠他一人尚不能登上顶峰时，他便毅然做出调整，以牺牲自己的数据来换得团队的信心和活力，在场上他不再是一头独狼，而是一股黏合剂，使每个人都能发挥他的作用和潜力。

这就是科比，他用了七年的时间，用自己的力量再次登上了无可争议的巅峰！我是他的粉丝。

想起我的另外一位偶像史玉柱，可谓有着同样的秉性，对事业执着追求，对失败不屈不挠。所谓屡败屡战，东山再起，直至成功！我喜欢！

跟科比这位英雄的最亲密接触是去年去到洛杉矶湖人队的主场斯台普斯球馆，我站在高高的看台上为他助威，经常回想也真是在打气，为他，也为自己！

（2009年6月）

致敬！费德勒

这是一篇迟到的文章，我老早就想在温布尔登网球公开赛结束的时候写的，可一直拖到了现在，不过在心里一直充满了对费德勒和罗迪克的尊敬。今日无意间看到圈子里一位博友的文章，觉得很有同感，于是就将它下载下来，借此表达自己的心情。

一场令人窒息的温网决赛过后，一切都恢复了平静。明天，该上班的还是要早起，该结婚的还是要进入围城，该纠结的继续纠结，至少今晚，大伙度过了一个难忘的夜晚，一个见证历史的凌晨。

罗迪克哽咽了，他一直强忍着泪水，在接受采访时还是忍不住言语酸楚，却依然是幽默的："我感谢在场支持我的观众，我本来想终结费德勒连胜的步伐，为桑普拉斯保住他的荣誉，不过很遗憾我失败了。我希望自己下一次能捧起冠军的奖杯。"

这是一场鏖战4个多小时，总比分3∶2的决战，它创造了温网男单决赛长盘的历史，罗迪克在赛场上表现出了超乎人们想象的冷静和沉着，他几乎就要终结费德勒19连胜的步伐，他几乎就要摘掉戴在头上6年之久的"一满贯"帽子，但这次又是那个姓费德勒的人笑到了最后。

这也是罗迪克第三次在温网决赛输给同一个人——他一生的苦主费德勒。可以想象，如果没有费德勒，罗迪克的GS冠军数量将何止5个？人们在感叹纳豆在费德勒手中夺走无数荣誉的时候，谁曾想过他在罗迪克那里夺走的一切？与其说竞技体育是残酷的，不如说现实本身就是矛盾而尖锐的，费德勒15个大满贯背后，包含多少人失利的苦涩？

再次肯定罗迪克今天的表现，他在场上的顽强和超水准发挥，赢

老而弥坚的费德勒

得了全世界的尊重，天道酬勤，我相信罗迪克一定会拥有美好的人生。

　　不得不说，在第二盘抢七2-6落后时，我几乎相信罗迪克就要盘分2-0领先了，然而费德勒硬是挽救了4个盘点，以8-6一举拿下第二盘。那是一个伟大的冠军所必须具备的坚韧特质，不到最后一球落地，不到最后一分定格，就决不放弃。谁说眼泪就代表了脆弱，那是功成名就之后最好的宣泄！

　　带着15个大满贯头衔，全满贯的荣耀，史上最佳的无上荣誉谁还敢质疑半分？他已经很完美了，但罗杰·费德勒追求完美的故事还将继续，愿所有的"奶粉"在生活中取得同样的精彩吧，他给我们树立了最理想的榜样，这就是我们喜欢费德勒的理由。

（2009年7月）

又见环法，又见阿姆斯特朗

时间其实是过得很快的，一转眼，环法又来了。

每年的7月都是跟着环法一起度过的。说是跟着，一点都没错。跟着它从阿尔卑斯，到比利牛斯；从地中海，到大西洋；从葱郁的葡萄园，到广饶的大麦田；从悠远的古堡，到时尚的香榭丽舍。20多天里，我是无比幸福的，从视觉到精神，都是一种无与伦比的享受。

因为环法，也使我对法国无比了解和向往。那飘着酒香的波尔多，蒙着神秘面纱的米歇尔山，盖着积雪的处女峰，洋溢着浪漫气息的普罗旺斯，以及淌着无比休闲的戛纳、尼斯、摩纳哥海岸，都是我向往的地方。

因为环法，我知道了什么叫坚持到底就是胜利。20多天的漫漫征程，需要付出的不仅仅是体力，更重要的是坚持下去的决心和争取胜利的信念。当我看到骑手们到达凯旋门时即使没有名次却还是洋溢着幸福的笑容时，我明白了坚持对我们信念的重要。

因为环法，我知道了什么叫真正的友谊。几年前曾经你争我夺的两大高手乌尔里希与阿姆斯特朗，在最紧张困难的山地赛段相互击掌鼓励的那一幕，至今还深深地印在我的记忆中。

因为环法，我知道了什么叫真正的坚强。谁会了解伟大的七冠王阿姆斯特朗，曾经是一名睾丸癌的患者，还因此差点结束了整个职业生涯，甚至是生命。

而在昨天，我所喜爱的环法又来了，我所敬重的阿姆斯特朗时隔两年又回来了。当看到车手们在蔚蓝海岸摩纳哥整齐发车时，我心里不仅仅是激动和喜悦，我将享受着和环法相伴的每一个深夜。

（2009年7月）

追梦无悔

追梦无悔，这是一个鼓励人前行的词语，今天看了冬奥会双人花滑的比赛，更是给了我鲜活的激励感。

其实《追梦无悔》是今天庞清、佟健比赛中的伴舞曲，却深刻地感染了我，让我理解了追梦无悔的真正含义。

今天的比赛其实是中国人所愿意看到的大团圆结局，申雪、赵宏博荣登冠军，庞清、佟健获得亚军。也许这是上天对春节中的中国人的一种鼓舞，但我更相信这是上天对他们这么多年不懈努力的一种回报。申雪、赵宏博18年滑冰生涯几度坎坷终获成功，一代标志性的中国花滑运动员终于功德圆满。而庞清、佟健却愈发让我感动，多年的老二今天终于扬眉吐气，想想多年一直被压在老大的阴影下却能坚持下来，那比得到一次冠军更加的不容易。今天的庞清显得格外美丽和妖娆，他们使我真正理解追梦无悔的深意。

今天让我感动的还有张丹、张昊，他们不是今天的成功者，但相信他们感动了许多人。当记者问张丹有没有怪张昊摔倒时，我的眼泪是夺眶而出的，当时的场景显得如此的悲壮。想想几年的努力却因为一次失误而断送，是何等令人悲伤。但相信他们也会继续追梦无悔，一直下去。

比赛如此，其实我们的人生何尝不是如此，悲剧一直存在，失败多过成功，只有我们一直追逐下去，人生的梦想才会实现，而且相信也一定能实现。

追梦无悔，我会无畏前行！

（2010年2月）

世博的亮丽之星

虽然还有将近一年，但世博的气氛已经慢慢地来到了我们的身边。从上周起宁波开始了"世博宣传月"，世博园宁波馆动工，各项世博会宣传活动也是渐次展开，而我有幸在上周参加了世博礼仪之星宁波的评选活动，并充当评委，也感受了一下世博所带来的热潮。

一年的时间说快很快，想当年北京奥运会似乎是很遥远的事，但一转眼，精彩而隆重的2008年奥运会已是留在我们的脑海中了。而明年，北京奥运会后的重要活动——上海世博会又将拉开帷幕，这同样是展示中国繁荣、和谐、强大的一次盛会，众多的中国人和来自世界各国的朋友将汇聚上海，共同见证。

而作为宁波来说，因上海就在我们的家门口，所以这次盛会似乎离我们也很近。从这次礼仪之星的选拔中就可以看出，众多年轻人的参与热情是多么的高昂，台上的形象是多么的亮丽。而一年后，正是她们，将在世博的舞台上展现宁波的风采。

希望世博早点到来，让我也展开一次视觉和感受的体验之旅。

（2009年7月）

我爱TVB

也许，一个大男人说"我爱TVB"有些让人觉得好笑，或者无聊，但是我还是要说，我爱TVB，而且是从内心的喜爱。

刚刚看了TVB的《家好月圆》，真的是很有感触，感于剧中浓浓的家庭之爱，感于剧中时时展现的对人的真诚和友善。也许，TVB是都市里的一出出童话剧，但我喜爱这样的童话剧，它给我带来很多愉悦和温暖。

看TVB剧永远是轻松的，它不需要你太多地去思考，去琢磨。它的剧情徐徐展开，如老奶奶在讲故事，虽然情节也有跌宕起伏，但永远是可以预见和接受的。所以，我们一天劳累以后，看一集TVB剧集，就是一种放松，就是一种享受。至少我已是这样，每当下班，一想到晚上有TVB剧可看，就备感愉悦和期待。这样的日子也更愿意待在家里，而不愿意出去。

看TVB剧也给我很多收获。前些年我最喜欢看的是《创世纪》，叶荣天的创业经历曾是我学习的样板，所以每每遇到困惑时我就会去看一段《创世纪》，以给自己一些启迪。当然，我没有像荣天那么成功，但至少我学到了他的执着、不屈。这是教科书所教不会我的。这段时间看《家好月圆》，则让我感受到家庭真情的重要，父母之情、兄妹之情、亲戚之情、朋友之情，都是如此可贵，都是如此值得我们珍惜。剧中洋溢的家庭亲情也被我带到了生活中，所以我要感谢它。

我爱TVB，它让我生活增添了很多温情，很多启示，很多笑声，虽然我只是在心里笑。

感谢TVB。

（2009年7月）

家好月圆

还未到中秋节，《家好月圆》却已经播完，但"家好月圆庆中秋"的故事却留在了我的脑海中。

这段时间晚上的任务之一就是追着看TVB的《家好月圆》，虽然时间较晚，却是乐此不疲。这周五终于播完，在开心的同时，心里却感到也有点空。

这是一个大团圆式的家庭温情故事，故事其实并不奇巧，都是一些日常琐事的延伸和编辑。甚至有些情节并不合情理，或是太理想化。比如小秋和小家的恋情，结尾为了映衬大团圆而显得不合常情；再比如莎姨和嘉美的转变也显得牵强而突兀。

但它最大的贡献就是给我们带来了快乐，让我们更加领略到家庭温情的重要。有些地方也许有些说教色彩，但在今天这个缺失家庭温情的时代里，它带给我们的意义是积极的。它的过程和结局都给我们带来很多欢乐，而且从欢笑中让我们懂得了亲情的重要，懂得了家庭对我们的重要。至少对我是这样，我想通过它我会更珍惜家人，善待朋友，懂得反思。

而且，我下一步的动作是买一些《家好月圆》的影碟，与朋友们分享。

（2009年8月）

观《王贵与安娜》有感

以前曾有朋友建议我看电视剧《金婚》，我不屑一顾，认为我这样的人还不至于去看如此婆婆妈妈的戏。近日无意间看了深夜在播的《王贵与安娜》，不禁却感慨万千，且追着去看，这可是我少有的观剧举动。

其实此剧的剧情并不复杂，讲了一对夫妻几十年的生活经历，我想《金婚》的故事可能也是如此。但于平淡中见真情，吵吵闹闹的生活，起起伏伏的婚姻，反反复复的循环，但最后体现的却是相濡以沫的真情。

人生其实就是如此，年轻时期盼轰轰烈烈，但轰轰烈烈毕竟是少数，而即使轰轰烈烈了又有多少人能承受得了呢？爱情也是如此，轰轰烈烈过后却是一场空，回过头来，不仅年华逝去，斯人也不知去到哪个灯火阑珊处了。

最羡慕也最感动的是此剧结尾的一段，主角两人已垂垂老矣，他们手拉手坐在公园的长凳上，回忆着过去，老头说："老太婆，我这一生无憾了，就是年轻时不懂事，亏了你太多，不好意思啊。"老太太说："老头子，都这么多年了，还提它干吗？我们能这么长久地在一起，什么都值了。"是啊，人生无常，能做到《王贵与安娜》或是《金婚》这样的结局的又有多少？幻想一下：几十年后如果我与心爱的人能有这样的结局，那人生也真值了！

现在的编剧也着实了得，在平淡的剧情中还时时透着幽默，确实值得一看。

（2009年5月）

亲爱的爸爸，父亲节快乐！

每年的母亲节是必然记得的节日，因为母亲在我心目中分量最重。但父亲节却是时记时忘，真正有庆祝的也不多。今日正好是周日，加之朋友发短信来提醒，故而特别的记得。晚饭后陪着父母来到新开的世纪联华超市，给父亲买了一双夏天穿的风凉皮鞋。虽然只是一份小小的礼物，但心里却踏实许多，好像没有了遗憾。

记得前一段时间有一位朋友问我："你会当面向你父母说我爱你吗？"我无语，说不会，也从没有过。也许是中国人的性格使然，我们都比较含蓄，不大会当面向家人表达我们的爱意。但，这并不表示我们对父母没有爱。前一段时间看《王贵与安娜》，还是很有感触的。中国的父母一辈子为着孩子操心，而孩子往往到了自己老了，自己有小孩了才意识到，想回报父母却发现机会已经不多了，因为我们的父母已经老了。所以啊，还是要抓紧时间啊，时时趁着机会就给父母一些开心，也就没有遗憾了。

回过头来说父亲节，其实父亲是一家中最辛苦的人，也许他没有像母亲那样时时陪着我、安慰我、唠叨我，可我知道他是一家的顶梁柱，没有他就没有温馨而有安全感的家。我的父亲是一个老实的人，没有太多的话，也不会和别人计较什么。但我知道是他给了我坚强执着的性格，给了我勇敢向前的勇气。

我时刻敬重着我的父亲，也许没有对着你说出来，但祝您每天快乐、健康、长寿！

（2009年6月）

我的老家——为了忘却的记忆

今天下午从北面回办公室，不经意间路过了老家，开始并没意识到，是旁坐的同事提醒了一句：听说某人的家在这里。回过神来的我才发现：哦，我的老家也在这里。倒不是对老家之地没了感觉，而是走过的路变得太多了，已让我找不到似曾相识的感觉了。

说起我的老家，在宁波可是大名鼎鼎的：五层楼、搪瓷厂、贝家巷、泗洲路……老宁波人肯定都到过，还有封神桥、火柴厂、草马路、下白沙、鱼市场……我的童年、少年及部分的青年时代都在这个区域里度过。

多少次在五层楼下的一路车站等车，去到位于永宁桥畔的学校读书，多少次穿过幽深的贝家巷回家，又有多少次与小伙伴在大庆新村的街巷里滚铁环、打弹子、玩纸飞机……

记得最开心的是曾经9月1日开学的第一天，恰逢台风来袭，水漫生宝路，接到学校通知可以多休息一两天。记得最难忘的是与同墙门的小伙伴来到白沙路上的部队冷库，用几分钱买到冰冷的桔子水，那个透心凉的感觉至今难忘。记得最尴尬的是偶尔休息一天碰到负责的班主任陈国铭老师来家访，而我和小伙伴正津津有味地在打康乐球，被抓个正着。记得最内疚的是因为起得晚了而要求坐着爸爸的自行车赶往车站，汽车赶上了，回头却看到爸爸被警察叔叔给抓到了……

忘不了那并不好闻的公用厕所，忘不了那象征着去玩结集号的小伙伴的口哨声，忘不了夏天坐在明堂里吃晚饭时几家人相互吆喝的热闹，也忘不了每当凌晨楼底下传来的上街农民们的卖菜声，更忘不了

宁波江北生宝路，我的老家旧影

在那个老房子里目不转睛地看过的《排球女将》《姿三四郎》《射雕英雄传》等，以及瞒着父母在被窝里看的金庸、古龙、梁羽生……

　　当然最忘不了的还是多年的小伙伴，尽管今天都已不再年轻。

　　今天的生宝路早已不同当年，但走在那老旧不堪的小巷里依旧充满着幸福，毕竟这是生我养我的老家！

　　再过多少天，也许老屋也将不复存在，但在我的记忆里，连同那里的人一样，将永远不会消退。

（2009年6月）

难以割舍的记忆

刚刚出台的区域规划调整让很多老宁波人怅然若失，唏嘘的并不是时代的发展对我们生活的影响，而是在于许多我们曾经生活中的记忆将离我们而去⋯⋯

我从小在江东长大，那情那景是如此熟悉，哪怕在梦中都会随时浮现，而不自觉间浮起阵阵微笑。难忘养育我的工人新村，以及它门前的荷花池、油操槽，当然一河之隔的冰厂根最是深刻，不仅仅是因为它曾经高耸入云的样子让我们举目即能看到，更在于那里的里里外外埋藏了多少小伙伴们躲猫猫的回忆。还有那三中心，我的母校，现在的人们早已不知道那个名称，因为她已改成了著名的江东中心小学。悠悠的8路公交车载着我从江北跨过老江桥，在后塘街下车，沿着杨柳街和铸坊巷，洒着无数上学途中的欢笑⋯⋯

这样的记忆，当今的宁波人已无从寻览，而在我的记忆中却永远不会舍去，哪怕已没有了大河路、张斌桥，哪怕曾经的渡船和浮桥变成了宽阔的新桥，哪怕生活了几十年的江东一夜之间变成了鄞州⋯⋯

同样难以割舍的还有那些从小喊到大的老字号。小学时最想得到的奖励是4分钱一支的灵桥牌棒冰，而每天百吃不厌的是水煮的慈城年糕蘸着楼茂记的酱油，现在回想起来还是那么的鲜、那么的滑⋯⋯节假日，和小伙伴走上几公里的路去到城隍庙，除了看看有什么新的热闹外，还不忘记在其对面的缸鸭狗吃一碗酒酿圆子，仿佛甜到了心里。而后，掏出兜里仅有的几毛零用钱，去民光电影院看一场新上映的电影。不管多挤，哪怕站着都是心甘情愿的。而过年的时候，由父母领着，到老三进和源康布店买一双新鞋，扯一块做新衣的布料，那心情更是无可言喻的兴奋。我读书后的第一张证件照在天胜照相馆拍

20世纪80年代，宁波三江口旧影　　　　　　　　　　　　　　余德富/摄

的，第一副近视眼镜在宁波钟表眼镜店配的，第一餐升学庆功宴在状元楼摆的……这些老字号不仅伴着我成长，仿佛也融入了我的生命。

当然，时代的发展是趋势，生活的提高更是人们的向往。当今天的"80后""90后"小吃到必胜客、大吃到自助餐，喝着星巴克，看着3DIMAX电影，拍照用海马体，买东西上淘宝的时候，再也没有人能体会到，或者愿意体会以前的那些老字号生活了。但，谁又能保证，三十年后更新的物件出现以后，他们是不是会怀念今天他们所拥有的可口可乐、星巴克、淘宝这些字号或品牌呢？

时光如梭，但很多记忆是难以割舍的。许多年后，我想我的记忆中最愿意浮现的还会是：骑着父亲的老自行车游荡在熙熙攘攘的江东新河头，放学后到咸塘街的小人书摊坐下来看一小时的书，炎热的夏夜里拉着同学到鼓楼浴室好好地吃几碗冷饮……

（2016年11月）

不可忘却的记忆

前日，中欧国际商学院的邵老师帮我送来MBA毕业证书，很是感慨。感慨之一是惭愧，想想虽然是抱着学一点东西的目的报的课，可两年多时间里真正出席的只有一半多，因为各种各样所谓繁忙的原因，缺了不少的课。说实话，中欧的课程很多还是不错的，教师也很有见地，给予我们很多启迪。不过，好在与学校挂上了钩，今后如果有问题可以去请教或旁听。还有一个收获就是交了一批企业界的朋友，也算是多了一些可以交流的同学。

感慨之二是，这纸证书又勾起了我许多的回忆。算来，求学路上我已走过了近三十年的时光。闭眼想想，历历往事似乎都在眼前，而且尤其生动，不可磨灭。从小学、中学、大学到现在，学习之路好像绵绵不断，贯穿人生。尤其是各个母校，各位师长，许多同学，那是记忆犹深。江东中心、一中、四中、浙江商校、杭商院，还有市委党校和中欧商学院。陈国铭老师淳淳的教导，马文骅老师孜孜的教诲，冯文昌老师不倦的帮助，还有魏洁文、王静的细细叮嘱，都是永生不忘的。初中的少华、春晓、士宏，高中的熊熊、金雷、郭诚、李斌，高校的老狼、娃子、卫星、猴子、其年、阿君、康永，还有刘敏、文汐、元坤，等等，都是给我带来很多快乐的同窗，我永不会忘记。所以，到今天，接到老狼从杭州打来的一个电话，看到70多岁的马老师迈着缓慢的步子来到我的办公室，感受到刘敏对我博客的时时关注和支持，都会勾起我无限快乐和纯真的记忆，而且成为支持我人生进步的重要力量。

所以说学习的力量是无穷的，如果可能，我还将继续学习下去，除了为着人生的发展，还为着这些不可忘却的记忆。

（2009年8月）

年龄的另一种算法

昨天高中老同学聚会，说到年龄，感慨不已，都说岁月不饶人啊，一晃似流水匆匆已过去。忽然，我想起前几天看到的一个故事，关于"年龄"的另一种算法，于是说给众同学听，大家听后竟默然，均有同感。

非洲某地有一个古老的风俗，当一个人长到15岁，父母便会给他一个本子，从此，每当他遇到快乐的事情，就打开本子把它记下来。左边写上是什么快乐，右边写上这快乐持续了多长时间。

当他离开人世时，人们把他快乐的时间加在一起，这个时间才是真正属于一个人生命的时间。然后墓碑上刻的便是这个他"真正存在"这世上的起止时间。

一到年尾，随着年岁增大，马齿徒增，我们的心里总是落满了感慨，许多人调侃"自己又老了一岁"，仿佛自己有多老似的。其实呢，我们每个人都知道，人这一生中，快乐是最重要的，我们不该和快乐过不去，可偏偏很多人丢弃了很多原本应该可以拥有的快乐。不是吗？

我真希望我的快乐年龄与我的实际年龄相同，但在现实社会里，这是多么的不可能。所以，唯愿自己的快乐年龄能尽量长一点咯。

（2010年4月）

人生不要太圆满

昨日在杂志上看到一段格言，觉得很有意思，在临睡前想想，觉得愈发有其哲理性，所以想把它记录下来。

格言说："人生不要太圆满，有个缺口，让福气流向别人，是很美的一件事，你不需要拥有全部的东西！"

是啊，很多人都追求完美：完美的工作，完美的爱情，完美的家庭，完美的人生……所以我们会感觉到很累，无休止地追求，背负沉重的压力，但往往结果却适得其反，即离完美越来越遥远。所以，越是追求完美的人越累，快乐的时候远没有痛苦的时候多。想想本人也是如此，总是想把事情做得最好，想让我的员工、合作伙伴、朋友、家人都满意，但往往却是顾此失彼，不但照顾不到各方，而且使自己很痛苦。是能力的问题，更多的还是心态的问题。

这句话其实说得很对，人生不需要完美，留一个缺口，有什么不好？缺憾本身就是一种美，正因为有了缺憾，才会使我们不断地去追求。同时，不需要完美，也使我们少了些许压力，能时时保持一种满足而自信的心情；不需要完美，还能使我们的朋友和家人少了一份压力，能使大家更自然、无拘束地与你相处。

如果人生没有缺憾，也就失去了省悟的机会。在遗憾中学会成长，不圆满的人生，可以让我们更懂得谦卑，更珍惜现在的拥有。

但追求完美的人让他一下抛却完美，还是很难做到的，只有一步步地来，学会接受缺憾，学会以美的眼光来审视不完美的过去，这样，慢慢地自然而然就会接受这样的观点了。

2010年摄于拉萨小昭寺

　　还有重要的一点是，让好运流一点给别人，实在是一件很快乐的事情。吃亏是福，诚哉斯言。

　　是否有点阿Q啊，呵呵。

（2009年7月）

纵然人生是白忙一场，
也要忙得很快乐，很充实

经常听有人感慨：人生真是白忙了一场！是啊，有时候自己也会有这样的感叹：辛辛苦苦到头来是一场空。

今日有一位朋友发给我一个故事，看了后却感到真是别有深意，值得深思。所以在这里将它记录下来，也分享给我的朋友们：

有一只狐狸，在路上闲逛，眼前忽然出现了一个很大的葡萄园。

里面的葡萄果实累累，好像很可口，很诱人。

葡萄园的四周围着栏杆，

狐狸想从栏杆中间钻进去，可是身体太胖了，总是钻不进去。

于是它决定减肥，让自己瘦下来。

它在葡萄园外饿了三天三夜，终于可以钻进去了，

狐狸在园子里大快朵颐，葡萄真是又香又甜。

不知吃了多少，它终于感到很满足了，

但当它想出来的时候，却发现自己因为吃得太多而钻不出来了。

于是它只好又在园子里饿了三天三夜，

瘦得跟原来一样了，才顺利地钻了出来。

到了外边的狐狸在想，

我空着肚子进去，又空着肚子出来，真是白忙一场了！

我起初也以为这个故事想告诉人们：

人孑然一身来到这个世界，又孑然一身地离去，

到头来还不是白忙一场！

可，讲这个故事的人却说，看问题要看更深一些。

其实这个故事跟人生一样，重要的是在中间部分，

你看，那狐狸在葡萄园里的时候吃得多香，多快乐啊！

所以说，纵然生命是一场空，也要空得快乐。

于是，我也悟到了这个道理：

纵然人生是白忙一场，也要忙得很快乐，很充实。

人生的过程其实比结果更重要。

（2009年6月）

快乐日记——寻找开心的事

今天的一大收获是遇见了一位高人。下午有朋友引导着一位身材魁梧，但其貌不扬的新朋友来我办公室，接过名片一看不禁肃然起敬，原来这是我早已仰慕的一位高人，我的案头至今还摆着他的一本册子——《快乐手册》。每每心情不畅时便会翻开看上几页。

想想，其实快乐在工作生活中还是很多的，就看你是否去想，去发掘。就如我刚才打开电脑想写今天的博客，回顾了一下全天的经历，很多是让我眉头紧锁，感到压抑和沉重的。但突然眉头一松，想到一件事，还是让我满心欢喜的。就是想到了今年一个重要活动的方案在今天终于初有眉目，月底确定，下月开始可以实施。呵呵，也许我是个策划活动的迷，每当心中想法变成方案，进而得以实现，真是难以抑制地感到欣喜，可能在梦中也会笑出声来，只是自己没有听见罢了。

其实，一天中值得快乐的事又何止这一件。邂逅高人、收阅好文、去电朋友……都是非常愉悦的事。也许，我们往往会更在意没有办成、不达目标这些令人不开心的事，所以，我的眉头在大多数的时候都是紧锁的，有时甚至影响到工作的情绪，影响到对员工的态度和与同事的关系。

这样想想，上面那位高人真是做了一件很好的事，他的《快乐手册》真是让我和朋友们在很多不愉悦的时候找回了一些平衡，平复了许多起伏的情绪，他不愧于自封的"心灵导游师"的称号。

2008年摄于英国爱丁堡

　　但，我们的心情不能总是靠手册来平衡，更多的是要靠自身的调节。也许天生乐观的人可以每天快乐度日，但如我这般责任感稍重、目标又稍远、要求又稍高的人，却是要时时懂得在平凡而又略显沉闷的工作生活中去发现快乐，寻找开心的事。这样，我们的心情才会更好，情绪才会更高，朋友才会更多。

　　所以，我今后又多了一个任务：快乐日记——寻找开心的事。

（2009年6月）

几点新举措

看到一篇文章，题目是《2010年美化生活的招数》，觉得有一定道理，故录之，供自己参考。

多骑自行车上班，让汽车适当休息。一省汽油，二减尾气，利国利民利己。多骑自行车上班，骑回健康，骑回身材，骑回乐趣，骑回悠闲。也算是响应咱政府的减排号召，主动过"低碳"生活。

把屋里的装饰品换几件。花不了几个钱，却能焕然一新，带来一个好心情，还能拉动内需，尽管微乎其微。再把家里的家具来个大挪移，变变布局，既能转移注意力，减轻经济危机中的思想压力，也能出一身臭汗，活动活动筋骨，锻炼一下身体。

学一样乐器，甭管自己年龄大小，艺术细胞多少，主要是自娱自乐。喜欢西洋乐器的可学学钢琴、提琴，钟情民族音乐的，不妨练练笛子、二胡。忘情于乐器演奏，沉浸在音乐声中，世间烦扰就会退避三舍。

有计划地读几本好书。何谓好书？经典名著，畅销书籍，有意思的书，长学问的书。如有可能，咱自己也出一本书，不为出名，不图赢利，就是为了自抒胸臆，自己高兴。可赠师友，可送同事，咱们也当一回"山寨"作家。

陪老爸老妈出去旅游一次。往年都是忙生意，忙出差，忙挣钱，忙应酬，闲下来了，就应该趁机尽尽孝心，陪老人出去散散心，饱览大好河山，安享天伦之乐。

全面彻底检查一次身体。工作太忙，无暇旁顾，不免会积劳成疾，小病拖成大病，小有闲暇，就好好体检一次，看看自己到底有什么毛病，以对症下药，及时治疗，该住院就住院，该动手术就动手术。

学一门新技能。道理很简单，艺多不压身，多一门技术就多一条谋生之路，多一个本事就多开一扇成功之门。

多参加一个民间协会，譬如驴友会、集邮会、骑友会、驾友会、钓鱼协会，让自己的生活丰富起来。

组织一次同学聚会，一肚子话需要倾诉，来的人会很多。

到灾区看看，捐一点款，或干一周志愿者，或资助一个困难学生。赠人玫瑰，手留余香。

到网上开一个博客或者"微博"，发表成熟或不成熟的见解，披露吸引人或不吸引人的"秘闻"，以多交几个网友，也拓宽自己的生活空间。

（2010年4月）

梵宫的过堂饭

日前去无锡开会，顺游灵山梵宫，开始并没感觉，进去后竟是大吃一惊，大开眼界。说是宗教场所，但富丽堂皇胜似皇宫，在我所到访过的佛教寺庙中，只有台湾的中台禅寺可与之媲美。

而印象最深刻的还是中午在梵宫所用的"过堂饭"，至今还作为话题与朋友聊起。

我们一行均是老总专家，参观了梵宫一圈后，正好是用膳时间，主办方说请我们在梵宫中用"过堂饭"，这个名字我是闻所未闻，也属孤陋寡闻，所以好奇心强，人人都想一试。于是便等待。想不到人还真多，等到我们排队进入膳房，里面已聚集了一百多人。而且惊异的是膳堂内竟是鸦雀无声，一片肃穆。于是我们根据引导来到指定位置，不能坐下，与大伙一起毕恭毕敬地站立着。须臾，人都已到位，大门关上。三声铜铃声响后，喇叭声传来："有请大师入座。"一位年轻的高僧从幕后转出，双手合十，缓缓走过中堂，来到法座。他并不坐下，而是念念有词，颂过佛经一通，然后安然坐下。此时喇叭声传来："请坐。"好不容易坐下，以为可以就膳，谁知喇叭声又起："请勿动筷，先讲用膳规则。"只得与大师一般，双手合十，默默聆听。而此时肚内已是饥肠辘辘，咕咕直叫了。规则还真多，有如何起筷，如何拿碗，如何添饭，等等。而最难忘的有两点：一是吃饭不能发出一点声音，二是碗中不能留下一粒米饭和汤菜。此时眼睛偷偷瞄了一下面前的饭菜：一个木盘，上面三个木碗，一个盛饭，一个盛素什锦，一个盛汤，再加一根香蕉，仅此而已。终于，规则讲解结束，一声"开始用膳"，只见一百多人齐刷刷地端起饭碗，拿到胸前，起筷，然后默默将饭团放进口里。这些平时用餐时呼来喝去、热闹非凡的老总们此时竟是鸦雀无声，自觉地按照刚才喇叭里讲的规矩用餐，静悄悄地，整个膳堂无一点声音。要添饭时，纷纷举手，侍者来到跟前为你加饭加菜。十余分钟，有人用餐已毕，整理好饭碗，站起身来，向大师一鞠躬，悄悄走出膳堂。而看其饭碗，竟是干净异常，未留下半点米粒和汤菜。须臾，大堂中竟已空空如也，只剩下放得整整齐齐的一个个木碗。

出得厅来，方松了一口气，好似从部队归来，终于可以轻松聊天。有人说："想不到平日里耀武扬威的企业老总们到了这里竟也乖巧如是，毕恭毕敬。"也有几位出来的老总在说："这种形式好，我回去让我们的管理人员全部来体验一下，让他们也如僧人般在饭前要懂得感恩。"

而我也有体会：首先，人都是要规则和环境来塑造的，无论怎样的人在规则和环境面前都会改变的，只不过要看我们的规则和环境有没有到位。其次，任何产品都要有形式来包装，只要形式到位了，即便如吃饭这样简单的事也能做出名堂来。

后来问了一下，这十几分钟的"过堂饭"的费用是每人50元。

（2009年5月）

大闹一场　悄然离去

正要提笔撰写本期卷首语时，接到一个噩耗，一代大师金庸溘然离世，令我默然良久。

马云说："我是看着金庸的小说长大的。"我也是如此。记得第一次接触到金庸的小说，是高中时，我的外祖父从他工作的宁波工人图书馆借出了一本已被翻得发黄的小说——《书剑恩仇录》。没想到我拿起这本旧书却再也放不下来，用了两天的时间一口气把它读完。那两天仿佛所有的心思都已跟着陈家洛飞到了天山，飞到了塞外。而可气的是我拿到的仅仅是这套书的上册，当去找下册时，却已杳无踪影，再也找不到，不知落在了哪个读者手中。由此也拉开了我不断寻找和探索金庸小说的历程。

有一副对联这么多年一直挂在心间——"飞雪连天射白鹿，笑书神侠倚碧鸳"。其中所指的14部著作加上短得不能再短的《越女剑》，我在短短几年间，通过各种途径，得以一窥全貌。印象最深的是两件事，那就是我从一个视力1.5的少年变成了再也回不去的近视者。记得高中时，也是高考冲刺的最紧张时，我却把头埋在被窝里，打着手电，翻看着金庸小说的每一页。至今仍戴着眼镜的我，却从不后悔，还时时回味起那一刻的幸福。而工作后挣得的第一笔钱，除了给外公外婆买了礼物外，就是愣愣地跑到西湖之畔的浙江文史书店，抱回了一大箱的金庸全集，整整36本。近500元的售价在今天看来微不足道，但对那时刚参加工作的我却是一笔不菲的财富。由此，我算真正拥有了一整套崭新而整齐的金庸武侠小说。放在书架的最上层，时时仰望，又时时抽一本放在床头。

第一次见金庸老爷子是在2003年左右的西湖之畔。马云等当时所谓的"互联网四剑客"搞了一个"西湖论剑"的活动。记得在杭州香格里拉酒店的小礼堂，200多个座位还没有坐满，与今天狂热的互联网大会场面相比，冷清了许多。但金庸的睿智和他含糊的带着海宁口音的普通话，还是时时激荡在我的心头。尤其是他临走时与我的那个握手，仿佛把他作品里大侠的温度传给了我，那种激动比与马云合影还要强烈上百倍。

金庸给我印象最深的一句话是"侠之大者，为国为民"，兴许这也是他书生报国的理想，并把它附着在自己的小说主人公中。而当我从事商帮文化工作之后，我发现其实"商"与"侠"有着天然的联系，这样的联系更多地体现在情怀、侠气、忠肝、义胆。我也曾以《商界中的东邪西毒南帝北丐》为题，为许多读者和大学生们做过讲座。在月湖之中的甬商文化园里，我又把"侠之大者，为国为民"进行了演化，称之为"商之大者，利国利民"，并把它概括为甬商这一从不断代的东方商帮的成功秘笈。

报道中说，金庸先生是安然离世，并没有留下任何遗言。可见他对他的世界已了无牵挂。而这几天，让我思考最多的却是他的另一句名言——"大闹一场，悄然离去"，这8个字很好地体现在他的身上。几十年风雨，几十部作品，在华人圈掀起巨大波澜和热潮，甚至这样的热潮还会继续延续下去。然事过境迁，人到暮年，与世无争，悄然离去。金庸曾说，他最喜欢的小说人物是段誉和杨过。我想，可能还是这两人身上共有的追求自由的本性特质很好地阐述了"大闹一

商之大者
利国利民

"甬商就如金庸先生笔下
的郭靖，出身草根，看似愚钝，
靠自己的努力而终成大家。现实
中，甬商的个体虽不如马云般
夺目，却是城市的脊梁和骨干。
他们重情、重义、重侠，他们守
信，有契约精神。"

——甬商公共服务平台创始人 曹云

场，悄然离去"的主旨。

人生不长，几十年而已，能大闹一场已是不易。但通过自身不懈
奋斗，并非无可能，就如诸多甬商，无不都是在抓住时代契机，张开
双臂，奋然一搏。但大闹一场不容易，悄然离去更是难。我在想，今
天我们送别的是曾经大闹一场，悄然离去的金庸先生，许多年后，回
头一望，我们自身是否也能做到"大闹一场，悄然离去"呢？

（2018年11月）

甬商，给予我不竭的养分

每个月对自己有一项任务，仿佛已经养成了习惯，就是把这个月所思所想，或者印象最深的关于甬商的感悟或故事，写成一篇文章。每当这时，既是痛苦的，又是幸福的。痛苦的在于随着工作的繁忙，能静下心来思考或写作的时间越来越少。有时候甚至忙了一个月，到了时间还没有准备，不得不挖尽心思去完成当月的命题。而幸福的是，这样的过程又感觉很舒服，因为思考的过程，其实也是给自己的一种充电。而当印成文字后，拿在手里再去研读，又是一种如释重负的欢喜感受。

不知不觉这样的过程进行了十余年，不知不觉这样的文章积累了100多篇。前一个阶段回顾改革开放四十周年，回顾甬商平台所走过的十余年时间，翻到自己所思所想所起笔叙述的这些文章时，又深有感触。仿佛又回到了起草的那一瞬间，仿佛又回到了思考的那个阶段。最感到庆幸的是，我没有因为偷懒而把当时的那些思考的感悟放弃。这些文章，即使现在读来仍给自己带来不少养分。

确实，甬商已经成为我生命中不可分割的一个部分，一个个鲜活的甬商正是因为有他们的感人事迹，有他们的丰厚成绩，或者有他们的峰谷起伏，才给予我那么多的思考、感悟和体味，才使我能时时吸收到养分，让我成长。所以说，参与甬商事业是我的幸运，与甬商结缘是我的幸运，能感悟、触碰他们的思想更是我的幸运。而回过头来能经常写作、阅读、回望这样的文章更是我的幸福。

2018年年底，着手编辑新一辑的"新甬商系列丛书"，有一位专家给我提了一个建议："是否能把你这些年所书写的文章梳理、结集，让大家都能看到，也算给你自己一个汇总。"我一听之下既受启发，又感惶恐。启发的是这似乎也是我冥冥中想去做的一件事，或是对自己这些年的一个梳理。而惶恐的是，这些文字能不能拿得出手，给予读者以养分。而后还是鼓起勇气，着手做了这件事情。细细搜罗，细细梳理，近150篇文章，既是自己的心路历程，也记录着这些年经济建设和商帮发展的脉络。

要感谢给我以启发的这位朋友，要感谢能为此书作序的几位师长和好友。范谊先生是甬商平台的领航者。胡祖光先生是我大学时代的老师，更是我人生起点的导师。储吉旺先生与我亦师亦友，是我深感推崇的企业家。黄江伟先生是一起推动甬商事业不断向前发展的伙伴。还要感谢甬商传媒中心的几位小伙伴，为本书的结集、出版做了许多文字的工作，感谢母校出版社的责任编辑对本书的把关。当然最要感谢的是甬商，正是有这么多优秀的甬商存在，才使得我有勇气去形成这些文章。甬商，给予我不竭的养分。

曹　云

2019年2月